资产评估研究

2023 年第 1 辑（总第 7 辑）

马海涛　主　　编
李小荣　执行主编

中国财经出版传媒集团

经济科学出版社
Economic Science Press

·北京·

图书在版编目（CIP）数据

资产评估研究．2023 年．第 1 辑：总第 7 辑／马海涛主编．－－ 北京：经济科学出版社，2024.7. － ISBN 978 － 7 － 5218 － 6178 － 5

Ⅰ．F20

中国国家版本馆 CIP 数据核字第 2024ZL0310 号

责任编辑：王红英
责任校对：靳玉环
责任印制：邱 天

资产评估研究

2023 年第 1 辑（总第 7 辑）

马海涛 主 编
李小荣 执行主编

经济科学出版社出版、发行 新华书店经销
社址：北京市海淀区阜成路甲 28 号 邮编：100142
总编部电话：010 － 88191217 发行部电话：010 － 88191522
网址：www. esp. com. cn
电子邮箱：esp@ esp. com. cn
天猫网店：经济科学出版社旗舰店
网址：http：//jjkxcbs. tmall. com
固安华明印业有限公司印装
787 × 1092 16 开 13.25 印张 350000 字
2024 年 7 月第 1 版 2024 年 7 月第 1 次印刷
ISBN 978 － 7 － 5218 － 6178 － 5 定价：68.00 元
（图书出现印装问题，本社负责调换。电话：010 － 88191545）
（版权所有 侵权必究 打击盗版 举报热线：010 － 88191661
QQ：2242791300 营销中心电话：010 － 88191537
电子邮箱：dbts@ esp. com. cn）

目　　录

基于 AHP—熵权法和灰色关联分析的微信公众号价值评估

——以影视类微信公众号为例[*]

王全意　许前骏[**]

内容提要：依托庞大的粉丝群体，微信公众号运营者可以通过广告宣传、电商销售、内容付费等方式进行巨额的流量变现。越来越多的资金涌入赛道，微信公众号的投资交易行为也与日俱增，如何科学合理地评估一个微信公众号的价值显得愈发重要。本文首先综合前人文献构建了微信公众号指标体系，其次采用层次分析法（AHP）和熵权法分别计算各指标权重，然后综合两种方法确定最终权重，再利用综合权重改进灰色关联分析法确定最佳可比案例以及可比案例因素修正的过程，建立改进市场法的估值模型，并以影视类微信公众号为例进行实证分析。结果表明，基于 AHP—熵权法和灰色关联分析的改进市场法模型评估微信公众号价值具有一定的有效性与可操作性。

一、引　言

微信公众号也称作微信公众平台，运营者可以通过微信公众平台向特定群体输出各种形式的内容，如文字、图片、语音、视频等。微信公众号于 2012 年正式上线，微信公众号的总数迅速增长，2019 年已超过 3000 万个。依托庞大的粉丝群体，微信公众号运营者可以通过广告宣传、电商销售、内容付费等方式进行巨额的流量变现。越来越多的资金涌入赛道，微信公众号的投资交易行为也在不断增加，采取正确的方法对公众号进行估值是保障相关投资交易行为顺利进行的前提。

明确微信公众号的资产属性是进一步研究其价值评估的前提。武彩艳（2018）认为微信公众号与 IP 资产、域名资产存在一定的相似性，而 IP 资产与域名资产在我国的资产评估准则中被定义为无形资产，因此公众号也符合

* 基金项目：国家社科基金一般项目（21BJL098）；重庆理工大学研究生教育高质量发展项目（gzlcx20223273）。
** 王全意，重庆理工大学经济金融学院，教授，研究方向：资产评估；许前骏，重庆理工大学经济金融学院，硕士研究生，研究方向：资产评估。

无形资产的定义。孙畅（2019）提出微信公众号在个人或企业的控制下可产生以货币计量的收益而具有网络依附性、虚拟性、价值性、收益性的特征，故在资产属性的界定中符合网络虚拟资产的定义及特征。网络虚拟资产本质上也还是无形资产，是无形资产进一步的细分类别。因此，微信公众号无疑是一种新兴的无形资产。

目前针对微信公众号及类似新媒体账号价值评估方法的研究并不是很多，基本上都是对传统的收益法和市场法进行改进。根据收益剥离的思路，龙燕（2017）借鉴 Interbrand 品牌资产价值评估方法，通过微博账号作用指数，将微博账号的收益从账号所属新媒体企业的收益中剥离出来，具有一定的可操作性，然而剥离出的收益究竟是否是由微博账号贡献的仍有待商榷。从传统的收益测算的角度出发，张安可（2018）通过总结微信公众号的发展阶段趋势以及对应的各阶段收入特征对微信公众号的收益进行预估，但是收入预测的过程较为粗略，难以准确全面地反映公众号的收入情况。由此可见，运用收益法对新媒体账号价值进行评估存在一定的困难，主要难点在于收益数据难以公开获取，对企业收益进行剥离又不能保证准确合理。市场法方面，武彩艳（2018）通过引入灰色关联分析法对市场法进行了改进，根据关联度的高低来确定最佳可比案例，一定程度上增强了可比案例选取的客观性，但是在计算关联度的过程中选取的因素指标较少且未考虑到指标的权重问题。王强垒（2021）在利用灰色关联分析法求得评估初值的基础上，以层次分析法构建公众号综合评价体系，通过模糊评价法对专家意见进行量化以修正评估初值。然而利用层次分析法确定得到的权重不可避免地具有一定的主观性，可能对评估结果的合理性客观性造成影响。由于存在较多的公众号交易的平台，市场法比收益法更容易获取数据，具有一定的可行性，但是仍存在改进的空间。

鉴于以上分析，学者们对于微信公众号价值评估的方法改进做了积极的探索。总的来说，市场法相对于收益法具有更强的适用性与可操作性，但是仍存在层次分析法求取指标权重具有较强的主观性，可比案例因素修正过程未考虑指标权重等问题。为此，本文在综合前人文献的基础上，构建微信公众号指标体系，采用熵权法（客观）与层次分析法（主观）结合的赋权方法确定指标最终权重，同时对灰色关联分析法进行改进，计算考虑指标权重的加权关联度，并在可比案例因素修正的过程中考虑各因素的权重，以期建立更为合理的微信公众号价值评估模型。

二、微信公众号价值评估指标体系构建

微信公众号的价值主要通过广告宣传、电商带货、内容付费、转让出售等几种方式实现。无形资产大部分是脑力劳动的成果，主要是通过复杂的智力劳动创造的。微信公众号也是如此，运营者通过自己脑力劳动创作出优质

的推文，才能吸引更多粉丝的关注。因此，微信公众号的价值首先体现在创作内容的价值，粉丝们可以直接对内容进行付费，例如文章打赏、订阅会员、部分免费等。但是微信公众号最重要的价值来源是进行广告宣传，运营者既可以在推文中直接插入广告板块，也可以转发现成的广告推文，还可以为品牌方定制广告软文。另外，微信公众号本身也可以形成自己的品牌，对自己的产品进行宣传，开通自有的电商平台，获取产品销售的电商收入。最后，运营者也可以选择转让具有一定粉丝基础的微信公众号以获取收益，目前公众号的转让和迁移越来越活跃，建立和完善微信公众号评价指标体系越发重要。

影响微信公众号价值的因素有很多，专门研究公众号价值影响因素的文献并不多。龙思思（2017）将微信公众号的营销价值分为用户价值和客户价值，指出影响用户价值的因素主要有覆盖率、互动性和用户黏度，而客户价值可以用用户精准度和投放转化率来衡量。张桃（2017）结合传播效果理论，根据接触、保持、提升这三个媒介价值发生的三个环节，提出微信公众号价值评估的三个指标，即传播指标、互动力指标和转化力指标。传播指标也叫作影响力指标，通常指公众号影响到的粉丝总数等。互动力指标通常包括公众号的评论数、点赞数，转化力指标是文章的转发数、打赏数等。品牌无形资产与微信公众号存在诸多相似之处，于君英等（2009）分析研究品牌的综合评价，总结前人文献提炼出了包括品牌知晓、品牌满意、品牌忠诚、品牌个性四大类共 22 个指标的品牌综合评价指标体系。王晓灵（2010）以企业角度品牌价值、消费者角度品牌价值、社会角度品牌价值为三个一级指标构建了品牌价值评价指标体系。对于 IP 无形资产的相关研究也具有借鉴意义，桑子文和金元浦（2019）根据交易成本理论，提出市场成本（跨媒介转化的市场需求）、用户价值（用户购买）、用户的获取成本（用户重合率和用户转化率）等核心指标，构建了网络文学 IP 价值评估指标体系。刘燕南和李忠利（2021）从受众市场、创意内容、社会效益三个维度，构建起具有综合性、多指标、可操作性三大特点的网络文学 IP 价值评估体系。

本文在整合吸收前人研究的前提下，坚持系统性、可操作性和科学性的原则，从影响力、互动力和转化力三个角度，确定了三大类共九个指标如表 1 所示。

表 1   微信公众号价值评估指标体系

指标类型	指标名称	标识	指标描述
影响力指标 x_1	粉丝数	x_{11}	粉丝数越多，公众号价值越高
	日均涨粉	x_{12}	日均涨粉越多，公众号成长性越高，公众号价值越高
	违规次数	x_{13}	违规次数越多，公众号信用度越低，影响力越低

指标类型	指标名称	标识	指标描述
互动力 指标 x_2	头条均阅	x_{21}	阅读数越高，广告收入越高，公众号价值越高
	打开率	x_{22}	打开率越高，粉丝活跃度越高，公众号价值越高
	阅赞比	x_{23}	点赞数越多，公众号越受到粉丝喜爱，公众号价值越高
转化力 指标 x_3	粉丝比例	x_{31}	女性粉丝比例越高，接到女性热门产品推广越多，收入越高
	粉均广告月收入	x_{32}	广告收入越多，公众号价值越高
	粉丝终端比例	x_{33}	Iphone 端粉丝越多，粉丝变现能力越强，公众号价值越高

（一）影响力指标

影响力指标是从受众规模的角度去衡量微信公众号的价值。粉丝数量的多少，决定了公众号的推文可以到达的微信用户的数量，推文到达微信用户账号是推文被阅读、转发、评论的前提。粉丝规模越大，微信公众号的影响力越大。日均涨粉即公众号日平均增加的粉丝数量，代表的是公众号粉丝增长的速度，表明公众号影响力的扩张强度。日均涨粉数越大，公众号的影响力会越来越大，公众号的价值越高。违规次数是指公众号输出的相关内容违反了《微信公众平台运营规范》的次数，违规次数越多，公众号发表的推文可信度下降，粉丝数量减少，最终导致公众号影响力下降。

（二）互动力指标

互动力指标是从粉丝活跃度的角度去衡量微信公众号的价值。真正能给公众号运营者带来直接收入的是活跃粉丝，活跃粉丝会打开推文，有效提高公众号的阅读量，从而使文章中的各个广告位的广告得到浏览，增加广告收入。头条平均阅读数指的是公众号发布的头条文章的平均阅读次数，头条文章是公众号单次文章推送中位置最靠上的文章，一般也是单次推送中阅读量最高的文章。头条平均阅读数越高，广告阅读量越高，广告收入就越高，公众号价值越大。打开率指的是公众号头条文章的平均打开率，即头条推文的平均打开阅读数与粉丝总数的比值。打开率衡量了在公众号所有粉丝中，真正打开推文进行阅读的粉丝比例。打开率越高，粉丝活跃度越高，微信公众号价值也就越高。阅赞比指的是阅读推文的粉丝中点赞的粉丝的比例，点赞数量越高，一方面可以说明粉丝对推文内容的认可，体现推文内容的质量；另一方面也能进一步说明粉丝的活跃度。阅赞比越高，推文内容质量越高，粉丝活跃度越高，公众号价值越高。

（三）转化力指标

转化力指标是从变现收入的角度去衡量微信公众号的价值。转化力也就是变现力，指的是公众号运营者利用粉丝数量获取收益的能力。本文的粉丝比例是女性粉丝占所有粉丝的比例，因为主要消费群体为女性的品牌方在广告推广方面愿意投入更多资金，主要粉丝群体为女性的公众号可以承接到更多的推广。女性粉丝比例越高，微信公众号的广告收入一般会更高，公众号价值也就更高。粉均广告月收入是指，微信公众号平均广告月收入与粉丝数量的比值，表明的是每位粉丝为公众号带来的广告收入，直接体现了公众号所拥有的粉丝的变现能力。粉均广告月收入越高，粉丝的变现能力越强，微信公众号的价值越高。粉丝终端比例指的是粉丝中移动终端为 Iphone 系列手机的比例，使用 iPhone 系列手机的粉丝收入一般比使用 Android 系统手机的粉丝更高，变现能力更强，公众号价值更高。

三、微信公众号价值评估模型的建立

建立微信公众号价值评估指标体系之后，本文对具体的评估模型进行构建。首先，通过层次分析法和熵权法相结合的方法来确定各指标对于评价公众号价值的权重。其次，利用灰色关联分析法计算出可比案例的关联度，以此选取三个关联度最高的可比对象作为最佳可比对象。最后，对最佳可比对象的挂牌价格进行因素修正，求取修正后的最佳可比对象的挂牌价格的加权平均值便可得到评估对象的价值。

（一）确定指标体系权重

权重的确定方法主要包括主观赋权法、客观赋权法和组合集成赋权法三大类。其中，主观赋权法主要由决策者根据经验按重要程度对指标进行分析比较赋值，常用的主观赋权法包括层次分析法（AHP）、德尔菲法、因素成对比较法。客观赋权法通过使用数理统计方法对各个指标值客观数据进行加工来确定指标权重，不依赖于人的主观判断，如主成分分析法、均方差权重法、熵权法等。组合集成赋权法将主观和客观赋权法所得的权重值用集成的方法形成最终的指标权重值，既在一定程度上体现了决策者的主观经验，又因为使用了数理统计方法而显得更为可靠，将层次分析法和熵权法结合的赋权方法是一种较为典型的组合集成赋权法。

熵权法客观确定权重，层次分析法主观确定权重，二者各有利弊，但把二者结合在一起运用于一些评价研究中取得了较好的研究结果。林卓等（2019）利用层次分析法（AHP）和熵权法的综合赋权方法，给福建省创新型城市建设评价指标体系赋权，为全国创新型省份建设成果的监测评价提供借鉴。李娟等（2020）通过改进的层次分析法（AHP）—熵权法模型进行评估而得到的专利综合价值度与各专利检索数据库的结果基本吻合，该方法的优势之处在于可以更为快速而有效地评估发明专利的综合价值度。张鸿等

（2020）应用 AHP—熵权法给综合评体系赋权，测算并评价了 31 个省区市的数字乡村发展就绪度。由此可见，基于 AHP—熵权法的赋权方法实际应用较为多见，具有一定的科学性和有效性，因而本文引入这种方法确定微信公众号价值评估体系各项指标综合权重。

1. 层次分析法确定主观权重

层次分析法（analytic hierarchy process，AHP），是 20 世纪 70 年代中期美国运筹学家萨蒂（T. L. Saaty）提出的一种系统化、层次化的分析方法。

利用层次分析法计算指标权重的步骤如下：

第一步，确定影响因素集，构建层次结构模型。根据前述的微信公众号价值评估指标体系，得到一级指标因素集为 $X = \{x_1, x_2, x_3\}$，其中影响力指标 $x_1 = \{x_{11}, x_{12}, x_{13}\}$，互动力指标 $x_2 = \{x_{21}, x_{22}, x_{23}\}$，转化力指标 $x_3 = \{x_{31}, x_{32}, x_{33}\}$。

第二步，对同一层次的各因素，分别进行两两比较构造判断矩阵。判断矩阵由微信公众号估值领域的专家按照 1～9 级标度法确定（见表 2）。

表 2　　　　　　　　　　　　　　1～9 级判断矩阵标度法

标度	含义
1	两个因素比较，具有相同重要性
3	两个因素比较，前者比后者略重要
5	两个因素比较，前者比后者较重要
7	两个因素比较，前者比后者非常重要
9	两个因素比较，前者比后者绝对重要
2、4、6、8 为上述两判断之间的中间状态对应的标度值	

X 为判断矩阵：

$$X = x_{mm} = \begin{bmatrix} x_{11} & x_{12} & \cdots & x_{1m} \\ x_{21} & x_{22} & \cdots & x_{2m} \\ \vdots & \vdots & & \vdots \\ x_{m1} & x_{m2} & \cdots & x_{mm} \end{bmatrix} \tag{1}$$

对判断矩阵每一行的元素求取几何平均值得到向量 $\overline{w}_i$：

$$\overline{w}_i = \sqrt[m]{x_{i1} x_{i2} x_{i3} \cdots x_{im}} \tag{2}$$

对向量 $\overline{w}_i$ 进行归一化处理得到第 i 项指标的权重系数 ω'_i：

$$\omega'_i = \frac{\overline{w}_i}{\sum\limits_{i=1}^{m} \overline{w}_i} \tag{3}$$

第三步，计算判断矩阵的最大特征根 λ_{max}：

$$\lambda_{max} = \sum_{i=1}^{m} \frac{(X\omega')_i}{n\omega'_i} \qquad (4)$$

第四步，对判断矩阵进行一致性检验：

$$CI = \frac{\lambda_{max} - n}{n - 1} \qquad (5)$$

$$CR = \frac{CI}{CR} \qquad (6)$$

当 $CI = 0$ 时，判断矩阵具有完全一致性；CI 值越大，一致性程度越差。当 $CR \leqslant 0.1$ 时，互反判断矩阵具有可接受的一致性程度，否则需要重新调整判断矩阵。$1 \sim 9$ 阶判断矩阵的 RI 值如表 3 所示。

表 3 平均随机一致性指标

n	1	2	3	4	5	6	7	8	9
RI	0	0	0.58	0.90	1.12	1.24	1.32	1.41	1.45

2. 熵权法确定客观权重

熵权法（entropy weight theory）是一种客观赋权法，其原理是根据信息数据本身所具有的差异性来确定指标权重。

利用熵权法计算指标权重的步骤如下：

第一步，构建原始矩阵。假设有 m 个可比微信公众号，n 个价值影响因素，即可构建原始矩阵 X，$X = (x_{ti})$，$t = 1, 2, 3, \cdots, m$；$i = 1, 2, 3, \cdots, n$。

$$X = \begin{bmatrix} x_{11} & x_{12} & \cdots & x_{1n} \\ x_{21} & x_{22} & \cdots & x_{2n} \\ \vdots & \vdots & & \vdots \\ x_{m1} & x_{m2} & \cdots & x_{mn} \end{bmatrix} \qquad (7)$$

第二步，数据标准化处理。将每个指标的数据进行标准化处理：

当指标为正向指标时：

$$Y_{ti} = \frac{x_i - min(x_i)}{max(x_i) - min(x_i)} \qquad (8)$$

当指标为负向指标时：

$$Y_{ti} = \frac{max(x_i) - x_i}{max(x_i) - min(x_i)} \qquad (9)$$

第三步，计算第 i 项指标的熵值 E_i：

$$E_i = -\frac{1}{ln(t)} \sum_{t=1}^{m} p_{ti} ln p_{ti} \qquad (10)$$

其中：

$$p_{ti} = \frac{Y_{ti}}{\sum\limits_{t=1}^{m} Y_{ti}} \qquad (11)$$

若 $p_{ti} = 0$，则定义 $p_{ti} \ln p_{ti} = 0$

第四步，计算第 i 项指标的熵权 ω''_i：

$$\omega''_i = \frac{1 - E_i}{\sum\limits_{i=1}^{n} (1 - E_i)} \qquad (12)$$

3. 组合赋权法确定综合权重

组合赋权的方法有多种，本文采取直接相乘的方法进行组合赋权。

采用 AHP—熵权法确定评价指标的综合权重为：

$$\omega_i = \frac{\omega'_i \omega''_i}{\sum\limits_{i=1}^{n} \omega'_i \omega''_i} \qquad (13)$$

式中，ω'_i 为层次分析法计算的各项权重；ω''_i 为熵权法计算的各项权重。

（二）灰色关联分析确定最佳可比对象

灰色关联分析法（grey relation analysis），由著名学者邓聚龙创立，是根据因素之间发展趋势的相似或相异程度，亦即"灰色关联度"，作为衡量因素间关联程度的一种方法。

利用灰色关联分析法确定最佳可比对象的步骤如下：

第一步，选择可比对象，建立原始矩阵 X。假设有 m 个可比对象，设立了 n 个对比指标，则原始矩阵 X：

$$X = \begin{bmatrix} x_{01} & x_{02} & \cdots & x_{0n} \\ x_{11} & x_{12} & \cdots & x_{1n} \\ \vdots & \vdots & & \vdots \\ x_{m1} & x_{m2} & \cdots & x_{mn} \end{bmatrix} \qquad (14)$$

其中，x_{0j} 为被估对象的第 j 个指标数据，x_{ij} 即为第 i 个可比对象的第 j 个对比指标数据。如果对比指标并非同一单位，应该对原始数据矩阵进行无量纲化。其方法主要有两种，一是标准值化法，二是均值化法。采用标准值化法得到如下比较矩阵 A：

$$A = \begin{bmatrix} a_{01} & a_{02} & \cdots & a_{0n} \\ a_{11} & a_{12} & \cdots & a_{1n} \\ \vdots & \vdots & & \vdots \\ a_{m1} & a_{m2} & \cdots & a_{mn} \end{bmatrix} \qquad (15)$$

第二步，计算序列差矩阵 B。序列差矩阵元素 b 的计算公式为：

$$b_{ij} = |a_{0j} - a_{ij}|$$ (16)

求得序列差矩阵 B：

$$B = \begin{bmatrix} b_{11} & b_{12} & \cdots & b_{1n} \\ b_{21} & b_{22} & \cdots & b_{2n} \\ \vdots & \vdots & & \vdots \\ b_{m1} & b_{m2} & \cdots & b_{mn} \end{bmatrix}$$ (17)

第三步，计算关联系数矩阵 C。首先计算最大差和最小差，即序列差矩阵 B 中所有元素中的最大值 b_{max}，最小值 b_{min}，之后计算关联系数：

$$c_{ij} = \frac{b_{min} + \rho b_{max}}{b_{ij} + \rho b_{max}}$$ (18)

其中，ρ 为分辨系数，指的关联系数之间的差异显著性。$\rho \in (0, 1)$，通常取 0.5，越大则关联系数间相同之处也就越多。组成的矩阵称为关联系数矩阵 C：

$$C = \begin{bmatrix} c_{11} & c_{12} & \cdots & c_{1n} \\ c_{21} & c_{22} & \cdots & c_{2n} \\ \vdots & \vdots & & \vdots \\ c_{m1} & c_{m2} & \cdots & c_{mn} \end{bmatrix}$$ (19)

第四步，结合前文确定的各个价值影响因素的权重，取各可比对象关联系数的加权平均值，即第 i 个可比对象与被估对象的灰色关联度就为：

$$\gamma_i = \sum_{j=1}^{n} c_{ij} \omega_j$$ (20)

第五步，计算可比对象影响权重。灰色关联度越高，可比对象与被估对象越相似，越有参考价值。因此，我们在 m 个可比对象中选取三个关联度最高的微信公众号作为最佳可比对象，记为 d_1、d_2、d_3。那么每个最佳可比对象的价格参考权重为：

$$W_i = \frac{d_i}{\sum\limits_{i=1}^{3} d_i}$$ (21)

（三）可比对象价格修正及估价结果计算

利用灰色关联分析法选取出三个可比对象之后，则对可比对象的价格进行影响因素的修正。假设三个最佳可比对象因素修正前的价格分别为 P_1、P_2、P_3，因素修正后的价格为 P_1^*、P_2^*、P_3^*，价格修正公式为：

$$P_m^* = P_m \times \frac{\sum\limits_{i=1}^{n} a_{0i} \times \omega_i}{\sum\limits_{i=1}^{n} a_{mi} \times \omega_i}$$ (22)

确定估价结果：

$$V = \sum_{m=1}^{3} P_m^* W_m \qquad (23)$$

四、模型应用

（一）评估对象及可比案例选择

1. 评估对象介绍及选择理由

被评估微信公众号 Y 属于影视类订阅号，粉丝来源为自然增长，在新榜新媒体迁移网站上的编号为 NO.004534，认证主体为个人注册，注册时间为 2019 年，已开通流量主、原创和评论功能。为了保护微信公众号所有者的隐私，新榜平台没有透露公众号的真实名称，但是对于每一个挂牌的公众号都绑定了唯一的挂牌编号。评估基准日假定为 2021 年 8 月 31 日，截至评估基准日，该公众号的粉丝数量为 31392 个，女粉丝比例为 89%，头条平均阅读数 2543，头条打开率 8.10%，赞阅比 0.59%，本月日均涨粉数 76 个，广告月收入 3000 元，挂牌价格为 50000 元。

选择该微信公众号作为被评估对象的原因有：第一，该微信公众号属于影视类的个人主体公众号。影视类公众号迁移市场较为活跃，可以找到较多的可比案例。注册主体为个人注册的微信公众号迁移的程序相对简单，需求量更大，更容易产生迁移行为。第二，该微信公众号的相关数据可以获取。该微信公众号的所有数据均可以从新榜新媒体迁移网站获取，该网站为挂牌的公众号出具"测评报告"，提供客观详细的数据信息。第三，该微信公众号各项指标数据正常。该微信公众号的各项指标数据均在正常范围之内，没有不符合实际的异常数据，可信度较高。

2. 可比案例的选择

根据被评估对象数据特征，为了排除其他因素的影响，选取的可比案例应该满足六个条件：第一，影视类型的微信公众号。不同类型的微信公众号的收入来源及增长的方式有所不同，不同类型的微信公众号可比性较小。第二，粉丝来源为自然增长。通过活动吸粉和账号互推等方式涨粉的微信公众号应排除在外，此类公众号可能并不是通过优质的内容输出吸引粉丝，粉丝的黏性较小，变现能力也较弱。第三，公众号的注册时间相近。注册时间对微信公众号的价值有一定的影响，选注册时间相近的微信公众号可以减弱注册时间这个因素对评估结果的影响，增强评估结果的合理性。第四，各项指标数据正常。可比案例的各项指标数据应该应处于正常范围，符合客观实际，存在异常数据的公众号应予以排除。第五，认证主体为个人注册。第六，可比案例均来自于评估基准日同一交易平台。微信公众号迁移平台众多，不同平台选取的指标和指标计算的公式都有所差异，同一交易平台的微信公众号更具可比性。新榜新媒体迁移平台的可比案例较多且相关数据较为全面，因此本文所选案例及其数据均来自于 2021 年 8 月 31 日的新榜新媒体交易平台。

根据以上标准，本文最终选取以下六个可比对象，评估对象及可比案例的基本情况如表 4 所示。

表 4　　　　　　　　　　　　评估对象及可比案例

基本情况	公众号编号	挂牌价格	粉丝数	头条均阅	打开率（％）	赞阅比（％）	粉丝比例（％）	注册年份	日均涨粉	流量主收益（元）	广告月收入（元）
Y	NO. 004534	50000	31393	2543	8. 10	0. 59	88. 55	2019	76	98. 63	3000
D1	NO. 002634	65000	30594	2383	7. 79	0. 17	83. 46	2017	213	946. 13	8000
D2	NO. 002886	40000	41610	885	2. 13	0. 00	72. 49	2017	45	449. 73	1000
D3	NO. 002770	30000	38923	230	0. 59	0. 43	56. 77	2017	120	189. 03	300
D4	NO. 003061	39999	41191	1310	3. 18	0. 46	37. 42	2018	407	6. 81	3000
D5	NO. 001448	38000	53634	882	1. 64	1. 04	49. 96	2018	316	412. 3	5000
D6	NO. 004563	47000	92378	1827	1. 98	0. 33	57. 12	2019	74	388. 79	2000

资料来源：新榜新媒体迁移平台。

（二）计算微信公众号价值影响因素指标权重

1. 计算主观权重

本次评价过程中，邀请了 5 位专家组成评审小组，其中：2 名新媒体账号估值网站技术专家，具有多年在新媒体行业的工作经验，参与新媒体账号排行与估值标准的制定；3 名无形资产评估专家，均为知名高校具有多年研究经历的教授，他们的主要研究领域均涉及新媒体账号等网络虚拟资产的评估，共同对影响因素进行分析，形成两两比较矩阵，见表 5。

表 5　　　　　　　　　　　　影响因素两两比较矩阵

因素	X_{11}	X_{12}	X_{13}	X_{21}	X_{22}	X_{23}	X_{31}	X_{32}	X_{33}
X_{11}	1	5	6	2	2	6	1	3	6
X_{12}	1/5	1	1	1/3	1/3	1	1/5	1/2	1
X_{13}	1/6	1	1	1/3	1/3	1	1/6	1/2	1

续表

因素	X_{11}	X_{12}	X_{13}	X_{21}	X_{22}	X_{23}	X_{31}	X_{32}	X_{33}
X_{21}	1/2	3	3	1	1	3	1/2	2	3
X_{22}	1/2	3	3	1	1	3	1/2	2	3
X_{23}	1/6	1	1	1/3	1/3	1	1/6	1/2	1
X_{31}	1	5	6	2	2	6	1	3	6
X_{32}	1/3	2	2	1/2	1/2	2	1/3	1	2
X_{33}	1/6	1	1	1/3	1/3	1	1/6	1/2	1

根据公式（1）~公式（3）求得主观权重集如下：

$$\omega_i' = \{0.2463,\ 0.0436,\ 0.0419,\ 0.1298,\ 0.1298,$$
$$0.0419,\ 0.2463,\ 0.0786,\ 0.0419\}$$

根据公式（4）并利用 Matlab 软件计算得到判断矩阵的最大特征根：

$$\lambda_{max} = 9.0172$$

由表 3 可知当 n = 9，即影响指标个数为 9 时，RI = 1.45，则根据公式（5）和公式（6）可得：

$$CI = 0.0022$$
$$CR = 0.0015$$

即一致性判断指标为 0.0022，平均随机一致性指标为 0.0015，表明本次评价的判断矩阵通过一致性检验，AHP 方法求取的权重系数较合理。

2. 计算客观权重

根据表 4 以及新榜新媒体迁移网站上的数据整理得到熵权法原始数据表，如表 6 所示。

表 6　　　　　　　　　　　熵权法原始数据表

基本情况	粉丝数	日均涨粉	违规次数	头条均阅	打开率	赞阅比	粉丝比例	粉均广告月收入	粉丝终端比例
D1	30594	213	9	2383	0.0779	0.0017	0.8346	0.2615	0.3666
D2	41610	45	13	885	0.0213	0.0000	0.7249	0.0240	0.3139
D3	38923	120	10	230	0.0059	0.0043	0.5677	0.0077	0.2855
D4	41191	407	9	1310	0.0318	0.0046	0.3742	0.0728	0.3818
D5	53634	316	9	882	0.0164	0.0104	0.4996	0.0932	0.2839
D6	92378	74	9	1827	0.0198	0.0033	0.5712	0.0217	0.3542

资料来源：新榜新媒体迁移平台。

根据公式（7）~公式（12）求得客观权重集如下：
$$\omega_i'' = \{0.1249, 0.1158, 0.0818, 0.0960, 0.1201,$$
$$0.1041, 0.0953, 0.1440, 0.1181\}$$

3. 计算综合权重

根据公式（13），可以计算得到各指标的综合权重如表 7 所示。

表 7　　　　　　　　　　　AHP—熵权法各指标权重

指标名称	AHP 权重	熵权法权重	综合权重
粉丝数	0.1249	0.2463	0.2762
日均涨粉	0.1158	0.0436	0.0454
违规次数	0.0818	0.0419	0.0308
头条均阅	0.0960	0.1298	0.1119
打开率	0.1201	0.1298	0.1399
阅赞比	0.1041	0.0419	0.0391
粉丝比例	0.0953	0.2463	0.2107
粉均广告月收入	0.1440	0.0786	0.1016
粉丝终端比例	0.1181	0.0419	0.0444

（三）确定最佳可比案例及其权重

根据新榜新媒体迁移平台的数据得到灰色关联分析法原始数据表如表 8 所示。

表 8　　　　　　　　　　　灰色关联分析法原始数据表

基本情况	粉丝数	日均涨粉	违规次数	头条均阅	打开率	赞阅比	粉丝比例	粉均广告月收入	粉丝终端比例
Y	31393	76	4	2543	0.0810	0.0059	0.8855	0.0956	0.2637
D1	30594	213	9	2383	0.0779	0.0017	0.8346	0.2615	0.3666
D2	41610	45	13	885	0.0213	0.0000	0.7249	0.0240	0.3139
D3	38923	120	10	230	0.0059	0.0043	0.5677	0.0077	0.2855
D4	41191	407	9	1310	0.0318	0.0046	0.3742	0.0728	0.3818
D5	53634	316	9	882	0.0164	0.0104	0.4996	0.0932	0.2839
D6	92378	74	9	1827	0.0198	0.0033	0.5712	0.0217	0.3542

资料来源：新榜新媒体迁移平台。

根据表 8 数据整理得到原始矩阵 X：

$$X = \begin{bmatrix} 31393 & 76 & 4 & 2543 & 0.0810 & 0.0059 & 0.8855 & 0.0956 & 0.2637 \\ 30594 & 213 & 9 & 2383 & 0.0779 & 0.0017 & 0.8346 & 0.2615 & 0.3666 \\ 41610 & 45 & 13 & 885 & 0.0213 & 0.0000 & 0.7249 & 0.0240 & 0.3139 \\ 38923 & 120 & 10 & 230 & 0.0059 & 0.0043 & 0.5677 & 0.0077 & 0.2855 \\ 41191 & 407 & 9 & 1310 & 0.0318 & 0.0046 & 0.3742 & 0.0728 & 0.3818 \\ 53634 & 316 & 9 & 882 & 0.0164 & 0.0104 & 0.4996 & 0.0932 & 0.2839 \\ 92378 & 74 & 9 & 1827 & 0.0198 & 0.0033 & 0.5712 & 0.0217 & 0.3542 \end{bmatrix}$$

使用标准值化法 $\overline{a_{ij}} = a_{0j}/a_{ij}$，进行无量纲化处理得到比较矩阵 A，使属性不同的各特征指标可以进行合理的比较。

$$A = \begin{bmatrix} 1.0000 & 1.0000 & 1.0000 & 1.0000 & 1.0000 & 1.0000 & 1.0000 & 1.0000 & 1.0000 \\ 0.9745 & 2.8026 & 2.2500 & 0.9371 & 0.9617 & 0.2881 & 0.9425 & 2.7363 & 1.3902 \\ 1.3255 & 0.5921 & 3.2500 & 0.3480 & 0.2630 & 0.0000 & 0.8186 & 0.2515 & 1.1904 \\ 1.2399 & 1.5789 & 2.5000 & 0.0904 & 0.0728 & 0.7288 & 0.6411 & 0.0807 & 1.0827 \\ 1.3121 & 5.3553 & 2.2500 & 0.5151 & 0.3926 & 0.7797 & 0.4226 & 0.7621 & 1.4479 \\ 1.7085 & 4.1579 & 2.2500 & 0.3468 & 0.2025 & 1.7627 & 0.5642 & 0.9755 & 1.0766 \\ 2.9426 & 0.9737 & 2.2500 & 0.7184 & 0.2444 & 0.5593 & 0.6451 & 0.2266 & 1.3432 \end{bmatrix}$$

根据公式（16）得到序列差矩阵 B：

$$B = \begin{bmatrix} 0.0255 & 1.8026 & 1.2500 & 0.0629 & 0.0383 & 0.7119 & 0.0575 & 1.7363 & 0.3902 \\ 0.3255 & 0.4079 & 2.2500 & 0.6520 & 0.7370 & 1.0000 & 0.1814 & 0.7485 & 0.1904 \\ 0.2399 & 0.5789 & 1.5000 & 0.9096 & 0.9272 & 0.2712 & 0.3589 & 0.9193 & 0.0827 \\ 0.3121 & 4.3553 & 1.2500 & 0.4849 & 0.6074 & 0.2203 & 0.5774 & 0.2379 & 0.4479 \\ 0.7085 & 3.1579 & 1.2500 & 0.6532 & 0.7975 & 0.7627 & 0.4358 & 0.0245 & 0.0766 \\ 1.9426 & 0.0263 & 1.2500 & 0.2816 & 0.7556 & 0.4407 & 0.3549 & 0.7734 & 0.3432 \end{bmatrix}$$

由序列差矩阵 B 得到最大差为 4.3553，最小差为 0.0245，再根据公式（18）得到关联系数矩阵 C：

$$C = \begin{bmatrix} 0.9996 & 0.5533 & 0.6425 & 0.9828 & 0.9938 & 0.7621 & 0.9852 & 0.5626 & 0.8576 \\ 0.8798 & 0.8517 & 0.4974 & 0.7782 & 0.7555 & 0.6930 & 0.9335 & 0.7526 & 0.9299 \\ 0.9109 & 0.7989 & 0.5988 & 0.7133 & 0.7093 & 0.8993 & 0.8682 & 0.7110 & 0.9743 \\ 0.8845 & 0.3371 & 0.6425 & 0.8271 & 0.7907 & 0.9183 & 0.7993 & 0.9117 & 0.8387 \\ 0.7630 & 0.4127 & 0.6425 & 0.7779 & 0.7402 & 0.7489 & 0.8426 & 1.0000 & 0.9769 \\ 0.5345 & 0.9992 & 0.6425 & 0.8955 & 0.7508 & 0.8410 & 0.8695 & 0.7462 & 0.8736 \end{bmatrix}$$

由公式（20）可以得到各可比案例的关联度如表 9 所示。

表 9　　　　　　　　　　　　　可比案例关联度

可比案例	D1	D2	D3	D4	D5	D6
关联度	0.9026	0.8313	0.8189	0.8168	0.7917	0.7487

由上可知与评估对象关联度最大的 3 个参数是公众号 D1、D2、D3。于是该 3 个公众号的权重分别是：

$$W_1 = \frac{0.9026}{0.9026 + 0.8313 + 0.8189} = 0.3536$$

$$W_2 = \frac{0.8313}{0.9026 + 0.8313 + 0.8189} = 0.3256$$

$$W_3 = \frac{0.8189}{0.9026 + 0.8313 + 0.8189} = 0.3208$$

（四）确定估价结果

由表 4 中的数据可知根据灰色关联度选取出的最佳可比案例 D1、D2、D3 的挂牌价格分别为 65000 元、40000 元、30000 元，则由公式（22）可以得到可比案例的比准价格为：

$$P_1^* = 65000 \times \frac{1}{1.2547} = 51806.99 \text{（元）}$$

$$P_2^* = 40000 \times \frac{1}{0.8196} = 48804.12 \text{（元）}$$

$$P_3^* = 30000 \times \frac{1}{0.7312} = 41027.31 \text{（元）}$$

对比准价格进行加权平均便可得到 Y 微信公众号的最终评估值：

$V = P_1^* \times W_1 + P_2^* \times W_2 + P_3^* \times W_3 = 51806.99 \times 0.3536 + 48804.12 \times 0.3256 + 41027.31 \times 0.3208 = 47371.07$（元）

（五）对比分析

采用传统市场法计算三个可比案例 D1、D2、D3 的比准价格，即因素修正过程不考虑指标的权重问题，可以得到：

$$P_1' = 65000 \times \frac{9}{13.2832} = 44040.69 \text{（元）}$$

$$P_2' = 40000 \times \frac{9}{8.0390} = 44781.55 \text{（元）}$$

$$P_3' = 30000 \times \frac{9}{8.0153} = 33685.42 \text{（元）}$$

对得到的比准价格直接进行算数平均便得到传统市场法下被估公众号 Y 的价值：

$V = （P_1' + P_2' + P_3'）\div 3 = （44040.69 + 44781.55 + 33685.42）\div 3 = 40835.89$（元）

（六）评估结果有效性分析

从评估结果与评估对象的实际交易价格的偏差来看。根据新榜网站的新媒体迁移平台上得到的数据，被评估微信公众号在评估基准日 2021 年 8 月 31 日的挂牌价格为 50000 元。本文运用基于 AHP—熵权法和灰色关联分析法的改进市场法进行价值评估的结果为 47371.07 元，偏差率为 5.26%，属于较为合理的范围之内。同时，由于微信公众号交易双方一般会对价格进行进一步的商议，使得大多数情况下实际成交价格会略低于挂牌价格。因此本文的评估结果与被评估微信公众号实际交易价格的实际偏差率会小于 5.26%，更加说明了评估结果的合理性。

从与传统市场法的比较来看。本文对选取的 3 个最佳可比案例的价格直接进行影响因素的修正得到比准价格，不进行因素的加权，再对各个比准价格进行算术平均求得传统市场法下的评估结果为 40835.89 元，与评估对象挂牌价格的偏差率为 18.33%，远大于改进市场法模型评估结果的偏差率。由此可见，改进市场法的评估结果与传统市场法的相比更为贴近被评估微信公众号的实际交易价格，这进一步验证了改进市场法运用于影视类微信公众号价值评估的有效性。

五、结论与展望

本文在前人的基础之上总结了微信公众号价值评估指标体系，引入熵权法计算各指标客观权重对层次分析法确定的各指标主观权重进行修正得到综合权重，使各指标的影响权重更具客观性。通过计算灰色关联度来选取最佳可比案例，在计算灰色关联度的过程中也将各指标的影响权重考虑在内，从而得到更合理的灰色关联度。对最佳可比案例进行因素修正的过程中，考虑到不同指标对微信公众号价值的影响程度不同，引入综合权重使修正过程更合理。利用本文建立的微信公众号价值评估模型对实际案例进行分析，得到的结果与传统市场法评估的结果相对比，发现前者具有更低的偏差率，说明本文建立的模型对影视类微信公众号价值评估具有一定的有效性。本文的不足之处在于建立的微信公众号价值评估体系不够全面。考虑到指标数据可获取性的问题，本文选取的指标都是可以直接从相关网站整理获取的定量指标。虽然这些指标在很大程度上决定了微信公众号的价值，但是还是存在一些非公开的指标和定性指标对公众号的价值有一定的影响。对于如何在微信公众号价值评估体系中引入定性指标，继续完善提高评估结果的客观性和科学性，仍有待进一步的探索。

参 考 文 献

[1] 武彩艳. 基于灰色关联分析的微信公众号价值评估 [D]. 天津：天津财经大学，2018.

［2］孙畅．基于改进的网络域名综合评估法的微信公众号价值评估研究［D］．昆明：云南大学，2019.

［3］龙燕．微博账号的价值评估方法研究［D］．广州：暨南大学，2017.

［4］张安可．微信公众号价值评估研究［D］．北京：首都经济贸易大学，2018.

［5］王强垒．基于灰色关联－模糊评价法的微信公众号价值评估［D］．南昌：江西财经大学，2021.

［6］于翠芳，王新美．无形资产评估中收益现值法运用的难点分析［J］．学术交流，2010（09）：102－104.

［7］李海港．微信公众号平台盈利模式研究［J］．编辑学刊，2018（04）：102－106.

［8］黄欢．微传播时代微信公众号广告营销策略探析［J］．传媒，2017（03）：68－70.

［9］杨驰，李禾．科技学术期刊微信公众号盈利模式研究［J］．编辑学报，2019，31（02）：204－208.

［10］龙思思．自媒体营销价值与盈利模式分析——以微信公众号为例［J］．当代传播，2017（02）：84－87.

［11］张桃．微信公众号价值评估体系研究［J］．视听，2017（03）：101－102.

［12］于君英，李宏，杜芹平，沈蕾，宫明亮．品牌综合评价指标体系及方法［J］．统计与决策，2009（19）：180－181.

［13］王晓灵．品牌价值的结构、影响因素及评价指标体系研究［J］．现代管理科学，2010（11）：95－97.

［14］桑子文，金元浦．网络文学 IP 的影视转化价值评估模型研究［J］．清华大学学报（哲学社会科学版），2019，34（02）：184－189＋202.

［15］刘燕南，李忠利．网络文学 IP 价值评估体系探析［J］．现代出版，2021（01）：84－91.

［16］张立恒．基于 AHP—熵权法的我国区域科技创新可拓学评价模型及实证研究［J］．工业技术经济，2019，38（08）：130－136.

［17］Fu L，Li J. Comprehensive evaluation and research on China's public culture service system based on AHP method and entropy weight method［J］. Journal of Chemical & Pharmaceutical Research，2014（6）：230－238.

［18］林卓，郑丽霞，曹玉婷，黄译锋．福建省创新型城市建设综合评价——基于 AHP—熵权的灰色关联分析［J］．科技管理研究，2019，39（19）：115－123.

［19］Saaty T L，Kearns K P. Analytical Planning［M］. Pergamon，1985.

［20］张鸿，杜凯文，靳兵艳．乡村振兴战略下数字乡村发展就绪度评价研究［J］．西安财经大学学报，2020，33（01）：51－60.

智能制造企业数据价值与评估研究

沈莹莹　魏雪桦　林少敏　郑慧娟*

内容提要：在数字经济快速发展的背景下，如何开展数据资产评估、为数据入表和对外交易提供价值参考受到政府、企业、中介机构等广泛关注。目前相关部门已出台《数据资产评估指导意见》和《企业数据资源相关会计处理暂行规定》等文件，但是这些准则的运用还存在很多操作层面的问题和难点。以智能制造企业为切入点，说明产品研发与创新、生产流程优化等典型应用场景及相应的评估思路，分析运用收益法评估的过程中数据范围确定、区分数据资产的贡献与商誉的贡献等方面的难点。以典型智能制造企业美的集团为例，展示了数据资产价值测算过程，以期对智能制造企业数据资产价值的评估提供参考，并推动相关理论研究、评估准则和会计准则的优化完善。

一、引　　言

2022 年，《中共中央　国务院关于构建数据基础制度更好发挥数据要素作用的意见》（简称"数据二十条"）强调数据作为新型生产要素的重要性，提出充分发挥我国海量数据规模和丰富应用场景优势，激活数据要素潜能，做强做优做大数字经济的数字经济发展目标。根据中国信息通信研究院发布的《中国数字经济发展研究报告》，2022 年我国数字经济规模达到 50.2 万亿元。在建立数据产品和服务价格形成机制过程中，数据价值评估成为各界广泛关注的核心问题和难点问题。为规范数据资产评估执业行为，中国资产评估协会发布了《数据资产评估指导意见》（以下简称"指导意见"），指导意见于 2023 年 10 月 1 日起施行。

2023 年 12 月，工业和信息化部、国家发展改革委、金融监管总局三部门联合印发《制造业卓越质量工程实施意见》，鼓励企业应用人工智能等技术确定最优设计方案，提升智能化质量策划水平，支持企业应用数字化技术，实现制造过程的数字化控制、网络化协同和智能化管理。数据资产是智能制

---

* 沈莹莹，广东财经大学财政税务学院，硕士生，研究方向：企业价值评估；魏雪桦，广东财经大学财政税务学院，硕士生，研究方向：企业价值评估；林少敏，广东财经大学财政税务学院，硕士生，研究方向：企业价值评估；郑慧娟，广东财经大学财政税务学院，副研究员、资产评估师，研究方向：企业价值评估。

造企业的重要资源，通过合理的方法确定其公允价值，是数据入表和交易的关键问题。

本文在指导意见基础上，通过分析数据资产的价值影响因素、智能制造企业数据资产来源、应用场景，构建不同应用场景下智能制造企业数据资产价值评估模型，提出其中的难点问题和解决思路。旨在在一定程度上减少数据资产交易中随意定价的现象，有利于维护数据主体的利益和市场秩序；也将帮助企业更加客观地了解其数据资产的价值、更好地开展数据资产的管理；并且期待本研究能够丰富数据资产评估理论。

二、国内外研究现状

（一）数据资产的定义

1974 年，Richard E. Peters 最早提出了"数据资产"一词，他所提到的美国和捷克的数据资产，包括了持有的政府和公司债券；在之后的 1999 年，Gargano 和 Raggad 指出利用信息技术对数据资产进行挖掘，可以发现隐藏在数据背后的价值，这些数据能够提高决策者决策的质量和有效性。然而，他们均未给数据资产进行更为细致的定义。2019 年，Collins V 和 Lanz J 提出了当数据被转化为包含经济特征并促进可操作的见解的信息时，数据就成为了一种经济资产，不仅可以帮助组织改善运营，间接地增加收入，还能够通过出售给其他用户将数据资产转化为现金，这点明了数据资产所具有的收益性的特征。

与 Collins V 和 Lanz J 的观点相类似，国内的学者（李永红和张淑雯，2018；秦荣生，2020）更多地从会计意义上的"资产"定义出发，对数据资产进行界定，他们普遍认为能够给企业带来经济效益并且为企业形成且拥有的数据资源，才能成为企业的数据资产。根据指导意见，数据资产是指特定主体合法拥有或者控制的、能进行货币计量的、能带来直接或者间接经济利益的数据资源。

（二）数据资产评估方法

1. 成本法

Moody 和 Walsh（1999）认为，成本法仍然是实践中应用最广泛的方法，虽然一直受到质疑，但是没有其余的方法来取代它。谢刚凯和蒋骁（2023）也指出目前对于数据资产的评估普遍采用成本法。但是成本法的使用依然存在一些问题，一方面，虽然成本法能在一定程度上减少主观性带来的不准确性，但是由于数据资产与传统的无形资产存在区别，使得数据资产的重置成本以及贬值额都难以精确计算（黄海，2021），目前很少企业会将数据资产形成过程中的各项成本详细记录下来。另一方面，数据资产的成本与收益之间存在弱对应性（祖广政和朱冬元，2022；熊旺旺和余炳文，2023），和初期投入相比，数据资产在后期的更新、维护以及传播环节可能不需要花费太大的成本，却有可能给企业带来巨大收益，使用成本法对数据资产进行评估可能会造成评估价值偏低。尽管存在一些问题，成本法对有些数据资产的价值评估还是存在一定的合理性，比如以成本分摊为目的的数据资产价值评估（李春秋和李然辉，2020）。

2. 市场法

我国目前已有贵州大数据交易所、深圳数据交易所等数据交易平台，数据资产市场的规模、收录的信息逐渐扩大，但是目前数据交易所还处于初期发展阶段，多个行业的数据资产交易数量和交易类型较少，并且数据资产的个性化程度较高，因此可以用来比较和参考的数据资产交易资料有限。再者，数据资产和机器设备等资产不一样，在交易市场中，数据资产的信息很多都是需要保密的，这加大了采用市场法对数据资产进行评估的难度。基于以上局限性，黄海（2021）、胥子灵等（2022）众多学者均认为目前我国的数据交易市场还不足以支持使用市场法对数据资产进行评估。

3. 收益法

近年来，越来越多的学者采用收益法对数据资产进行评估，特别是超额收益法。陈芳和余谦（2021）就以天士力医药集团股份有限公司为例，运用超额收益法计算其数据资产价值，并通过与信息技术企业的数据资产价值的对比，进一步验证该模型的合理性。此外，还有不少学者使用其余方法对超额收益法的参数进行调整，任紫娴和陈思（2023）创新地从用户角度出发，运用文本分析法对超额收益法中折现率的数值进行修正；胥子灵等（2022）不仅用定性方法修正了多期超额收益模型中的折现率，同时也使用 cox 模型修正收益期以及增加客户留存率参数。除了超额收益法，高文忠等（2023）对增量收益法进行了研究分析，并提出了改进后的增量收益法模型，最后结合数据资产评估案例进行了解析。

尽管有许多学者偏向于采用收益法对数据资产进行评估，但是收益法也存在一定的局限性，主要包括两点：一是采用收益法对数据资产进行评估涉及多个参数，如收益额、收益年限、折现率等，对这些参数的计算存在一定的难度（于艳芳和陈泓亚，2022）。专利权、商标权等无形资产，都有法律规定的保护期限，但是目前针对数据资产的保护年限方面，还未有明确的法律规定；对于收益额的预测在一定程度上还会受到评估人员主观性的影响，可能会导致评估结果偏离实际价值。二是未能考虑数据资产的价值易变性，因为数据的变化速度是非常快速的，这使得数据资产的价值可能会随使用方式及时间的推移而不断变化，但收益法没有考虑这一点（陈芳和余谦，2021）。

4. 衍生评估方法

目前较多学者将层次分析法与传统评估方法相结合，进而构建数据资产评估模型。林飞腾（2020）使用层次分析法对影响数据资产功能性贬值的因素进行确权，以各项因素的权重以及各项因素的贬值率计算得到综合功能性贬值率，以此对成本法模型进行改进。刘琦等（2016）将市场法与层次分析法相结合，利用层次分析法对技术修正系数的六个技术指标进行赋权，最终将待估数据资产的权重与可比数据资产的权重的比值作为技术修正系数，对可比数据资产的价值进行修正。崔叶和朱锦余（2022）则在运用差量法计算出被评估企业组合无形资产价值之后，采用层次分析法将数据资产与专利、商标等无形资产剥离，最终得到数据资产占无形资产的权重。

实物期权法也是目前较常使用的评估方法之一，学者们认为由于数据资产具有不确定性和波动性，会带来一定的潜在价值，使得数据资产具有期权的特性，适合采用实物期权法对数据资产进行评估。肖雪娇和杨峰（2022）以及赵宸元和张福来（2023）均提出了可采用实物期权法评估数据资产的潜在价值，有所区别的是，肖雪娇和杨峰在考虑数据资产特点等情况下，认为经典的 B－S 模型不适用于评估数据资产，最终采用了最小二乘蒙特卡洛模拟方法进行评估；赵宸元和张福来则提出二叉树期权定价模型思路简单、计算简洁，适合用于评估具有美式期权特性的数据资产。此外，王建伯（2016）还提出了博弈方法、人工智能方法也可用来进行数据资产评估。

（三）数据资产应用场景

许宪春和王洋（2021）提出，不同的企业有着不同的经营方式，因此数据资产在不同的企业中有着不同的应用场景，并对农业企业、制造业企业等九个行业的数据资产的应用场景进行了梳理。高华和姜超凡（2022）将数据资产按照有交易场景和无交易场景进行划分，并就这两个不同的场景提出了数据资产所适用的估值模型，指出有交易场景的数据资产适合采用 AHP 法和超额收益法相结合来进行评估，而无交易场景的数据资产适合采用 B－S 期权定价模型。

（四）文献述评

综上所述，国内外学者在研究数据资产价值评估方面已取得一系列成果，与之前对数据资产还未有明确定义的时候相比，目前已经对数据资产形成了较为清晰的认识。在评估方法上，国内的学者在借鉴国外经验的基础上，目前多采用传统评估方法与其他方法相结合的改进模型以及传统评估方法的修正模型来对数据资产价值进行评估，以使之更适合我国数据资产的价值评估。此外，过去的研究更多是理论上的研究，如今越来越多的学者结合实例进行分析，进一步探讨数据资产的价值。

然而，目前鲜有文献基于具体的应用场景构建相应的数据资产评估模型并对其进行应用，且现有的研究更多地聚焦于互联网行业，较少涉及智能制造企业数据资产的价值。基于以上分析，本文以智能制造企业为切入点，基于典型应用场景提出相应的收益法评估思路，并对运用收益法评估的过程中所存在难点进行分析。

三、相 关 理 论

（一）数据资产价值的影响因素

1. 形成数据资产的成本

数据资产的成本包含前期的数据采集、加工成本和中期的数据存储、管理成本以及后期的数据维护、更新成本。在前期数据采集的过程中，企业需要花费一定的技术和人力，此时采集到的数据大部分是粗糙且繁杂的，需要通过数据清洗、转换和整合等过程，以提高数据的准确性、可使用性。中期的数据存储和管理成本是指数据处理完成后需存储和管理，有些数据的存储需要依赖于电子设备，购买或者租赁设备均会产生对应的成本。企业还需关注数据资产的时效性和准确性，及时察觉数据资产存在的数据陈旧或者迟滞、原始数据不准确、重复等问题并进行修正和更新，因此包含数据改善环节所产生的后期成本。

2. 应用数据资产的收益

数据资产的应用能够产生收益是数据之所以有价值的根本原因。企业应用数据资产所产生的收益可以从企业内部和企业外部两个角度理解。对于企业内部而言，企业可以通过将数据资产应用于日常经营管理活动之中，以达到增加收入、降低成本等目的。企业运用资产所能产生的收益和利润越高，数据对于企业而言价值就越大。对于企业外部而言，企业转让数据资产得到收入，是数据资产价值得以体现的另一种方式。

3. 市场供给与需求

在交易过程中，数据资产的价值受市场供需情况的影响。数据成本和稀缺性是供给方的主要考虑因素，如果数据难以获取，或者获取、加工的成本太高，供给数量会较少；越是稀缺的数据资产，越可能带来超额利润，供给方越有动力增加数据供给。数据的应用场景较广泛、能为需求方带来效用，则市场需求越多。需注意的是，由于数据的收集、开发、加工、确权、交易等存在较大的不确定性，导致在数据交易过程中，供求双方存在较严重的信息不对称的问题，导致数据交易市场的供求不均衡情况较为突出。

4. 数据的质量

数据的质量是影响数据资产价值的关键因素，是确保数据资产得以有效利用的前提。指导意见提出了数据质量评价的"准确性、一致性、完整性、规范性、时效性、可访问性和可解析性"七个维度，可以较为准确、完整地反映数据资产的信息属性，体现出影响数据资产价值的质量因素，能够满足资产评估所需要的评估对象描述和价值分析的需要。

5. 数据的风险

《中华人民共和国数据安全法》作为数据保护领域的核心法规，确立了数据分类分级、数据全生命周期安全管理、数据跨境流动监管、数据合法收集等数据处理者的主要法律义务。数据的风险包括法律风险和安全风险等。数据资产的交易和使用过程中存在法律风险，数据是否经过确权、数据交易是否符合地区交易规则，都成为数据是否具有合规性的考量因素。数据资产的安全风险主要是指数据泄露、数据滥用、数据损毁、数据篡改等潜在威胁。以数据泄露为例，如果判断存在泄露个人隐私、单位和国家秘密的情况，数据则无法交易，交易价值几乎为零。

（二）智能制造企业相关理论

1. 智能制造企业数据资产与类型

关于智能制造的定义，目前不同国家在表述上有一些差异。日本工业界在 1989 年首次提出"智能制造"的概念，美国 1992 年开始实施旨在促进传统工业升级和培育新兴产业的新技术政策，其中就涉及智能制造技术。我国对智能制造的定义是：智能制造是基于新一代信息通信技术与先进制造技术深度融合，贯穿于设计、生产、管理、服务等制造活动的各个环节，具有自感知、自学习、自决策、自执行、自适应等功能的新型生产方式。

智能制造企业生命周期的各阶段的主要数据源和数据类型如表 1 所示。在表 1 中，数据源分别来源于行政管理相关系统（OA 系统、SAP 系统、Workday 系统、ADP 系统等）、业务生产相关系统（MES 系统、PCS 系统等）、销售管理相关系统（CRM 系统、SCM 系统）等。

表 1   智能制造企业的数据类型

生命周期	数据源	数据类型
设计阶段	ERP 系统，MES 系统等	产品 BOM 数据、产品结构数据、工艺设计数据
生产阶段	ERP 系统、OA 系统、SIS 系统、PCS 系统、APS 系统、MES 系统、SRM 系统、SCAD 系统等	原料配比数据、传感器数据、设备故障数据、应急预案数据、生产耗能数据、环保排放数据、反馈数据
物流阶段	ERP 系统、MES 系统、SCM 系统等	采购计划数据、采购合同数据、发票管理数据、应付款管理数据、供应链协同数据、退/换货管理数据、库存数据、关务和海关数据
销售阶段	CRM 系统、ERP 系统、OA 系统、SAP 系统	市场预测数据、风险管理数据、客户管理数据、生产工单数据、销售订单数据
服务阶段	CRM 系统、ERP 系统等	用户偏好数据、产品使用满意度数据

资料来源：笔者自行整理绘制。

智能制造企业数据与工业数据有联系也有区别。2023 年 1 月起正式实施的《工业和信息化领域数据安全管理办法（试行）》将工业数据定义为工业各行业各领域在研发设计、生产制造、经营管理、运行维护、平台运营等过程中产生和收集的数据。智能制造企业数据属于工业数据，但是与工业数据相比，又具有更加明显的结构化、半结构化特征。按照数据的结构化特点，工业数据通常可分为三类：一是结构化数据，包括业务数据（企业的生产过程执行管理系统、企业资源计划系统和能源管理系统所产生的数据）和时序数据（具有趋势性和周期性的生产工艺参数、生产设备运行参数等数据）；二是半结构化数据，主要体现为经营文件、作业指导书、质检报告等；三是非结构化数据，包括生产管理监控视频、测试音频、图像等。根据表 1，智能制造企业以数据机床、生产销售平台软件、人工智能技术为载体，获取了大量结构化数据。根据数据价值与结构之间关系的"二八法则"，即 80% 的价值密度由 20% 的结构化数据决定，而 20% 的价值密度由 80% 的非结构化数据决定，因此智能制造企业数据比一般工业数据的价值密度更高，会产生更大数量、更高质量的有用有价值的数据。

2. 智能制造企业数据资产价值的影响因素

按照数据资产化的一般规律，智能制造企业数据从资源到资产，依次经过数据获取、数据管理、数据应用、数据流通等阶段。不同阶段影响数据资产价值的关键因素有所差异，如表 2 所示。

表 2   **智能制造企业数据价值影响因素**

数据资产化阶段	价值影响因素	说明
数据获取阶段	数据可靠性	数据的来源是否可信，以及数据是否经过验证；数据类型是否包含较高的随机性和不稳定性的数据、非结构化数据
	数据权属清晰度	经过明确确权的数据有助于消除对外交易中潜在的法律风险
	获取成本	软件系统费摊销、系统运维费摊销、数据安全硬件租金、数据接口服务费等
数据管理阶段	数据结构和规模	数据结构优化，尽可能消除非结构化数据和半结构化数据；数据达到的规模，是否为最优规模。影响数据的存储和处理效率，以及对未来扩展的适应性
	更新频率	具有趋势性和周期性的时序数据的更新频率，将决定数据的时效性
	存储方式	不同的存储方式，如云存储或本地存储，可以影响数据的可访问性、安全性和成本效益
	数据治理	有效的数据治理可提升数据准确性、一致性、完整性、规范性，同时产生相应的数据治理费用
数据应用阶段	应用场景	业务相关性：数据应用的场景必须与业务需求密切相关，能够根据数据做出准确预测，并且理解预测背后的逻辑
		多样性：数据应用场景的多样性可以扩大数据资产的适用范围。多个不同领域的应用场景可以提高数据的通用性，使其更有价值
	潜在开发价值	使用先进的数据分析工具和平台，如数据挖掘、机器学习、人工智能等，可以提高数据的分析能力。这使得数据更有用、更有价值，为用户提供隐藏的信息、趋势和洞察力
	用户体验	良好的用户体验可以提高用户的满意度，使其更愿意依赖和应用数据，从而增加数据的实际价值
	商业模式	数据产生收益的商业模式，例如所有权转让、使用权转让、特许经营、质押、会员费、广告费、内部使用（优化管理、降低成本、产品研发与创新）等，可体现数据如何与企业战略和盈利能力相关联，以及如何将数据应用于商业活动。商业模式的灵活性和盈利潜力可以直接影响数据资产的价值

续表

数据资产化阶段	价值影响因素	说明
数据流通阶段	交易机制健全程度	智能制造企业数据资产的安全风险较高，交易机制的健全性影响数据的安全性和合法性。完善的合同和法律框架可以保护数据提供方和数据购买方的权益，降低风险，提高数据资产的价值
	市场活跃程度	市场活跃程度取决于数据的需求和供应情况。如果存在高需求但供应有限的情况，数据资产的价值可能会上升。市场活跃度会影响数据的价格和市场地位。另外，市场活跃度高的地方可能会更容易出现新的数据应用和商业模式，从而增加数据资产的创新性和实际价值
	市场竞争关系	市场中的竞争情况会影响数据的市场地位和定价。如果数据资产具有稀缺性和差异化，可以提高数据资产的市场地位，推动需求，从而增加价值

资料来源：笔者自行整理绘制。

（三）智能制造企业数据资产评估方法

1. 基本评估方法适用性分析

根据《数据资产评估指导意见》，评估数据资产价值可以使用成本法、市场法和收益法。在成本法估算中，由于数据形成过程中的搜集、治理等成本难以归集，支撑数据资产运营的 IT 和数据资产 DT 之间物理边界识别尚未达成统一观点，智能制造企业的软件系统费摊销、系统运维费摊销如何确定是难点问题。在市场法估算中，目前数据交易所还处于初期发展阶段，数据资产交易不活跃，可供市场法测算的案例数量较少。同时，智能制造企业的数据用于对外交易的更少，且不同企业的数据之间的差异极大，市场法估算存在较大的限制。

相对而言，收益法具有更强的适用性。原因有以下几方面：一是能为企业带来直接或者间接经济利益是数据资源能够成为数据资产的必要条件。数据价值的充分体现需要考虑以数据资产为核心的运营模式，以及由此为企业带来的未来的收益；二是具有数据资产的历史应用情况数据，并且可采用预测技术基于未来应用前景进行收益预测；三是可根据数据资产应用过程中的管理风险、流通风险、数据安全风险和监管风险等因素及货币时间价值等因素估算折现率；四是可综合考虑数据资产的法律有效期限、相关合同有效期限、数据资产的更新时间、数据资产的时效性以及数据资产的权利状况等因素，合理确定经济寿命或者收益期限。

2. 主要应用场景与评估模型

在收益法评估中，需考虑一定的应用场景，评估数据在特定场景下进行商业运营的效果。在估算数据资产带来的预期收益时，根据对特定体应用场景的适用性可选用直接收益预测、分成收益预测、超额收益预测和增量收益预测等方式，并相应使用具体评估模型。以下以几种主要应用场景为例，说明超额收益法模型与增量收益法模型的原理及在智能制造企业数据价值评估中的应用。

（1）产品研发与创新

数据在企业的产品研发和创新中具有重要的作用。通过对市场预测数据、客户管理数据、销售订单数据进行深入分析，企业可以获得关于市场需求、消费者行为、竞争对手情报等方面的宝贵信息，并且进行市场预测和趋势分析，从而指导产品研发和创新的决策，调整产品研发和创新的方向，帮助企业进行产品性能优化。

企业研发的新产品扩张了市场份额，获得超额收益，其中数据要素对超额收益做出了一定的贡献。超额收益法通过计算数据资产所贡献的超额收益并折现来确定数据资产价值。由于新产品所产生的超额收益是多种生产要素共同贡献的，因此如何分离出数据资产所贡献的收益是该方法要解决的核心问题。通常的解决思路是：先计算企业整体的收益，再识别出固定资产、流动资产、商标权、销售网络、客户关系等表内外数据资产以外的各类资产，并将其贡献的收益剥离出来，得到归属于数据资产的超额收益。其中，固定资产、流动资产、商标权、人力资源等的贡献可以直接以财务报表的历史数据为基础预测，销售网络、客户关系等贡献无法直接识别，只能先分析数据资产、销售网络、客户关系等对于企业价值贡献的比例，再计算出数据资产贡献的超额收益。具体计算如公式（1）所示：

$$V = \sum_{t=1}^{n} (E - E_f - E_v - E_i - E_m - E_u - E_d)_t \times (1 + i)^{-t} \times K_d \qquad (1)$$

其中，V：数据资产价值；

E：企业自由现金流；

E_f：固定资产的贡献值；

E_v：流动资产的贡献值；

E_i：表内无形资产的贡献值；

E_u：使用权资产贡献值；

E_m：人力资源的贡献值；

n：数据资产的收益期；

i：折现率；

K_d：数据资产贡献比例。

（2）生产流程优化

智能制造企业将智能机器和数据处理相融合，利用 APS、MES、SRM、SCAD 等系统，优化生产流程，提高产品质量和企业运行效率、减少人工成本。生产流程优化场景是利用业务生产相关系统（MES 系统、PCS 系统等）产生的原料配比数据、设备故障数据、生产耗能数据等，指导智能排产，优化生产计划和流程，提高产品质量，减少人工成本。通过建立智能算法平台和使用智能化设备，打造"黑灯车间"，实现自动化设备在无人工操作下的24 小时运转，实现厂内的自动生产和配送流程。

在生产流程优化的场景下，可以通过比较使用智能化技术前后企业的成本收益的变动，计算其增量收益，并采用增量收益法评估数据价值。增量收益是指企业使用数据资产和未使用数据资产所产生的收益之间的差额，该差额体现为收入的增加或者成本的减少。该方法的评估思路为对数据资产未来的增量收益进行预测，并使用适当的折现率将每期的增量收益进行折现加总，得到数据资产的价值。计算公式如公式（2）所示：

$$V = \sum_{t=1}^{n} \frac{R_t}{(1+r)^t} \tag{2}$$

其中，V：数据资产价值；

R_t：第 t 年的数据资产预期增量收益；

r：折现率；

n：收益年限。

上述增量收益通常是指生产效率的提升所带来的产品数量、单价的提高，或者人工成本、机器损耗等费用的减少。

3. 收益法评估难点

（1）数据资产范围确定困难

明确界定评估对象和范围是评估资产价值的前提。在评估数据资产时，需首先明确以下几方面的基本属性。一是通用属性，包括数据的来源、数据表清单、数据库类型、数据的来源 IP 地址、记录条数、字段名称及字段描述、结构、规模、时段、更新周期、元数据标准等；二是管理属性，包括数据分类分级、安全信息、数据溯源、职责权限等。目前，多数智能制造企业尚未对于数据进行专业化管理，未实现数据资源的规范收集、存储和管理，属性信息不完整、不准确。企业内部对于数据的归集和应用缺乏沟通，数据规模如何达到最优化数量缺乏规划，影响了数据的存储和处理效率。在数据更新频繁的情况下，如何确定更新频率以及相应的数据范围也是难点问题。另外，智能制造系统具有明显的灰信息特征，产生的数据类型多样，从中分离出价值密度较高的数据需要采用一定的技术，且耗费人工，增加了确定数据范围的难度。数据资产范围无法明确界定，导致数据资产与其所产生的收益之间难以建立较稳定的对应关系，影响价值结论的客观性。

（2）难以区分数据资产的贡献与商誉的贡献

在超额收益估算中，如何识别数据资产的贡献和其他资产的价值贡献方面尚无统一的标准，为数据资产评估带来了一定挑战。固定资产、流动资产、商标权、销售网络、客户关系等表内外无形资产等数据资产以外的各类资产的贡献相对确定，但是仍然难以确定剩余的贡献均为数据资产所带来的，而非自创商誉等不可确指资产产生的收益。

（3）难以区分使用数据资产前后的贡献

在预测增量收益时，通常需比较使用数据资产前后的增量收益，或者比较使用数据资产的主体和另一个不使用该类数据资产的主体的经营业绩。然而，智能制造企业所使用的系统平台多而复杂，难以确定一个明确的时间点来计算数据使用前后某个指标的变化量。同时，在同类的不使用该类数据资产的企业的选择和相关指标的计算也存在较大的难度。

四、案例分析

本章以美的集团为例，说明智能制造企业数据资产价值评估收益法的应用。

（一）案例介绍

1. 案例简介

美的集团成立于 1968 年，以小型制造工厂为起点，如今已经发展成为中国领先的家电制造企业。从 2012 年起，美的集团就积极投资和研发生产管理信息系统，并逐渐进行数字化转型。

美的集团利用 IT 技术变革组织结构，实现信息集成。建成了六个运营系统、三个管理平台、两个门户网站和集成技术平台，改进生产资源向数据转换后的标准化水平，实现企业的数据化、规范化。在此基础上，美的集团逐步实现业务流程数字化，产品研发与优化、产业信息及用户评价数字化等数字化转型，建立了市场、内部运营和使用者三大数据体系，实现了消费者导向、精益管理和国际化运作。美的集团优先采用数据清洗，运用聚类、标签化、建模等技术，建设数据处理与运算平台，构建大数据的运行系统，形成"用户—研究—制造—营销—分销—用户"的闭环信息系统。

美的集团通过优化材料规划算法，使得工作时间节省达 90%；基于模型数字分析与验证精简产品实现标准化，淘汰利润率不高且缺乏发展潜力的边缘产品，从传统粗放投资战略转变为以数据分析为导向的产品研发和技术创新，进一步提升了产品的垄断地位。

2. 评估要素

为了响应财政部《企业数据资源相关会计处理暂行规定》的要求，本案例的评估目的假设为数据资产的会计计量，并且将评估基准日确定为 2023 年 6 月 30 日。目前，因为涉及企业的商业秘密，为了保持行业的领先地位，美的集团暂未开展数据资产的对外交易。

评估对象为美的集团所持有的数据资产，包括行政管理系统、业务生产系统和销售管理相关系统运行所形成的数据目录清单和数据集，数据库类型为信息系统产生数据，结构化特征为生产运行数据、产品数据、库存数据、销售数据、财务数据和人力资源管理数据。数据起始时间为 2023 年 1 月 1 日，动态增量式更新，更新频率是每月 1 次。

数据源方为美的集团股份有限公司，由其从其投资开发的平台获得数据并进行治理开发，形成数据资产。数据安全隐私保护维度为敏感数据。

应用场景主要是企业内部应用涉及的生产流程优化、产品研发与优化、优化库存管理、市场预测和精准营销等多个场景。

3. 评估方法和计算步骤

根据本案例数据资产的综合性和应用场景的多样性，难以比较在某一种应用场景下使用某一类数据资产前后的增量收益，因此采用超额收益法评估。具体思路为：第一步预测出企业未来年度的现金流；第二步逐一计算固定资产、流动资产、无形资产等的贡献值，并从整体现金流中扣除；第三步用层次分析法确定数据资产在无形资产中的权重，计算出数据资产的超额收益；第四步确定折现率；第五步用折现率将超额收益折现，并以此作为数据资产的评估值。

（二）参数预测

1. 企业自由现金流的确定

（1）收益期的确定

经过 11 年信息化建设和数据积累，美的集团已建成数据处理与运算平台和大数据运行应用系统，后续几年将在此基础上持续稳定开展数据管理运营，按照一般的原则，选取 2023 年 7 月 1 日至 2027 年 12 月 31 日这 4.5 年作为详细预测期，假定后续永续经营。

（2）营业收入预测

根据美的集团的财务报表，美的集团 2018 年 7 月～2023 年 6 月 30 日的营业收入增长率波动较大，尤其是在 2020 年 7 月 1 日～2021 年 6 月 30 日，其营业收入增长率达到 21.18%，主要原因是美的集团增加了其销售规模。为保证预测结果更为准确，本次评估以企业前期历史数据为基础，结合 Excel 分别进行线性、指数、二项式拟合，最终得到线性拟合的效果最佳，并以此来对未来的营业收入进行预测。拟合方程如公式（3）所示

（单位为万元）：

$$y = 26，225，93.06x + 235，330，02.80 \qquad (3)$$

该拟合曲线的拟合系数 R^2 等于 0.8865，具有较好的拟合效果，可据此预测美的集团未来 4.5 年的营业收入额。结合美的集团近 5 年的营业收入增长率以及近 5 年的 GDP 增长率，综合分析下将美的集团永续期的营业收入增长率确定为 5%。

（3）营业成本、期间费用等各项支出预测

根据财务报表，美的集团 2018 年 7 月～2023 年 6 月 30 日的营业成本、期间费用、折旧和摊销、资本性支出等各项支出占营业收入的比重较为稳定，因此以各项支出占营业收入比重的平均值来预测各项支出。

（4）营运资本变动预测

根据财务报表可整理得到 2018 年 7 月～2023 年 6 月的营运资本数据。其中，2021 年 7 月～2022 年 6 月的营运资金增加额占收入比为 –17.02%，与其余年份的营运资本占比有较大差异，这是因为 2021 年下半年美的集团所持有的多项流动负债数额增加导致的，故本次评估以剔除该值后剩余 4 个数的平均值，即 0.65% 为基础进行预测。

（5）企业自由现金流

汇总上述各参数预测结果，企业未来 4.5 年的自由现金流如表 3 所示。

表3 　　　　　　　　　　　　**企业自由现金流预测** 　　　　　金额单位：万元

项目	2023 年 7 月～2023 年 12 月	2024 年	2025 年	2026 年	2027 年
营业总收入	37957265	40579858	43202451	45825044	48447637
营业成本	28146725	30091475	32036225	33980976	35925726
税金及附加	201908	215859	229809	243760	257710
销售费用	3707597	3963768	4219938	4476108	4732278
管理费用	1171368	1252302	1333236	1414169	1495103
研发费用	1446218	1546142	1646066	1745990	1845914
财务收入	353362	377777	402192	426607	451021
税率	15%				
折旧和摊销	608407	650444	692481	734518	776555
资本性支出	649590	694472	739354	784237	829119
营运资本变动	246976	264040	281105	298169	315233
自由现金流	2803130	2996808	3190485	3384163	3577840

资料来源：笔者自行整理而得。

2. 各类资产贡献值的确定

（1）固定资产、表内无形资产、使用权资产贡献值的确定

美的集团的固定资产主要包括房屋及建筑物、机器设备、电子设备等，表内无形资产主要包括土地使用权、专利权及非专利技术、商标权等，使用权资产主要是指土地使用权。固定资产、表内无形资产、使用权资产的贡献值通常考虑投资回报和补偿回报两部分。以固定资产为例，固定资产贡献值的计算思路如公式（4）~公式（7）所示：

$$固定资产贡献值 = 固定资产投资回报 + 固定资产补偿回报 \quad （4）$$

$$固定资产投资回报 = 固定资产平均余额 × 固定资产投资回报率 \quad （5）$$

$$固定资产平均余额 = （期初固定资产 + 期末固定资产）/2 \quad （6）$$

$$期末固定资产数额 = 期初固定资产 - 固定资产折旧 + 固定资产资本性支出 \quad （7）$$

根据近 5 年的财务数据，固定资产折旧、表内无形资产摊销、使用权资产折旧占收入比平均值分别为 1.09%、0.36%、0.31%。由于美的集团 2021 年下半年购置了大额的土地使用权，导致 2020 年 7 月 ~ 2021 年 6 月美的集团无形资产资本性支出占总资本性支出比过高，因此，除无形资产资本性支出占总资本性支出以剔除 2020 年 7 月 ~ 2021 年 6 月的比例 40.66% 的剩余数值的平均值作为预测基础外，其余相关占比均以其近 5 年的平均值作为预测依据。再以五年期的银行贷款利率 4.30% 作为固定资产、表内无形资产、使用权资产的投资回报率，计算得到固定资产、表内无形资产、使用权资产的贡献值。

（2）流动资产贡献值的确定

以企业过去 5 年流动资产增加额及增加额占收入的比重作为流动资产贡献值的计算基础，其中由于企业持有的货币资金大量增加，导致 2019 年 7 月 ~ 2020 年 6 月的流动资产增加额占收入比达到 14.7%，本次评估以剔除该占比的剩下 4 个数值的平均值 3.17% 为依据，计算企业的期末流动资产，再取一年期的银行贷款利率 3.65% 作为流动资产回报率，对流动资产的贡献值进行预测，具体公式如公式（8）~公式（9）所示：

$$流动资产贡献值 = 流动资产平均余额 × 流动资产贡献率 \quad （8）$$

$$流动资产平均余额 = （期初流动资产 + 期末流动资产）/2 \quad （9）$$

（3）人力资源贡献值的确定

人力资源是为智能制造企业做出贡献的重要资产，但是通常人力资源未作为资产在财务报表中显示。根据资产评估的贡献原则，本案例考虑了人力资源对企业的贡献值，并用企业应付职工薪酬代表。根据财务报表，每年应付职工薪酬占收入的比值都较为稳定，因此以其近 5 年占比平均值 2.94% 作为预测基础，以《国家中长期人才发展规划纲要（2010 ~ 2020）》中的目标

人才贡献率35%作为人力资源回报率，人力资源贡献值的计算公式如公式（10）所示：

$$人力资源贡献值 = 应付职工薪酬 \times 人力资源回报率 \qquad (10)$$

3. 数据资产贡献比例的确定

经分析，对美的集团整体的价值做出贡献的资产除了上述固定资产、流动资产、无形资产、人力资源等之外，还包括数据资产、销售网络、客户关系、管理水平这4项重要资源。使用层次分析法，通过邀请5位智能制造行业专家打分，经过计算，最终确定4项资源对于企业超额收益贡献的比例。计算过程如表4、表5所示。

表4　　　　　　　　　　　　　层次分析法判断矩阵

因素	数据资产	销售网络	客户关系	管理水平
数据资产	1	3	5	7
销售网络	0.33	1	2	4
客户关系	0.2	0.5	1	2
管理水平	0.14	0.25	0.5	1

资料来源：根据专家打分整理而得。

根据判断矩阵可计算得到如表5的结果。

表5　　　　　　　　　　　　　判断矩阵测算结果

因素	排序权重	λ_{max}	CI	RI	CR
数据资产	0.5806				
销售网络	0.2318				
客户关系	0.1213	4.0283	0.0094	0.9000	0.0105
管理水平	0.0663				

资料来源：根据专家打分整理而得。

通过测算结果可以看出，一致性指标CI等于0.0094，接近于0，其一致性较好；一致性比率CR等于0.0105，小于0.1，通过一致性检验，因此得到数据资产的权重为58.06%。

4. 折现率的确定

由于本案例的数据主要应用于企业内部使用，数据的法律风险和安全风险均较低，与企业其他无形资产接近，因此以无形资产折现率作为本案例数据资产折现率。计算思路是：首先计算企业的加权平均资本成本作为整体资产的折现率；其次用回报率拆分法，将整体资产回报率划分为固定资产、流动资产、无形资产、使用权资产的回报率；最后以各类资产的账面值占总资产的比重为权重，倒推出无形资产的回报率。

第一步，计算股权资本成本 R_e。通过资本成本定价模型计算，计算公式如公式（11）所示。

$$R_e = R_f + \beta \times (R_m - R_f) \tag{11}$$

式（11）中各项参数的取值过程如下：R_f 是无风险回报率，取 choice 金融终端 2023 年 6 月有成交记录的十年期国债的到期收益率 2.67%；R_m 是市场平均收益率，$R_m - R_f$ 取注册估值分析师协会《中国企业资本成本参数估计表（2023 版）》所发布的权益风险溢价 7.37%；β 是资产的系统风险系数，表示资产收益率与市场收益率之间的相关系数。为了保证 β 系数的客观性，采用可比公司比较法计算。计算过程是选取三家可比公司，计算出可比公司剔除杠杠后的 β 系数，再将可比公司平均资本结构作为对应目标资本结构，最终计算得出美的集团的 β 系数。剔除资本结构因素的 β 系数如表 6 所示。

表6 美的集团 β 系数计算表

序号	单位名称	E/(E+D)	D/(E+D)	所得税率	剔除资本结构因素的 β
1	保变电气	78.45%	21.55%		0.3463
2	晨丰科技	74.57%	25.43%	15%	0.3096
3	鼎汉技术	74.18%	25.82%		0.4490
	平均值	75.73%	24.27%		0.3683

资料来源：choice 金融终端。

以可比公司无财务杠杆 β 系数的平均值及目标资本结构为基础进行计算得到 β 系数为 0.4866。

因此，计算得到股权资本成本 R_e 为 6.26%。

第二步，计算加权平均资本成本 WACC。计算公式如公式（12）所示。

$$WACC = R_e \times \frac{E}{E+D} + R_d \times \frac{D}{E+D} \times (1-T) \tag{12}$$

其中，WACC 为加权平均资本成本，R_d 为债权资本成本，R_e 为股权资本成本，E 为股权价值，D 为带息负债，T 为企业所得税税率。

取 5 年期银行贷款利率 4.30% 作为债权资本成本 R_d，美的集团企业所得税率为 15%，计算得到 WACC 为 5.78%。

第三步，计算无形资产回报率。计算公式如公式（13）所示：

$$i_i = \frac{WACC - W_f \times i_f - W_v \times i_v - W_u \times i_u}{W_i} \tag{13}$$

其中，i_i 为无形资产回报率，W_f 为固定资产在总资产中的占比，W_v 为流动资产在总资产中的占比，W_u 为使用权资产在总资产中的占比，W_i 为无形资产在总资产中的占比，i_f 为固定资产回报率，i_v 为流动资产回报率，i_u 为使用权资产回报率。

取一年期银行贷款利率 3.65% 作为流动资产回报率，五年期银行贷款利率 4.30% 作为固定资产和使用权资产回报率，得到三家可比公司的无形资产回报率平均值，将其作为数据资产折现率。计算过程如表 7 所示。

表 7　　　　　　　　　美的集团无形资产回报率预测　　　　　单位：%

公司名称	流动资产比重	固定资产比重	使用权资产比重	无形资产比重	无形资产回报率
保变电气	69.85	17.49	0.06	6.27	39.52
晨丰科技	46.59	29.14	0.50	5.69	49.36
鼎汉技术	71.51	10.66	0.53	8.75	30.75
平均值	39.88				

资料来源：choice 金融终端及笔者自行整理而得。

（三）估值结果

根据表 8，计算得到数据资产的估值结果。2023 年 6 月 30 日，美的集团数据资产的价值为 125.90 亿元。

表 8　　　　　　　　　数据资产评估结果表

项目	2023 年 7 月~2023 年 12 月	2024 年	2025 年	2026 年	2027 年	永续期
流动资产贡献值（万元）	991342	1036780	1085253	1136761	1191304	1248765
固定资产贡献值（万元）	542538	562155	581173	599591	617410	632470
无形资产贡献值（万元）	217288	222464	227353	231953	236265	239577
使用权资产贡献值（万元）	130726	137615	144413	151119	157735	163632
人力资源贡献值（万元）	390681	417675	444668	471662	498655	523588
数据资产贡献占比（%）	58.06					
数据资产超额收益（万元）	308040	360041	410847	460460	508879	550815
无形资产折现率（%）	39.88					
折现年期（年）	0.5	1.5	2.5	3.5	4.5	
现值（万元）	260453	217630	177538	142248	112387	348762
评估值（万元）	1259018					

五、结论与展望

通常只有当存在资产交易或者企业并购行为时，数据价值才能得以显现。而企业自用的数据虽然从理论上讲可以按照无形资产计入财务报表，但是需符合《企业会计准则第 62 号——无形资产》规定的定义和确认条件。随着智能制造企业的数字化转型的深化，企业数据资产的研发支出达到了一定程度，将对企业的生产经营产生更加显著影响，经过脱敏治理的数据也将更加具备对外交易的可能性，都将为数据资源的会计计量创造充分的条件。数据入表将发现数据资源的价值，丰富智能制造企业的资产负债表，降低资产负债率，并提升企业的信用评级，具有一定的融资功能。

智能制造企业数据从资源到资产的转化，需要经过数据获取、数据治理、数据应用和数据流通等多个阶段，不同阶段影响数据资产价值的关键因素有所差异。数据应权属清晰、应经过治理、具有明确应用场景才具备价值的前提。相应地，获取成本、治理成本是构成数据重置成本的主要因素。在数据应用阶段，应用场景的业务相关性和多样性、用户体验及商业模式均会影响数据资产的价值。数据流通阶段，健全的市场交易机制有助于减少交易成本、提升市场活跃度并促成价值的实现。

在数据资产价值确定方法中，成本法是较为保守的方法，但是存在数据形成过程中的成本费用信息缺失，支撑数据资产运营的 IT 和数据资产 DT 之间物理边界难以识别的问题。市场法则依赖于完善的数据交易市场，其可比对象信息获取的详细程度以及可比程度将影响评估结果的准确性。由于目前数据资产交易市场尚处于初期发展阶段，使用市场法进行评估的前提条件还不具备。

收益法需在特定应用场景下明确区分数据与其他资产的贡献，并且依赖预测技术，对于财务人员和评估人员的要求较高，但是将更加适应未来以数据运营为导向的智能制造企业的数据管理的趋势。明确数据资产的应用场景，并且相应的采用具体的收益法模型，是应用收益法评估数据资产的前提。智能制造企业的数据以内部使用为主，产品研发与创新、生产过程优化是主要应用场景，通常用于产品研发与创新的数据适合采用超额收益法评估，可将新产品所带来的超额收益中数据资产的贡献剥离出来，进而得到该场景下数据资产的价值。在生产过程优化场景下，需计算和比较使用数据前后所形成的增量收益，或者比较使用数据资产的主体和另一个不使用该类数据资产的主体的经营业绩。本文在案例中进行收益预测的时候，采用了回归分析方法，根据历史数据拟合模型并进行趋势预测。随着智能制造企业实现数据资源的规范归集并获得较完整准确的属性信息，针对数据序列模糊化、多样化的特性，可采用蒙特卡罗模拟等方法模拟数据与收益的预测值，以提高评估结果的准确性与合理性。

参 考 文 献

［1］陈芳，余谦．数据资产价值评估模型构建——基于多期超额收益法［J］．财会月刊，2021（23）：21－27．

［2］崔叶，朱锦余．智慧物流企业数据资产价值评估研究［J］．中国资产评估，2022（08）：20－29．

［3］高华，姜超凡．应用场景视角下的数据资产价值评估［J］．财会月刊，2022（17）：99－104．

［4］高文忠，王进江，李永刚．数据资产评估中增量收益法的参数度量及改进［J］．中国资产评估，2023（05）：44－50，56．

［5］工业和信息化部，国家发展改革委，金融监管总局．制造业卓越质量工程实施意见［Z］.2023．

［6］黄海．会计信息化下的数据资产化现状及完善路径［J］．企业经济，2021，40（07）：113－119．

［7］李春秋，李然辉．基于业务计划和收益的数据资产价值评估研究——以某独角兽公司数据资产价值评估为例［J］．中国资产评估，2020（10）：18－23．

［8］林飞腾．基于成本法的大数据资产价值评估研究［J］．商场现代化，2020（10）：59－60．

［9］刘琦，童洋，魏永长，等．市场法评估大数据资产的应用［J］．中国资产评估，2016（11）：33－37．

［10］李永红，张淑雯．数据资产价值评估模型构建［J］．财会月刊，2018，829（09）：30－35．

［11］全国人民代表大会常务委员会．中华人民共和国数据安全法［Z］.2021．

［12］秦荣生．企业数据资产的确认、计量与报告研究［J］．会计与经济研究，2020，34（06）：3－10．

［13］任紫娴，陈思．基于文本分析法改进的社交电商数据资产评估——以拼多多为例［J］．中国资产评估，2023（10）：11－17，34．

［14］王建伯．数据资产价值评价方法研究［J］．时代金融，2016，622（12）：292－293．

［15］谢刚凯，蒋骁．超越无形资产——数据资产评估研究［J］．中国资产评估，2023（02）：30－33．

［16］新华社．国家中长期人才发展规划纲要（2010~2020）［Z］.2010

［17］新华社．中共中央、国务院关于构建数据基础制度更好发挥数据要素作用的意见［Z］.2022．

［18］熊旺旺，余炳文．国有数据资产价值评估方法研究［J］．国有资产管理，2023（06）：67－76．

［19］许宪春，王洋．大数据在企业生产经营中的应用［J］．改革，2021（01）：18－35．

［20］肖雪娇，杨峰．互联网企业数据资产价值评估［J］．财会月刊，2022（18）：126－135．

［21］胥子灵，刘春学，白彧颖，等．多期超额收益法评估数据资产价值——以M通

信企业为例 [J]. 中国资产评估，2022（03）：73 – 81.

[22] 于艳芳，陈泓亚. 信息服务企业数据资产价值评估研究——以同花顺公司为例 [J]. 中国资产评估，2022（10）：72 – 80.

[23] 注册估值分析师协会. 中国企业资本成本参数估计表（2023 版）[Z]. 2023.

[24] 赵宸元，张福来. 互联网企业数据资产价值评估——基于二叉树期权定价模型 [J]. 中国资产评估，2023（09）：51 – 60.

[25] 中国信息通信研究院. 中国数字经济发展研究报告 [R]. 2023.

[26] 中国资产评估协会. 数据资产评估指导意见 [R]. 2023.

[27] 祖广政，朱冬元. 基于模糊数学理论改进 B – S 模型的数据资产定价模型 [J]. 中国资产评估，2022（03）：24 – 34.

[28] 中华人民共和国财政部. 企业会计准则第 62 号——无形资产 [Z]. 2006.

[29] 中华人民共和国财政部. 企业数据资源相关会计处理暂行规定 [Z]. 2023.

[30] 中华人民共和国工业和信息化部. 工业和信息化领域数据安全管理办法（试行）[Z]. 2022

[31] Collins V，Lanz J. Managing Data as An Asset [J]. The CPA Journal，2019，89（6）：22 – 27.

[32] Gargano M L，Raggad B G. Data Mining – A Powerful Information Creating Tool [J]. OCLC Systems & Services：International Digital Library Perspectives，1999，15（2）：81 – 90.

[33] Moody D L，Walsh P. Measuring the Value Of Information – An Asset Valuation Approach [C]//ECIS. 1999：496 – 512.

[34] Peterson R E A Cross Section Study of the Demand for Money：The United States，1960 – 62 [J]. The Journal of Finance，1974，29（1）：73 – 88.

数字科技企业数据资产价值评估

——以网易公司为例[*]

裴辉儒　史纯源[**]

内容提要：在信息全球化快速发展的时代背景下，数据资产已成为数字科技企业最核心的生产要素，如何将其计入企业核算体系，对数字科技企业至关重要。以网易公司为例，依据数字科技企业数据资产的特征与价值影响因素，构建多期超额收益评估模型，利用差量法得到数据资产的超额收益，再通过无形资产折现率将收益折现，最后构建纠偏系数调整得出最终价值。以期为数字科技企业开展评估管理提供思路。对完善发展相关评估规范、数据资产纳入财务报表具有借鉴意义。

一、引　　言

在数字经济快速发展的时代，数据已成为企业创新增效的关键性生产要素，必然需要会计核算体系将其纳入其中。数字科技企业是依托数字技术提供智能数字产品与服务的轻资产企业，在日常经营过程中已经积累海量的原始数据资源，如果企业可以对这些原始数据进行提取、处理、深入分析，充分挖掘数据背后的商业价值，就可以据此制定更科学合理的经营战略、经营决策，进而为企业创造更高的收益。

然而数据资产的价值评估是一个新兴领域，国内对于数据资产价值评估的研究还处于起步阶段。所以建立数字价值评估体系，做好数据资产估值定价并为其确权，对科技企业而言就显得尤为迫切。目前学术界已认可数据资源的资产属性，但是数据资产的确权和价值评估问题尚未达成一致意见。有鉴于此，首先通过厘清数字科技企业数据资产内涵和价值属性，然后对比借鉴数据资产价值评估方法优点，再构建出多期超额收益评估模型，对数据资产价值综合评估。

＊ 基金项目：国家自然科学基金资助项目"互联网背景下成长性中小企业融资选择有效性研究"（71803109）；教育部人文社会科学研究一般项目"数字普惠金融可持续发展机制分析及优化路径构建"（23YJA79003）。

＊＊ 裴辉儒，陕西师范大学国际商学院，教授，研究方向：互联网金融；史纯源，陕西师范大学国际商学院，硕士研究生，研究方向：数字经济与金融。

相较于已有研究，本文主要贡献在于：（1）在已有研究的基础上，提出界定数据资产内涵时增设"由数字技术创造"这一前提条件，为规范数据资产相关概念提供思路；（2）在评估方法的选择上，将多期超额收益法下的差量法应用于数据资产超额收益的估算，数据来源明确，模型参数较精确，测算结果较为准确，可操作性较强；（3）以数字科技企业为切入点展开研讨评估数字科技企业的数据资产，充实了数据资产价值评估的内容，对于数字科技企业这样拥有大量数据资产的行业内企业管理数据资产提供参考方法，对完善数据资产评估相关规范具有一定的借鉴意义。

二、文献综述

（一）数据资产内涵

数据资产最早由理查德·彼得森（Richard Peterson，1974）提出，是指公司持有可证券化的金融产品。显然，在数字经济时代，数据资产呈现出共享、开放和交易等特征，早期概念不再适用。为此国外学者将数据资产视为加密资产。国内学者或基于资产的特征的角度认为数据资产属于数据资源，或基于数据的特征的角度视其为数据集。从资产视角界定更注重数据权属与数据经济价值，但对于政府数据这类具备社会价值的数据资产难以界定。从数据的视角界定更注重数据的管理与应用，但忽略了数据资产在会计准则下的确认条件。此外，上述数据资产概念都忽略了数字技术的价值。因此本文将数据资产视为企业利用数字技术创造的，由企业合法拥有或控制的，以数据化形态存在的，能够为企业创造收益的数据资源。鉴于其内涵与特征，认为数据资产可归属于无形资产。

（二）影响数字科技企业数据资产价值的因素

影响数字科技企业数据资产价值的因素主要包括数据规模、数据质量、数据管理和数据应用。首先，企业规模越大，企业收集数据的能力越强，收集数据的渠道越多，数据规模随之扩大。企业数据类型越丰富，反映的信息就越充分，数据价值密度越高，有价值的数据规模就越大，企业数据资产价值也就越高。其次，数据质量包含数据准确性、可靠性、安全性、稀缺程度等多个维度。数据质量越高，数据反映的信息越完整真实可靠，越能够帮助管理者制定科学、合理的决策。数据资产的稀缺程度直接影响着企业未来经济利益流入与价值创造，数字科技企业拥有的数据资产越稀有，其价值越高。再次，在数据管理中，企业获取数据资产的成本越低，数据资产价值相对越高。企业在使用数据时面临的法律风险越低，数据资产的价值就越高。最后，在数据的应用中，数据资产的可重复利用性、可共享性越高、应用范围越广，数据资产的外延越大，就更具有价值。

(三) 数字科技企业数据资产评估方法

根据中国资产评估协会印发的《资产评估专家指引第 9 号——数据资产评估》，数据资产评估法包括三种基本方法及其衍生方法。

基本方法有成本法、市场法和收益法。成本法从资产重置的思路，通过关联数据价值的成本，估算数据资产价值，计算简单且易于操作，所以目前主张采用成本法对数据资产估值的文献较多，但是成本法无法体现不同场景资产的价值贡献，对未来价值估计不足，忽视了外部因素的影响。市场法是通过相近数据类型和相近数据用途比较市场案例获得数据资产价值，要求可比资产案例丰富，但是当前数据资产尚不成熟，可比资产的选择较困难，加之现有的数据交易市场不健全，交易价格不透明，尚无法为市场法提供有效的交易数据。此外，市场法可能会忽略数据资产的价值特性以及影响因素。收益法是基于资产目标预期，以未来收益折现数据资产的价值，肯定了数据资产的资产性，具体可分为直接收益法、超额收益法和增量收益法。收益法需要对诸多指标进行合理量化，具体实施中存在一定难度。

由于上述方法无法胜任数据资产的评估工作，就衍生出新的评估方法。主要包括：实物期权法、AHP 评估法、情景分析法、BP 神经网络模型、多期超额收益法等。实物期权法需要确定被评估数据资产具有期权属性，但是在当前的数据资产交易中，很难有与之相符的情况，所以实物期权法尚不使用目前的数据资产评估。AHP 评估法是一种层次权重决策分析方法，由美国著名运筹学家萨蒂（T. L. Satty）提出，该方法兼备定性和定量分析，但是模型指标过于复杂，确立指标权重的方法过于主观，适用于数据资产价值辅助手段，从数据资产分离其他资产对收益的贡献。情景分析法的思路是分析数据资产价值驱动因素，构建驱动因素的未来情景框架，对不同情景出现的概率进行测算，得出数据资产价值。该方法具有较强的可行性，但是对评估人员的专业知识要求较高，具有一定的技术门槛。BP 神经网络更适合用于评估企业整体价值，对于数据资产这样的单类资产估值并不太适用。上述方法主要是直接评估法，有鉴于数据资产的共享、开放和交易特征，采用直接估计法评估数据资产尚存在较大的技术难度和缺陷。

多期超额收益法属于间接估价法，又包括分成率法和差量法两种方法。分成率法的核心思想是通过计算企业使用数据资产后的总收益与数据资产的收益分成率的乘积获得数据资产超额收益，但是分成率的确定十分困难。差量法则是在企业总收益与相关资产贡献收益都可以估算的前提下，将其他资产收益从企业总收益中剥离，再逆向反估算出数据资产的超额收益。根据《数据资产评估指导意见》，该方法适用于数据资产与各类资产对收益的贡献可以明确计量、可以合理分割的情形。数字科技企业的整体业务均围绕着数据服务与创造开展，能够实现较明确的预期收益。显然，差量法更合适评估数字科技企业数据资产的价值。

三、研究方法设计

（一）模型构建

基于评估方法的比较分析，采用多期超额收益方法的差量法对数字科技企业数据资产价值进行评估。具体模型公式为：

$$V_d = \sum_{t=1}^{n} (V - V_f - V_c - V_i - V_l)_t \times (1 + i)^{-t} \times X \tag{1}$$

其中，V_d 为企业数据资产价值，V 为企业自由现金流，V_f 为企业固定资产贡献值，V_c 为企业流动资产贡献值，V_i 为企业无形资产贡献值，V_l 为企业组合劳动力贡献值，i 为折现率，n 为数据资产收益期，X 为数据资产价值纠偏系数。

（二）确定参数

1. 收益期 n

数据资产价值极易受内部或外部各种因素的影响，因此需要结合被评估企业的实际情况设定期限。本文在案例分析部分确定收益期时会做出具体说明。

2. 企业自由现金流 V

企业自由现金流的计算模型为：企业自由现金流 = 营业收入 − 营业成本 − 费用 − 所得税 − 资本性支出 − 净营运资本增加额 + 折旧与摊销

3. 折现率 i

折现率的计算参考崔叶和朱锦余（2022），先计算出企业的加权资本成本，再扣除固定资产与流动资产的回报率，得出无形资产回报率。为使评估结果更为准确，再选取与目标企业同行业同类型的企业，比较得出无形资产回报率的均值，以此来作为最终的折现率。

$$WACC = R_e \frac{E}{D + E} + R_d \frac{D}{D + E}(1 - T) \tag{2}$$

其中，$WACC$ 为加权平均资本成本，R_e 为权益资本成本，R_d 为债务资本成本，E 为权益资本，D 为债务资本，T 为企业所得税税率。

$$i_i = \frac{WACC - W_f \times i_f - W_c \times i_c}{W_i} \tag{3}$$

其中，W_f 为固定资产占总资产的比重，i_f 为固定资产回报率，W_c 为流动资产占总资产的比重，i_c 为流动资产回报率，W_i 为无形资产占总资产的比重。

4. 相关贡献资产

（1）固定资产

数字科技企业属于轻资产企业，固定资产通常以电子设备、通信设施为主，其折旧年限往往在 5 年，因而用中国人民银行规定的 5 年期贷款利率表示固定资产的投资回报率。

（2）流动资产

数字科技企业的流动资产周转周期较短，通常为 1 个会计年度，并且在 1 个会计年度内，流动资产价值波动不大。因此用中国人民银行规定的 1 年期贷款利率表示流动资产投资回报率。

（3）无形资产

根据中国会计准则，无形资产具体摊销年限由企业实际情况确定，数字科技企业的无形资产有效期 5 ~ 10 年不等，本文选择中国人民银行规定的 5 年期贷款利率作为无形资产投资回报率。

（4）组合劳动力

参考陈芳和余谦（2021），企业组合劳动力贡献值由劳动力年投入额与劳动力贡献率相乘来计算。其中，劳动力年投入额可用应付职工薪酬表示，劳动力的贡献率可用人才贡献率表示。

5. 数据资产纠偏系数 X

为提高多期超额收益法的可信度与可行性，需结合数字科技企业数据资产自身的特征、价值影响因素，用层次分析法、模糊综合评价法进行系数修正。具体地，参考恽可（2021）构建数字科技企业数据资产纠偏系数指标评价体系。

四、评估案例分析

（一）公司简介

网易公司是一家深耕于互联网技术研发与应用的数字科技公司。1997 年 6 月在广州成立，主营业务为电子邮箱服务，2000 年 6 月网易在美国纳斯达克上市，市值约 5 亿美元。2001 年，网易转型为互联网科技公司，利用先进的数字技术扩大自己的影响力。随着时代的发展与互联网信息技术的更新，网易公司不断创新突破，旗下公司与产品涵盖网络游戏开发与发行、在线音乐平台、在线学习平台、电商品牌、资讯传媒平台等多个领域，中国注册用户超 10 亿。经过 20 余年的快速进步和发展，网易公司在数字技术研发、应用与服务等方面一直都保持国内行业领先者的身份，已经积累了丰富的数据资产。根据企业最新公布的业绩报告，自上市以来，公司的经营情况、市场规模和用户体量均逐年增长。可以预见的是，随着数字经济时代辐射全球，网易公司将朝着进一步健康、持续的方向迅猛发展。

（二）评估过程

评估对象：网易公司的数据资产价值；评估基准日：2022 年 12 月 31 日；价值类型：市场价值。

1. 收益期的确定

参考已有研究，数据的时效性一般设置在 5～10 年。结合本文选取的具体案例，2017 年以来网易进入稳定增长模式，开始大力发展数字技术，因此，本文将收益期设置为 5 年。

2. 自由现金流预测

（1）营业收入预测

查询网易年报披露的财务信息，整理得出网易公司近五年的营业收入情况，如表 1 所示。

表 1　　　　　　　　网易 2018～2022 年营业收入及增长率　　　　金额单位：亿元

项目	2018 年	2019 年	2020 年	2021 年	2022 年
营业收入	511.79	592.41	736.67	876.06	964.96
增长率	15.17%	15.75%	24.35%	18.92%	10.15%

资料来源：根据网易 2018～2022 年年报整理得出。

从表 1 分析得出，网易公司近 5 年的营业收入在逐年上升，符合趋势分析法的适用条件，因此选择采用 Excel 对网易 2018～2022 年营业收入数据进行趋势拟合。Excel 拟合结果显示二项式的拟合结果最优，R^2 为 0.9908，表明拟合程度良好，可用于趋势预测。模型见公式（4），拟合结果见图 1。

$$y = 0.835x^2 + 113.99x + 385.23 \tag{4}$$

其中，x 表示年份，y 表示年营业收入。

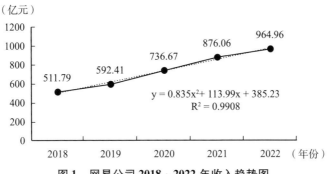

（亿元）

$$y = 0.835x^2 + 113.99x + 385.23$$
$$R^2 = 0.9908$$

图1　网易公司2018～2022年收入趋势图

资料来源：网易公司年报。

再通过拟合模型预测网易2023～2027年营业收入，得出结果如表2所示。

表2　　　　　　　　　　　网易2023～2027年营业收入预测　　　　　单位：亿元

科目	2023年	2024年	2025年	2026年	2027年
营业收入	1099.23	1224.08	1350.59	1478.78	1608.63

（2）营业成本预测

查询网易年报披露的财务信息，整理得出网易公司近五年的营业成本情况，见表3。

表3　　　　　　　　　　网易2018～2022年营业成本及占比　　　　金额单位：亿元

科目	2018年	2019年	2020年	2021年	2022年
营业成本	238.32	276.86	346.84	406.35	437.30
成本占比	46.57%	46.73%	47.08%	46.38%	45.32%

资料来源：根据网易年报整理得出。

网易2018～2022年营业成本占营业收入比重较为稳定，因此取占比平均值46.42%预测未来五年营业成本。2023～2027年营业成本预测结果如表4所示。

表4　　　　　　　　　　　网易2023～2027年营业成本预测　　　　　单位：亿元

科目	2023年	2024年	2025年	2026年	2027年
营业成本	510.23	568.18	626.90	686.40	746.68

（3）期间费用预测

查询网易年报披露的财务数据，整理得出网易公司近五年期间费用支出情况，见表5。

表5　　　　　　　　　网易 2018~2022 年期间费用及占比　　　　　金额单位：亿元

科目	2018 年	2019 年	2020 年	2021 年	2022 年
销售费用	69.12	62.21	107.04	122.14	134.03
占营业收入比重	13.51%	10.50%	14.53%	13.94%	13.89%
管理费用	30.79	31.30	33.72	42.64	46.96
占营业收入比重	6.02%	5.28%	4.58%	4.87%	4.87%
研发费用	73.78	84.13	103.69	140.76	150.39
占营业收入比重	14.42%	14.20%	14.08%	16.07%	15.59%

资料来源：根据网易年报整理得出。

综合考虑网易期间费用占营业收入的变化趋势和总体水平，其数值都在合理范围内波动，因此取近五年的平均值 13.27%、5.12% 和 14.87% 来分别对 2023~2027 年网易的销售费用、管理费用和研发费用进行预测。结果见表6。

表6　　　　　　　　　网易 2023~2027 年期间费用预测　　　　　　　单位：亿元

科目	2023 年	2024 年	2025 年	2026 年	2027 年
销售费用	145.91	162.48	179.27	196.29	213.53
管理费用	56.30	62.70	69.18	75.75	82.40
研发费用	163.45	182.01	200.82	219.88	239.19

（4）折旧与摊销预测

查询网易年报披露的财务数据，整理出网易公司近五年折旧与摊销，见表7。

表7　　　　　　　　　网易 2018~2022 年折旧与摊销及占比　　　　　金额单位：亿元

科目	2018 年	2019 年	2020 年	2021 年	2022 年
折旧与摊销	20.84	26.14	34.58	32.76	28.58
占营业收入比重	4.07%	4.41%	4.69%	3.74%	2.96%

资料来源：根据网易年报整理得出。

从表7可以看出，网易折旧与摊销占营业收入比重相对稳定，因此这里采用平均值 3.98% 进行预测具备一定的合理性。具体预测结果如表8所示。

表 8	网易 2023～2027 年折旧与摊销预测			单位：亿元	
科目	2023 年	2024 年	2025 年	2026 年	2027 年
折旧与摊销	43.70	48.67	53.70	58.80	63.96

（5）资本性支出预测

查询网易年报披露的财务数据，整理得出 2018～2022 年网易资本性支出与占营收比重情况见表9。

表 9	网易 2018～2022 年资本性支出及占比			金额单位：亿元	
科目	2018 年	2019 年	2020 年	2021 年	2022 年
资本性支出	39.10	33.28	32.91	31.10	26.43
占营业收入比重	7.64%	5.62%	4.47%	3.55%	2.74%

资料来源：根据网易年报整理得出。

网易近五年的资本性支出占营业收入的收入比重有所下降是因为营业收入的增长，资本性支出数额变动幅度并不大，考虑到整体水平，采用近五年资本性支出占收入比重的均值4.80%来预测。预测结果如表10所示。

表 10	网易 2023～2027 年资本性支出预测			单位：亿元	
科目	2023 年	2024 年	2025 年	2026 年	2027 年
资本性支出	52.79	58.79	64.87	71.02	77.26

（6）净营运资本增加额预测

净营运资本是一项反映企业偿还短期负债能力的财务指标，由流动资产总额与流动负债总额相减得到。根据网易年报披露的流动资产与流动负债数据，整理计算出 2018～2022 年净营运资本及占营业收入比重见表11。

表 11	网易 2018～2022 年净营运资本及占比			金额单位：亿元	
科目	2018 年	2019 年	2020 年	2021 年	2022 年
流动资产	687.16	851.05	1078.31	1131.20	1316.03
流动负债	351.09	382.43	467.43	505.01	568.29
净营运资本	336.07	468.62	610.88	626.19	747.74
占营业收入比重	65.67%	79.10%	82.92%	71.48%	77.49%

资料来源：根据网易年报整理得出。

从表 11 可以看出，网易净营运资本占营收比重每年有波动，但总体相对稳定，因此取均值 75.33% 预测 2023～2017 年净营运资本及增加额，结果见表 12。

表 12　　　　　　　**网易 2023～2027 年净营运资本增加额预测**　　　　单位：亿元

科目	2023 年	2024 年	2025 年	2026 年	2027 年
净营运资本	828.07	922.12	1017.43	1113.99	1211.82
净营运资本增加额	80.33	94.05	95.31	96.56	97.82

（7）企业自由现金流预测

将预测得到的相关数据代入自由现金流计算模型，得到网易 2023～2027 年自由现金流测算结果如表 13 所示。

表 13　　　　　　　**网易 2023～2027 年自由现金流预测**　　　　单位：亿元

科目	2023 年	2024 年	2025 年	2026 年	2027 年
营业收入	1099.23	1224.08	1350.59	1478.78	1608.63
减：营业成本	510.23	568.18	626.90	686.40	746.68
减：销售费用	145.91	162.48	179.27	196.29	213.53
减：管理费用	56.30	62.70	69.18	75.75	82.40
减：研发费用	163.45	182.01	200.82	219.88	239.19
等于：息税前利润	223.34	248.71	274.42	300.46	326.84
减：所得税	33.50	37.31	41.16	45.07	49.03
等于：净利润	189.84	211.40	233.25	255.39	277.82
加：折旧与摊销	43.70	48.67	53.70	58.80	63.96
减：资本性支出	52.79	58.79	64.87	71.02	77.26
减：净营运资本增加额	80.33	94.05	95.31	96.56	97.82
企业自由现金流	100.41	107.23	126.78	146.60	166.70

3. 折现率的计算

折现率的计算思路前文已论述。网易属于数字科技企业，因此本文选择与网易公司同行业同类型、同样赴美上市的微博和百度作为可比公司进行对比分析。

（1）确定债务资本成本（R_d）

债务资本成本是企业借款、发行债券的成本，包括借款利息、债券利息和筹资费用。网易是在境内开展生产经营活动的企业，通过国内银行借款筹资，因此选取中国人民银行规定的 5 年期贷款利率作为债务资本成本，在中国人民银行官网查询得到债务资本成本为 4.75%。

（2）确定权益资本成本（R_e）

权益资本成本是企业为发行股普通股获得资金而付出的费用。可以通过资本资产定价法（CAPM）测算，公式如下：

$$R_e = R_f + \beta(R_m - R_f) \tag{5}$$

其中，R_f 为无风险报酬率，R_m 为市场平均报酬率，β 为企业风险系数。

①无风险报酬率（R_f）：国债价值不易受到市场波动的影响，通常被认为是风险较低的投资，因此无风险报酬率一般以国债收益率来表示，网易公司在美国上市，所以将评估基准日 2022 年 12 月 31 日美国国债五年期收益率视作无风险报酬率。在 Wind 数据库查询到，五年期美国国债收益率为 4.00%。

②市场平均报酬率（R_m）：市场平均报酬率是股票市场整体的平均回报率，网易在美国纳斯达克上市，因此选择用纳斯达克综合指数年均收益率来表示，在 wind 数据库查询到近五年纳斯达克综合指数年均收益率为 8.61%。

③企业风险系数（β）企业的 β 值可以通过 wind 数据库获取，本文在确定 β 值时选取 2018 年到 2022 这 5 年，以年为周期，以纳斯达克指数为标的指数，按照市场价值比剔除财务杠杆，得到调整后的 β 系数为 1.00。

将网易和微博、百度的相应系数代入 CAPM 模型计算得到三家企业的权益资本成本（R_e）如表 14 所示。

表 14　　　　　　　　　　**网易及对照公司权益资本成本**

公司名称	股票代码	R_f	R_m	β	R_e
网易	NTES. O	4.00%	8.61%	1.00	8.60%
微博	WB. O	4.00%	8.61%	0.42	3.61%
百度	BIDU. O	4.00%	8.61%	0.67	5.76%

资料来源：Wind 数据库。

（3）确定加权平均资本成本（WACC）

通过 Wind 数据库查询整理出网易 2018～2022 年债务资本、权益资本及占总资本比重情况见表 15。

可以看到网易公司 2018～2022 年权益资本、债务资本占总资产比重都比较稳定。因此选择债务资本占比的平均值 36.38% 和权益资本占比的平均值 63.62% 测算。同理，在 Wind 数据库查询微博和百度近 5 年债务资本权益资本占总资产比重情况，计算出微博的债务资本占比平均值为 51.39%，权益资本占比平均值为 48.61%。百度的债务资本占比平均值 41.24%，权益资本占比平均值为 58.76%。从三家企业最新年报披露的数据中可以找到企业所得税税率（T）都为 15%，进而计算出加权平均资本成本，结果见表 16。

表 15　　　　　网易公司 2018～2022 年债务资本和权益资本　　金额单位：亿元

科目	2018 年	2019 年	2020 年	2021 年	2022 年
债务资本	35.56	39.08	48.08	54.22	63.89
权益资本	51.41	73.0	93.79	99.42	108.87
总资产	86.97	112.12	141.87	153.64	172.76
债务资本占比	40.88%	34.86%	33.89%	35.29%	36.98%
权益资本占比	59.12%	65.14%	66.11%	64.71%	63.02%

资料来源：Wind 数据库。

表 16　　　　　　网易公司及对照公司加权平均资本成本　　　　单位：%

公司名称	股票代码	E/(D+E)	D/(D+E)	R_e	R_d	T	WACC
网易	NTES.0	63.62	36.38	8.60	4.75	15	6.94
微博	WB.0	48.61	51.39	3.61	4.75	15	3.83
百度	BIDU.0	58.76	41.24	5.76	4.75	15	5.05

（4）确定无形资产回报率

按照前文的分析思路，固定资产回报率为 4.75%，流动资产回报率为 4.35%，代入公式（3）计算出无形资产投资回报率，计算结果见表 17。通过估算得到网易公司无形资产投资回报率的均值 8.63%，考虑到网易在互联网行业中处于领先地位，数据资产数量大、质量优秀，采用 8.63% 的折现率在合理的范围之内。

表 17　　　　　　网易公司及对照公司无形资产回报率　　　　单位：%

公司名称	股票代码	W_e	i_e	W_f	i_f	W_j	WACC	i_i
网易	NTES.0	76.14	4.35	4.15	4.75	19.71	6.94	17.41
微博	WB.0	71.02	4.35	1.55	4.75	27.43	3.83	2.43
百度	BIDU.0	54.55	4.35	5.91	4.75	39.54	5.05	6.06
平均值								8.63

4. 相关贡献资产贡献值的预测

（1）流动资产贡献值预测

由网易公司年报可知近五年流动资产占营业收入比重的平均值为 137.96%，以此预测 2023～2027 年网易公司流动资产金额。回报率为 4.35%，进而预测流动资产贡献值，结果见表 18。

表 18   **网易 2023～2027 年流动资产贡献值预测**   金额单位：亿元

科目	2023 年	2024 年	2025 年	2026 年	2027 年
营业收入	1099.23	1224.08	1350.59	1478.78	1608.63
流动资产期初余额	1316.03	1516.51	1688.75	1863.29	2040.14
增加额	200.48	172.24	174.54	176.85	179.15
流动资产期末余额	1516.51	1688.75	1863.29	2040.14	2219.29
年平均余额	1416.27	1602.63	1776.02	1951.71	2129.71
回报率	4.35%	4.35%	4.35%	4.35%	4.35%
贡献值	61.61	69.71	77.26	84.90	92.64

（2）固定资产贡献值预测

固定资产的贡献值的计算方法为年平均固定资产额与投资回报率相乘，查找网易年报披露的折旧数据，整理计算得出近五年固定资产折旧占营业收入比重均值 1.49%，以此来预测未来五年的折旧额。折旧额预测见表 19。

表 19   **网易 2023～2027 年固定资产折旧预测**   单位：亿元

科目	2023 年	2024 年	2025 年	2026 年	2027 年
固定资产折旧	16.41	18.28	20.17	22.08	24.02

根据网易公司近五年年报数据显示，购置固定资产支出占资本性支出的均值为 50.97%，因此以 50.97% 为基准进行预测，资本性支出上文已估算过。具体预测结果如表 20 所示。

表 20   **网易 2023～2027 年固定资产贡献值预测**   金额单位：亿元

科目	2023 年	2024 年	2025 年	2026 年	2027 年
营业收入	1099.23	1224.08	1350.59	1478.78	1608.63
固定资产期初余额	63.42	73.92	85.60	98.50	112.62
折旧	16.41	18.28	20.17	22.08	24.02
资本开支	26.91	29.97	33.06	36.20	39.38
固定资产期末余额	73.92	85.60	98.50	112.62	127.98
年平均余额	68.67	79.76	92.05	105.56	120.30
回报率	4.75%	4.75%	4.75%	4.75%	4.75%
贡献值	3.26	3.79	4.37	5.01	5.71

（3）无形资产贡献值预测

无形资产贡献值的计算思路同上述固定资产贡献值的计算思路。查找网易年报披露的摊销数据，整理计算出近五年无形资产摊销占营业收入比重均值 2.48%，以此来预测 2023～2027 年的摊销，结果见表 21。

表 21　　　　　　　　网易 2023～2027 年无形资产摊销预测　　　　　单位：亿元

科目	2023 年	2024 年	2025 年	2026 年	2027 年
无形资产摊销	27.29	30.39	33.53	36.71	39.94

无形资产投资回报率为 4.75%。由公司年报可计算出近五年网易无形资产资本支出占总资本支出的均值为 49.03%，以此进行预测，结果见表 22。

表 22　　　　　　　网易 2023～2027 年无形资产贡献值预测　　　　金额单位：亿元

科目	2023 年	2024 年	2025 年	2026 年	2027 年
营业收入	1099.23	1224.08	1350.59	1478.78	1608.63
无形资产期初余额	51.72	50.31	48.75	47.02	45.12
摊销	27.29	30.39	33.53	36.71	39.94
资本开支	25.88	28.82	31.80	34.82	37.88
无形资产期末余额	50.31	48.75	47.02	45.12	43.06
年平均余额	51.02	49.53	47.88	46.07	44.09
回报率	4.75%	4.75%	4.75%	4.75%	4.75%
贡献值	2.42	2.35	2.27	2.19	2.09

（4）组合劳动力贡献值预测

根据前文论述的计算思路，采用网易 2018～2022 年应付职工薪酬占营业收入比重的平均值 4.98% 预测未来五年应付职工薪酬情况，人才贡献率选自《中国人才资源统计报告》发布的数据，以 34.50% 进行测算，具体预测结果如表 23 所示。

表 23　　　　　　网易 2023～2027 年组合劳动力贡献值预测　　　金额单位：亿元

科目	2023 年	2024 年	2025 年	2026 年	2027 年
营业收入	1099.23	1224.08	1350.59	1478.78	1608.63
应付职工薪酬	54.71	60.93	67.22	73.61	80.07
回报率	34.50%	34.50%	34.50%	34.50%	34.50%
贡献值	18.88	21.02	23.19	25.39	27.62

5. 构建数据资产纠偏系数

结合数字科技企业的特征，参考恽可（2021）的相关研究构建出了网易公司数据资产价值影响因素综合权重表，见表24，再依次计算出权重矩阵 P、模糊综合评价矩阵 R 与评价集 T。

表24   网易公司数据资产价值影响因素综合权重

目标层	准则层	权重	方案层	权重	综合权重
数字科技企业数据资产价值纠偏系数	数据规模	0.3143	企业规模	0.5842	0.1836
			数据类型	0.1840	0.0578
			价值密度	0.2318	0.0729
	数据质量	0.4140	准确性	0.3609	0.1494
			可靠性	0.3890	0.1610
			稀缺性	0.1323	0.0548
	数据管理	0.1316	安全性	0.1177	0.0487
			可获得性	0.5396	0.0710
			时效性	0.2970	0.0391
	数据应用	0.1401	法律风险	0.1634	0.0215
			可共享性	0.7500	0.1051
			可重复利用性	0.2500	0.0350

$$P = \begin{bmatrix} 0.1836 & 0.0578 & 0.0729 & 0.1494 & 0.1610 & 0.0548 \\ 0.0487 & 0.0710 & 0.0391 & 0.0215 & 0.1051 & 0.0350 \end{bmatrix}$$

$$R = \begin{bmatrix} 0 & 0 & 0.0667 & 0.5333 & 0.4 \\ 0 & 0 & 0.2 & 0.5333 & 0.2667 \\ 0 & 0 & 0.0667 & 0.3333 & 0.6 \\ 0 & 0.0667 & 0.2 & 0.5333 & 0.2 \\ 0 & 0.1333 & 0.2 & 0.4 & 0.2667 \\ 0.0667 & 0.2 & 0.4667 & 0.0667 & 0.2 \\ 0 & 0.1333 & 0.4 & 0.2 & 0.2667 \\ 0 & 0.0667 & 0.2 & 0.4667 & 0.2667 \\ 0 & 0 & 0.0667 & 0.0667 & 0.2667 \\ 0 & 0.0667 & 0.2667 & 0.4 & 0.2667 \\ 0 & 0.0667 & 0.2 & 0.4667 & 0.2667 \\ 0 & 0.0667 & 0.2 & 0.4667 & 0.2667 \end{bmatrix} \quad T = \begin{bmatrix} 100 \\ 80 \\ 60 \\ 40 \\ 20 \end{bmatrix}$$

以此计算得出网易公司数据资产价值的纠偏系数 $X = \dfrac{P \times R \times T}{100} = 0.7951$。

（三）评估结果

综上所述，将网易公司固定资产贡献值、流动资产贡献值、无形资产贡献值、组合劳动力贡献值从总收益中剥离出去，得到数据资产的超额收益，再对超额收益进行折现处理，然后用纠偏系数 X 进行修正，最终得出网易公司在评估基准日 2022 年 12 月 31 日数据资产的价值为 54.22 亿元。计算结果详见表 25。

表 25　　　　　　　　　**网易数据资产价值计算**　　　　　金额单位：亿元

科目	2023 年	2024 年	2025 年	2026 年	2027 年
自由现金流	100.41	107.23	126.78	146.60	166.70
减：流动资产贡献值	65.97	73.46	81.05	88.75	96.54
固定资产贡献值	3.26	3.79	4.37	5.01	5.71
无形资产贡献值	2.42	2.35	2.27	2.19	2.09
组合劳动力贡献值	18.88	21.02	23.19	25.39	27.62
等于：数据资产超额收益	9.88	6.61	15.89	25.26	34.72
折现率	8.63%	8.63%	8.63%	8.63%	8.63%
数据资产现值	9.10	5.60	12.39	18.14	22.96
合计	68.19				
X	0.7951				
数据资产价值	54.22				

五、结　　语

本文从数字科技企业的行业视角为切入点，着重分析了数字科技企业数据资产的内涵与价值影响因素，将多种资产评估方法进行适用性对比分析总结，最终选择建立基于多期超额收益法的评估模型。以真实的数字科技企业网易公司为例进行实操，详尽地论证了评估步骤，在模型参数选取与数据来源都做出了明确的解释，成功实现了对网易公司数据资产价值的评估。从结果可以看出，数字科技企业的数据资产价值占企业整体价值比重较大，因此数字科技企业更应该注重数据资产治理，深入挖掘数据价值，维护、管理、应用数据资产，使其成为企业生产经营、战略决策的核心驱动力。尤其是网易公司这样拥有海量数据源，又是行业龙头的企业，应当重视对数据资产价值进行较为实时的评估，动态、合理地反映企业整体价值。但是，数据资产本身具有价值易变性，因此本文提出的评估方法仍旧存在不足，数值预测结果可能出现偏差。未来期待更多的学者深耕数据资产评估领域，探索、完善更加精确的评估模型。也期待我国数据要素市场在数字经济的推动下不断规范，数据资产的交易定价逐步公开透明，用市场检验企业数据资产评估结果的准确性。

参 考 文 献

[1] 朱扬勇，叶雅珍. 从数据的属性看数据资产 [J]. 大数据，2018，4 (06)：65 - 76.

[2] 苑泽明，张永安，王培琳. 基于改进超额收益法的企业数据资产价值评估 [J]. 商业会计，2021 (19)：4 - 10.

[3] 朱晓琴，王宣童. 数字经济背景下数据资产评估研究述评与展望 [J]. 财会月刊，2023，44 (06)：78 - 84.

[4] 丁博. 基于 AHP - 模糊综合评价法的数字科技企业数据资产评估研究 [D]. 重庆：重庆理工大学，2020.

[5] 陈晋军，陈茵，池文磊. 数据资产价值核算机制研究——以国网福建电力数据资产为例 [J]. 财务与会计，2022，(20)：49 - 53.

[6] 中国资产评估协会. 资产评估专家指引第 9 号——数据资产评估 [S]. 2019.

[7] Luong N. C.，Hoang D. T.，Wang P.，et al. Data collection and wireless communication in internet of things（iot）using economic analysis and pricing models：a survey [J]. IEEE Communications Surveys & Tutorials，2016，18 (4)：2546 - 2590.

[8] 李永红，张淑雯. 数据资产价值评估模型构建 [J]. 财会月刊，2018 (09)：30 - 35.

[9] 周芹，魏永长，宋刚，陈方宇. 数据资产对电商企业价值贡献案例研究 [J]. 中国资产评估，2016，190 (01)：34 - 39.

[10] 王笑笑，郝红军，张树臣，王京. 基于模糊神经网络的大数据价值评估研究 [J]. 科技与管理，2019，21 (02)：1 - 9.

[11] 中国资产评估协会印发《数据资产评估指导意见》. [EB/OL]. [2023 - 09 - 14]. http：//www. cas. org. cn/fgzd/pgzc/cd884ef9c8aa4c88adf1e12ecc7cc038. htm.

[12] 崔叶，朱锦余. 智慧物流企业数据资产价值评估研究 [J]. 中国资产评估，2022 (08)：20 - 29.

[13] 陈芳，余谦. 数据资产价值评估模型构建——基于多期超额收益法 [J]. 财会月刊，2021 (23)：21 - 23.

[14] 恽可. 基于层次分析法及模糊综合评价法的数据资产评估研究 [D]. 上海：上海财经大学，2021.

[15] 张俊瑞，危雁麟，宋晓悦. 企业数据资产的会计处理及信息列报研究 [J]. 会计与经济研究，2020 (03)：3 - 9.

[16] 李秉祥，任晗晓. 大数据资产的估值 [J]. 会计之友，2021 (21)：127 - 131.

[17] 黄乐，刘佳进，黄志刚. 大数据时代下平台数据资产价值研究 [J]. 福州大学学报（哲学社会科学版），2018 (04)：50 - 54.

［18］孙文章，杨文涛. 基于多期超额收益法的互联网金融企业数据资产价值评估研究［J］. 中国资产评估，2023（02）：4－18.

［19］谭明军. 论数据资产的概念发展与理论框架［J］. 财会月刊，2021（10）：87－93.

［20］左文进，刘丽君. 大数据资产估价方法研究——基于资产评估方法比较选择的分析［J］. 价格理论与实践，2019（08）：116－119.

［21］Berkman M.，Valuing Intellectual Property Assets for Licensing Transactions［J］. Licensing Journal，2002，21（4）：16－2.

［22］Heckman J. R，Boehmer E. L，Peters E. H，et al. A Pricing Model for Data Markets［J］. iSchools，2015，28（2）：21－32.

［23］Longstaff F. A.，Schwartz E. S.. Valuing American options by simulation：A simple least-squares approach［J］. The Review of Financial Studies，2001（1）：113－147.

［24］Karvaen J.，Rantanen A.，Luoma L. Survey data and Bayesian analysis：A cost-efficient way to estimate customer equity［J］. Quantitative Marketing and Economics，2014（3）：305－329.

基于二叉树模型的高新技术
企业价值评估应用研究

王德敏 廖玛玥 李 双 范 杨 郭 丽*

内容提要： 国家一直把创新摆在国家发展全局的核心位置，各项针对性政策的提出，为高新技术企业的成长提供了温床，也使得竞争环境加剧。高新企业为获得更好的发展、提升自身管理水平，往往需要以并购联营的方式进行上市融资、引进风险投资、低成本扩张、技术许可、技术许可转让等行为。在此过程中，管理者如何及时地做出最有利的决策，依赖于对企业价值的准确认识。研究发现，在高新技术行业，企业拥有未公布、未入账的无形资产的情况普遍存在，且高新技术企业所面临的来自内外部的各种不确定性及管理灵活性的存在，使得收益法会大大低估该行业企业的整体价值。因此，引入期权是必要的，在应用中，二叉树模型对高新技术类企业价值的评估更有优势。

一、引　言

数据显示，在 2021 年我国的创新指数已经达到了 2005 年的 1.64 倍，相较于 2020 年该指数上涨了 8%。其中又将创新指数分为四个领域，包括创新环境指数、创新投入指数、创新产出指数以及成效指数，相比于 2005 年的数据，指数分别提高到 2005 年的 2.96 倍、2.19 倍、3.53 倍、1.89 倍。相比于 2020 年的数据，该四个领域分别提升了 11.3%、4.4%、10.6% 和 2.8%。[①]这一系列数据说明我国的创新发展速度仍然在较高的水平上。且创新成效更加突出，为我国高科技高质量发展提供了更强的信心，为我国经济的发展提供了更有力的支撑。

由此可见，高新技术企业在整个市场竞争中扮演着非常重要的角色。高新技术行业具有产品更新迭代快、生命周期短、外部环境不稳定等特点，使得企业的成长和发展过程之中无时无刻都伴随着各种各样的决策。不同的决

---

* 王德敏，西南交通大学希望学院会计系，助教，研究方向：企业价值资产评估；廖玛玥，西南交通大学希望学院会计系，助教，研究方向：金融资产评估；李双，西南交通大学希望学院会计系，助教，研究方向：财务管理；范杨，西南交通大学希望学院会计系，助教，研究方向：企业价值资产评估；郭丽，西南交通大学希望学院会计系，讲师，研究方向：财务管理。

① 中国统计年鉴 2021，网址：https://www.stats.gov.cn/zs/tjwh/tjkw/tjzl/202302/t20230215_1907978.html。

策，均要求管理者对企业价值有比较清晰的认识。在对高新技术企业价值的探索中，认识到传统的企业价值评估方法在高新技术企业价值评估的实际应用中的发展处在一个"瓶颈"位置。想要突破"瓶颈"，需要探索出一种为高新企业量身定制的、能个性化针对性地反映其价值的评估模型，为该行业企业的决策管理提供指导性的支持，为企业在持续发展与成长的道路上保驾护航。

二、高新技术企业相关概述

（一）高新技术企业的特点

1. 高投入

高新技术企业核心竞争力主要体现在大量的无形资产，相关无形资产的形成以及提高过程中，大量的研发、产品试验以及相关产品的生产、相关核心技术的再研发、后期维护都是保证企业核心竞争力的关键所在。为了获取重大的科学技术突破，每一个环节都需要投入巨大的资金量来维持其正常运转。杨易（2015）研究表示资金的投入需求与技术的涉及范围、技术的复杂程度正向相关。开发阶段少不了要进行多次的中间试验环节，对于期间费用的储备要求要具有较大的弹性，由于在这过程中只是经历少量的试验很难达到预期的效果，所以需要多次的追加投资，对试验环节的资金储备要求较高。产品输出阶段，为了尽快将产品推出市场获得收益，前期的推广和宣传就很重要。总的来说，高新技术企业要想在行业内长期稳步发展，保持自身竞争力，获取较高的收益，就要求企业具有很强的资金投入能力。

2. 高风险

高新技术企业进行创新活动时往往需要经历以下三个阶段，即开发阶段、中间试验阶段以及商业化阶段。各种风险伴随着企业的整个发展过程，在企业发展的每个阶段都存在着不同的风险，其中对初创期来说面临的风险是最大的，其中存在着不可避免的研发失败风险，例如，期初往往伴随着资金不充足，技术不成熟，竞争产品先一步上市，市场需求转变，政策方向限制等原因，都可能对其研究产生致命性影响，使研发失败，前期大量的研发投入得不到有效的回报，严重的情况下甚至会导致企业面临破产。周艳丽等（2016）对高新技术企业特点进行总结表示，由于高新技术产品本身具有生命周期短、未来难以预知、时效性强以及更新换代的速度较快等多样化特点，这就使得高新技术企业往往面临着比传统企业更大的市场风险，在对高新技术企业估价时通常采用较大的折现率。综上所述，高新技术企业一般包含的风险有研发风险、技术保护风险、市场风险和财务风险等，无时无刻不影响着企业的发展情况。

3. 高成长

高新企业的产品在进入市场的时候，如果能够在较短的时间内取得一定的竞争优势，由于支持产品生产的专利技术保护、特许经营权、专有技术、技术优势和技术诀窍等多种因素的存在，则企业自身的核心竞争力会很快显现，竞争优势也会很快体现出来，产品在市场中的地位也会愈加稳固。在未来的几年或者十几年，投资回报率就能达到几十甚至上百倍。盈利能力提升的同时，得到了高增长的收益，又为其公司进一步的扩张提供了较为可观的资金基础。

4. 高收益

高新技术企业是以科技作为动力来推动公司的发展。

企业依附于高创新技术推出的产品，在市场上获得较大的市场占有率和巨大收益的同时，在一定的时间内，可能还会形成垄断市场的情况。相对于市场上高新技术的供应不求，即使企业对该产品定价较高，仍然不会对其需求量有所影响，因此企业能获得巨大的利润。通常情况下，高新技术企业一旦创业成功，其收益率一般不会低于其前期投入的 10 倍。也就是说，前期试验阶段耗费了大量的资金，一旦研发成功且快速投入市场，就一定会有可观的收益，转亏为盈。

5. 高创新

创新是经济发展的核心驱动力，是时代发展的永恒的追求。高新技术企业是典型的知识密集型企业，要求该行业的企业与技术产品或高新技术服务相关的收入要达到总收入的60%。企业提高自身竞争力的关键，就是始终坚持把创新放在核心地位，也就是说高新技术企业发展的核心驱动力就是创新。在进行新的创新活动中也不能忽视对已有的创新成果的保护，由于高新技术企业技术类产品具有生命周期较短、产品、技术更新换代较频繁、时效性强的特点，企业更加需要不断地进行创新技术的研发，创新产品与服务，来应对市场多样化的需求，使企业在行业中站稳脚跟，获得稳定的市场份额，以获得长远发展。

（二）高新技术企业价值的特征分析

站在目前的经济情况下，对高新技术企业来说，由于其独有的资产构成特性、成长阶段特性、收益高增长的特性，使得其价值的构成与传统企业有很大的差别。学界广泛认同高新技术企业具有很大一部分的潜在价值，主要来源于企业高体量的无形资产、外部环境的不确定性以及管理灵活性带来的各种不确定性带来的价值。这里我们可以简化成：

高新技术企业实物资产的价值 + 高新技术企业潜在价值 = 企业整体价值。

由于其不确定性的存在，形成了企业的潜在价值。该不确定性来源于以下几个方面。

1. 宏观环境变化的不确定性

自 2020 年疫情暴发以来，我国迅速地采取科学的防疫政策，以惊人的速度控制疫情的同时维持经济，2021 年我国的经济已经逐步恢复，经济的发展以及疫情防控的效果都处于世界的领先地位，但是在国内形势相对稳定的情况下，我国的经济需求紧缩依然严重、供给矛盾依然严重以及预期转弱的趋势没有逆转。同时，国际形势也并不是非常的乐观，外部经济恢复的压力依然很大，我们依然会面对更加严峻、更加复杂的外部环境，这就给行业发展增加了很大的不确定性。

2. 新发展模式下管理者灵活性带来的不确定性

面对高新技术研发效率低而形成的当下的研发环境，国家提倡企业尝试各种方法来提高研发能力以及成果转化能力，发展的模式在这种需求下已经慢慢地发生转变，新的研发模式是大企业提高核心竞争力的重要途径。企业想要寻找新的研发模式，重点就是利用外部的资源，企业可以通过许可、合作、并购等方式来丰富研发管线，找到增长机会，提高自身的研发生产。研发环境迫使企业管理者寻找相关途径提高自身研发生产能力，在决策上也面临很多选择，不同的选择也会带来很多不确定性的结果。

3. 企业未来盈利的不确定

大多数高新技术企业在初创期由于经营时间短、财务表现波动较大，并不能盈利，相关盈利指标并不具有参考性。对于处于初创期的企业来说，基本都在初期存在投入大、研发时间长、研发风险不可避免、成果转化能力较弱等一系列问题。往往只有 20% ~ 30% 的高新技术企业能取得较大的成果。在 2001 年 4 月，美国 NASDAR 出现的估价跳水，也能充分说明该行业内公司经营方式和模式在未来存在着很大的不确定性，也许会竹篮打水，也许预期未来现金流流入也可能呈现出爆炸式的增加，那么传统的方法的适用性值得商榷。

4. 行业周期发展的不确定性

高新技术行业周期的变化与传统行业的发展周期不太相同。对于传统行业来说，行业的周期是由整个行业的平均发展阶段所决定的，而高新技术行业的周期阶段是由行业技术最前沿的部分龙头企业所决定的。比如，某个细分领域的高新技术龙头企业，由于其研发能力强，在行业多年没有进展的尖端技术上有了突破性进展，就标示着在该技术领域进入了新的阶段，相关企业可以采用支出许可费等方式享受该技术成果，投入后续的研发阶段。但是这种技术突破情况并不是绝对的属于某一企业，可能出现在规模较大的龙头企业，也有可能出现在与该行业关联性很小的企业，甚至有可能出现在一些不起眼的萌芽状态的小公司，因为技术的突破除了要求自身研发能力强以外，也存在一定的偶然性。因此，高新技术行业周期的变化具有很大的不确定性。

5. 技术更新换代的不确定性

技术更新换代有很大的不确定性，由于高技术研发成果旨在解决以往的各种问题，一种技术的出现可能伴随着另一种技术的淘汰。比如，某企业以其核心技术产品占领绝大部分市场，连续多年获得超额收益，其核心技术在研发还未取得更进一步的进展之时，市场已经出现了更新的相关技术，这一技术使得相关产品质量更好、生产效率更高、生产成本更低。因此该企业的市场地位受到了严重影响，逐渐走向淘汰，丧失相关盈利能力。由此可见，新技术的出现有非常大的不确定性，且给企业带来的影响也具有很大的不确定性。

（三）现阶段高新技术企业价值评估中存在的问题

首先，在实物期权法运用的过程中尚未形成统一标准。目前，对高新技术企业的评价有多种方法，不同的方法各有利弊，评估行业内也还没有形成统一的指导标准。高新技术企业的周期性以及其内在的复杂性，导致了模型应用中参数的选取的方法并不唯一，因此很难达到统一的标准，引起结果评价的不一致，大众接受度受到了一定的影响。对于高新技术企业而言，初创期投入巨大收入甚微，常会出现盈利为负值的情况，但是潜在的事实却是有很强的盈利能力，这一尴尬的情况会严重影响到管理者的判断。王少豪（2001）指出在面临决策的时候引入实物期权法，能充分考虑企业的潜在价值、管理的灵活性，进而能够弥补这一缺点。

其次，实物期权法的运用不易被使用者充分地掌握。实物期权概念的提出，一直未被广泛地应用到实际之中，主要原因是其方法的运用有一定的难度。李心（2019）指出，期权的应用要求使用者有较高的数学水平；模型的建立依赖于严谨的前提假设，不同的期权模型应用的假设前提有很大的差别，因此不易掌握。

最后，实物期权模型应用的不规范，导致使用者对其的信任程度不是很强。因为实物期权是对未来的多种不确定性因素、管理灵活性、对现金流进行修正等多方面的综合考虑，以此出发进行企业价值综合性强的客观评价，对此结果进行说明时，不能得到一致的评价，因此限制了实物期权的广泛应用。

基于以上存在的问题，本文尝试从这些方面来完善相关问题。第一，就是从高新技术企业潜在性期权特性入手，进行深入的研究以确定其期权的来源与发挥作用的形式。其次就是深入分析模型的应用情况，在明确适用性的前提下简化模型的使用方式，并尽可能采用通俗易懂的方式对其进行描述，使大家更容易理解和接受。

三、期权评估模型介绍以及评估方法适用性分析

（一）相关期权模型

1. B–S 模型

该模型的核心是，利用目标股票结合无风险资产，来构造一个等同于期权特性的投资组合。假设在无套利的市场情况下，期权的价格可以通过购买这一投资组合所付出的成本来确定，即：期权价格 = 购买股票和无风险资产投资组合的价格。因此期权的价格由股票价格的波动量（σ）、无风险利率（r）、期权到期时间（T）、执行价格（X）、股票交易时价（S）等以上变量决定，这些变量除股票价格波动量之外，都可以直接通过观察得到，但是相比于对股票价格期望值的估计，估计股票价格的波动量要容易得多。B–S 具体模型表达式如下：

$$C(S,\ T,\ X) = SN(d_1) - Xe^{-rT}N(d_2)$$

$$d_1 = \frac{\log(S/X) + \left(r + \frac{1}{2}\sigma^2\right)T}{\sigma T^{\frac{1}{2}}}$$

$$d_2 = \frac{\log(S/X) + \left(r - \frac{1}{2}\sigma^2\right)T}{\sigma T^{\frac{1}{2}}} \tag{1}$$

建立等式的原理是：期权的价格 = 买入时价为 S 的股票 × N(d₂) 份 – 卖出利率 r 的债券 × Xe⁻ʳᵀN(d₂) 份。

2. 二叉树模型

通过实践发现在实物资产价值的判断上，实物期权很难满足连续性要求，B–S 模型在某些领域应用较为困难，加之 B–S 模型的假设前提过于严苛，实际情况难以满足。为了克服 B–S 模型的某些条件限制，简化模型，在 1979 年，由考克斯、罗斯、鲁宾斯坦等（Cox，Ross，Rubinstein et al.）提出二叉树定价模型。二叉树定价模型把目标资产价值的波动看作离散型的，并非 B–S 模型所假设的连续性变动的，且资产的价值仅在每个节点产生价值的变动，在实务操作过程中，离散节点的确定尤为重要。

二叉树实物期权模型，首先假设市场风险呈中性，股价只有向上或者向下两个波动的方向，并且假设在整个观测期间之内，股价的每次向上（或者向下）波动的概率和幅度是会保持不变的。在该模型中，我们将观测的存续期划分为了若干个独立的阶段，再根据股价的历史的情况测算历史波动率，

以此模拟出该股票的估价在整个有效期内所有可能的变化发展轨迹，并且在每一条路径上的每一个节点上计算其所存在的期权价值，并用贴现的方法计算出整体期权的价格。二叉树模型主要分为两个类别：单期定价模型和由单期模型推导而来的多期定价模型。

（1）假设前提

①市场投资交易不涉及税收和成本；

②投资者都是价格的接受者；

③投资者可以使用卖空所得款项进行投资；

④投资者以无风险利率借贷款项；

⑤两个可能值的其中之一即为未来股票价格。

（2）二叉树模型的构建

①二叉树单期模型（如图1所示）：在期权定价时，假设风险呈中性。在这个前提下资产的预期收益率等于无风险报酬率，股价波动只有上涨和下跌，且涨幅跌幅相等。假设有一家上市公司 X，当前市场股价为在一个月后价格有 P 的概率会上涨至 S_u，有 1 – P 的概率会下跌到 S_d。u 表示涨幅，且 u > 1；d 表示跌幅，且 d < 1；债券利率为 r。则有 $S_u = u \times S_0$，$S_d = d \times S_0$，d = 1/u，假设期初期权价值为 C_0，上涨和下跌期权价值分别为 C_u 和 C_d（$C_u = \max(S_u - X, 0)$，$C_d = \max(S_d - X, 0)$）。

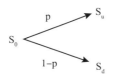

图1　二叉树单期模型

$r = p \cdot (u - 1) + (1 - p) \cdot (d - 1)$，则有 $P = \dfrac{1 + r - d}{u - d}$，$1 - P = \dfrac{u - 1 - r}{u - d}$。

之后在看涨情况下按预期收益率得到期初的期权价值为：

$$C_0 = \frac{\dfrac{1 + r - d}{u - d} \cdot C_u + \dfrac{u - 1 - r}{u - d} \cdot C_d}{1 + r}$$

$$C_0 = \frac{P \times C_u + (1 - P) \times C_d}{1 + r} \tag{2}$$

其中，C_0 为期初价值，C_u 为上行情况下期权的到期日价值，C_d 为下行情况下期权的到期日价值，r 为无风险报酬率。

②二叉树多期模型（如图2所示）：基于二叉树单期模型，推导出多期情况下期权价值的估算。假设风险呈中性，在整个有效期内，股票价格的每一次上涨或下跌的幅度不变，且每一次价格波动时上涨和下降的概率不变，

此时将模型的有效期分为 T 个时间间隔，每个时间间隔为 t，首先列出其价值波动的所有可能的路径，再对每个节点上贴现计算出其期权价值。

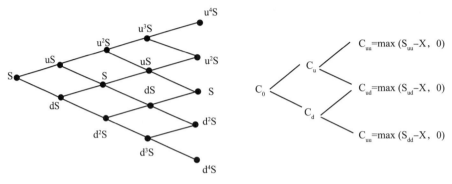

图 2　二叉树多期模型

推导公式：

$$C_0 = \left[\sum_{n=1}^{T} \frac{T!}{(T-n)!\,n!} \times p^n (1-p)^{T-n} \times \max(S \times u^n \times d^{T-n} - X,\ 0) \right] \Big/ (1+r)^T$$

$$(3)$$

式中，T 为总区间数，n 为划分的离散区间数，表示资产价格变动的次数。

（二）评估方法的选择

相比于现金流折现模型，实物期权模型是从概率的角度模拟出未来收益的分布，而不是现金流折现所设想的未来收益能被准确的预测。而实物期权法是对其未来收益进行的概率分布预测更为合理。且在实物期权的应用中剔除了对风险偏好的补偿，仅仅只需要考虑无风险利率，使评估结果更加客观。

高新技术企业整体价值由于其外部环境、自身发展阶段的变化，此时管理者能观测到，但是并不会出现立即的决策，在关键的时点才会进行管理决策。但是对于高新技术企业的整体价值来说一般很难在极短的时间内发生实质性的变动，只有发生实质性的价值变化这种情况下才能被管理者重视并及时决策，这就体现出管理决策的灵活性价值。所以站在这个角度上，B－S 模型的应用前提不能满足。因此，二叉树的应用有了一定的优势。

四、案例评估

以航天长峰朝阳电源有限公司为例，在进行详细了解的过程中，对其在 2021 年 12 月 31 日的企业整体价值进行评估。

（一）标的企业简介

航天长峰朝阳电源有限公司（以下简称"朝阳电源"），截至评估基准日，朝阳电源依然为北京航天长峰股份有限公司的全资子公司，2007年9月20日，航天长峰朝阳电源以11760万元注册为法人独资的有限责任公司。经营范围主要为军工、铁路、通信等领域提供专业电源，包括专用电源以及专用电源组件，集成电路的设计、开发、生产以及销售等。

朝阳电源是在《国家重点支持的高新技术领域》内同时持续进行开发与科技成果转化并形成核心自主知识产权并持续经营的企业，属于"专精特新"企业名录中符合持续活跃状态的专注细分企业市场、创新能力强、市场占有率高、掌握关键核心技术、质量效益优的排头企业。

朝阳电源属于典型的高新技术企业，涉足领域结合了信息技术、高端设备以及新能源电源技术等。主要产业属于电力电子装置制造业。在我国是典型的技术密集型高新技术企业。因此后文选择该公司作为标的企业进行研究。

（二）标的企业价值评估思路

本文将目标企业的价值分成两个部分，即企业现有资产组合的价值，以及外部不确定性和管理决策所具有的灵活性所带来的潜在价值。

$$V = V_a + E \qquad (4)$$

其中，V_a 为企业现有资产内涵价值或现有资产获利能力价值，E 为企业存在的潜在价值，V 为企业整体价值。

其中，二叉树模型得出的期权价值被看作是对传统的现金流折现模型结果的修正。

1. 现有资产价值评估思路的介绍

（1）评估思路
采用收益法，评估企业现有资产内涵价值（V_a）。
（2）相关参数的选取
收益口径：企业自由现金流量
折现率：本次采用企业的加权平均资本成本（WACC）作为自由现金流量的折现率。
收益期：采用两阶段模型对其未来现金进行预测；其中，第一阶段为2022年1月1日至2026年12月31日，共5年；第二阶段为2027年1月1日至永续经营，假设以2026年的状态稳定经营。

2. 潜在价值评估思路介绍

（1）评估思路
采用二叉树模型，评估企业的潜在价值（E）。

（2）参数的确定

参数的确定如表 1 所示：

表 1   **二叉树相关参数的选取**

实物期权变量	参数
现行价格（预期未来现金流现值）	S
执行价格	X
无风险利率	r
目标资产的价格波动率	σ
行权区间总数	T
上行乘数	$u\,(u = e^{\sigma\sqrt{t}})$
下行乘数	$d\,(d = 1/u)$
风险中性上升概率	$P = \dfrac{1 + r - d}{u - d}$
风险中性下降概率	$1 - P = \dfrac{u - 1 - r}{u - d}$

（3）二叉树的评估计算形式

计算形式：企业未来现金流之和为 S，执行价格 X，构建二叉树模型。计算出参考可比企业价值波动率为 σ，划分步长，在每个节点上升概率为 $u = e^{\sigma\sqrt{t}}$，$d = 1/u$，无风险利率为 r，上升和下降概率分别为 p 和 1 − p。则有：

$$S_u = u \cdot S_0, \quad S_d = d \cdot S_0$$

以此构建扩张二叉树模型。

每个节点上为扩张后的现金流价值，该数值减去清算价值则为最后节点上的期权价值。期末节点上的期权价值：

$$C_e = \max(S_e - X,\ 0)$$

$$C_0 = \frac{\dfrac{1 + r - d}{u - d} \cdot C_u + \dfrac{u - 1 - r}{u - d} \cdot C_d}{1 + r}$$

从期末节点推算到上一节点。

其中，$r = p \cdot (u - 1) + (1 - p) \cdot (d - 1)$，则有 $P = \dfrac{1 + r - d}{u - d}$，$1 - P = \dfrac{u - 1 - r}{u - d}$。最后推算出零时点的期权价值。

$$C_0 = \left[\sum_{n=0}^{T} \frac{T!}{(T - n)!\,n!} \times p^n (1 - p)^{T-n} \times \max(S \times u^n \times d^{T-n} - X,\ 0) \right] \Big/ (1 + r)^T$$

由最后一期的期权值，按其离散比率倒算折现到上一期，推出上一节点的期权价值。依次计算，推到评估基准日企业所具有的期权价值 E。

最终企业的评估值 $V = V_a + E$。

（三）评估过程

1. 收益法的评估步骤及结果

（1）自由现金流的预测

由于朝阳电源处于成长阶段，各现金流均按历史增长均值进行预测。

（2）折现率的确定

本次采用企业的加权平均资本成本（WACC）作为自由现金流量的折现率。

$$WACC = \left(\frac{E}{V}\right) \times R_e + \left(\frac{D}{V}\right) \times (1 - T) \times R_d \tag{5}$$

股东权益收益率采用资本资产定价模型（CAPM）计算确定：

$$R_e = R_f + \beta(R_m - R_f) + \alpha \tag{6}$$

其中，

①无风险报酬率（R_m）。

本项目采用评估基准日 2021 年 12 月 31 日剩余期限为十年以上的国债到期收益率作为无风险收益率取值为 3.80%。

②市场风险溢价（$R_m - R_f$）。

市场投资报酬率以上海证券交易所和深圳证券交易所沪深 300 收盘价为基础，计算年化收益率平均值，算出市场投资报酬率为 10.75%。2021 年 12 月 31 日无风险报酬率取评估基准日剩余期限 10 年期国债的到期收益率 3.80%，则 2021 年 12 月 31 日市场风险溢价为 6.95%。

（3）权益系统风险系数 β

β 表示公司系统风险的指标，计算公式如下：

$$\beta_e = \beta_u \times \left(1 + \frac{(1 - T) \times D}{E}\right) \tag{7}$$

式（7）中，β_e 为有财务杠杆的权益风险系数，β_u 为无有财务杠杆的权益风险系数，T 为标的企业所得税税率，D/E 为标的企业目标资本结构。

在沪深上市公司中，同行业内，选取规模相同，主营业务相同，经营情况类似的公司作为可比对象，最终选取了 4 家 A 股可比公司的 β 值，然后根据可比上市公司的所得税率、资本结构换算成 β_u 值，并取其平均值 1.079 作为标的企业的 β_u 值。如表 2 所示：

表2 可比上市公司相关数据

股票代码	股票名称	原始 β	D/E	企业所得税率	无杠杆权益 $β_u$ 值
002334. SZ	英威腾	1.5336	6.49%	15.00%	1.4534
002782. SZ	可立克	1.1367	0.48%	25.00%	1.1326
600171. SH	上海贝岭	0.9747	0.01%	15.00%	0.9746
002364. SZ	中恒电气	0.7987	6.58%	15.00%	0.7564
平均	平均	1.1109	3.39%		1.0793
标准差	标准差	0.3138	0.0364		0.2933
标准离差率	标准离差率	28.25%	107.37%		27.18%

因此，可以计算本次所用的企业贝塔值：

$$β_e = β_u × \left(1 + \frac{(1 - T) × D}{E} \right)$$

其中，D/E 采用行业平均值3.39%，T 为15%，算出企业未来有杠杆权益贝塔值1.1104。

（4）企业特定风险调整系数 $α$

企业特殊的风险，特定风险。本次朝阳电源的风险与行业平均的风险水平是有差别的，还需进行调整。朝阳电源的特定风险表现为四个方面，即市场风险、技术风险、管理风险、资金风险。关注这四个方面与行业平均情况的差别，确定其区别于行业平均水平的差异，以此确定其具有的特定风险。经综合考虑后，本次企业特定风险调整系数 $α$ 取2.0%。

2. 预测期折现率的确定

（1）计算权益资本成本

得出权益资本成本结果如下：

$R_e = R_f + β_e (R_m - R_f) + α = 3.80\% + 1.1104 × 6.95\% + 2.0\% = 13.52\%$

（2）R_d 债务成本的确定

截至评估基准日，中国人民银行公布的最新 LPR 数据为3.85%（一年期贷款市场报价利率），企业调整点数后的实际借款利率为4.35%。由于是按季付息，应按下式折算为复利年利率：

$R_d = (1 + 4.35 ÷ 4)^4 - 1 = 4.4215\%$

（3）计算加权平均资本成本

企业的加权平均资本成本结果如下：

$$WACC = \left(\frac{E}{V} \right) × R_e + \left(\frac{D}{V} \right) × (1 - T) × R_d = 13.20\%$$

3. 收益法评估结果

评估结果如表3所示：

单位：元

表3　企业股东全部权益价值收益法评估测算表

项目	2022年	2023年	2024年	2025年	2026年	永续
一、主营业务收入	402692299.51	444813914.04	482445171.17	513611129.23	536518185.59	536518185.59
二、主营业务成本	155398958.38	171653689.43	186175591.55	198202534.77	207042367.82	207042367.82
税金及附加	7167922.93	7917687.67	8587524.05	9142278.10	9550023.70	9550023.70
销售费用	86860729.00	95946361.26	104063423.42	110785920.57	115726972.63	115726972.63
管理费用	20134614.98	22240695.70	24122258.56	25680556.46	26825909.28	26825909.28
研发费用	24161537.97	26688834.84	28946710.27	30816667.75	32191091.14	32191091.14
财务费用	-2657769.18	-2935771.83	-3184138.13	-3389833.45	-3541020.02	-3541020.02
三、营业利润	111626305.43	123302416.97	133733801.45	142373005.03	148722841.04	148722841.04
四、利润总额	111626305.43	123302416.97	133733801.45	142373005.03	148722841.04	148722841.04
所得税税率				12.00%		
减：所得税费用	13395156.65	14796290.04	16048056.17	17084760.60	17846740.92	17846740.92
五、净利润	98231148.78	108506126.93	117685745.28	125288244.43	130876100.12	130876100.12
加：折旧和摊销比例	8053845.99	8896278.28	9648903.42	10272222.58	10730363.71	10730363.71
减：追加运营资金	20134614.98	22240695.70	24122258.56	25680556.46	26825909.28	26825909.28
减：资本性支出	1250000.00	0.00	0.00	1250000.00	0.00	8047772.78

续表

项目	2022 年	2023 年	2024 年	2025 年	2026 年	永续
六、企业自由现金流量	84900379.79	95161709.51	103212390.14	108629910.55	114780554.55	106732781.77
1. 折现率			13.20%			
2. 折现期	0.5	1.5	2.5	3.5	4.5	5.5
3. 折现系数	0.9399	0.8303	0.7335	0.6479	0.5724	3.8306
4. 自由现金流量折现值	79806357.00	78984218.89	75345044.80	70609441.86	65424916.09	408786554.18
5. 企业自由现金流量折现值之和				778956532.82		
6. 加：企业溢余资产及非经营性资产				193516200.00		
7. 企业整体价值			972472732.8			

4. 二叉树模型的应用

（1）期权识别

目前标的公司处于成长阶段，业务投资在未来仍然有增长趋势，且该公司研发成果相对来说较为成熟，在对其整体企业价值进行评估时，考虑公司的扩张期权和与之伴随的放弃期权。

（2）二叉树模型相关参数的确定

以企业未来现金流现值为起点，构建二叉树模型，假设每一步长为 0.5 年，模拟企业价值变动情况，相关参数取值如表 4 所示。

表 4　　　　　　　　　　　二叉树相关参数的选取

实物期权变量	参数	取值
现行价格（预期未来现金流现值）	S	972472732.8
执行价格	X	117600000.00
无风险利率	r	1.9%
目标资产的价格波动率	σ	48.79%
行权区间总数	T	10
上行乘数	$u(u = e^{\sigma\sqrt{t}})$	1.41
下行乘数	$d(d = 1/u)$	0.71
风险中性上升概率	$P = \dfrac{1 + r - d}{u - d}$	0.44
风险中性下降概率	$1 - P = \dfrac{u - 1 - r}{u - d}$	0.56

①现行价格 S：采用收益法口径得到结果，为 972472732.8 元。

②执行价格 X：本文以该企业股东初始投入资本 11760 万元作为企业的清算价值。

③无风险利率 r：与前文加权平均资本成本（WACC）的无风险利率保持一致，为 3.8%，半年则为 1.9%。

④行权期 T：出于谨慎性考虑，结合高新技术行业环境，将本文期权的行权期设为 5 年，且设每一步周期（t）为 0.5 年。

期间 t 的划分依据：

目前对于二叉树模型的应用，大多数是靠对事件的不断细分来划分二叉树的阶段，在二叉树的应用时，虽然节点的增加能够更加完整地描述股价，但是在增加节点数量的同时，也导致了二叉树模型的膨胀，所以节点并不是越多越好。另外，综合考虑到二叉树的应用是要求标的企业价值具有非常频繁的变化特性，但是在高新技术行业内，高新技术企业的价值变化是较为稳定的，在一年的时间之内企业价值产生较大变化，进而影响到企业价值实质性变化的情况并不多见。因此本文考虑企业的发展特性，结合其半年报的价值变化，模拟企业管理者决策，选择期间步长为 0.5 年。

⑤公司价值的波动率 σ：找出与朝阳电源在主营业务和经营情况相似的四家公司，与前文权益资本成本中 β 值选取的可比公司一致。得到平均波动率为 48.79%。如表 5 所示。

表 5　　　　　　　　　　　　　　可比企业波动率情况

证券代码	证券简称	收盘价标准差	波动率（年化）	标准差系数
002334. SZ	英威腾	1. 1207	43. 1291	18. 2061
002782. SZ	可立克	2. 1648	53. 7137	9. 6684
600171. SH	上海贝岭	7. 9365	54. 7145	− 9. 2514
002364. SZ	中恒电气	0. 6473	43. 6048	− 18. 2458

（3）朝阳电源所含的期权价值

①构建二叉树模型。

计算形式：企业未来现金流之和为 97247. 27（S），执行价格为 11760（X）企业价值波动率为 48.79%（σ），划分步长为 0.5（t）年，无风险利率为 3.8%，则半年无风险利率为 1.9%（r），上行乘数为 1.41（$u = e^{\sigma\sqrt{t}}$），下行乘数为 0.71（$d = 1/u$），在每个节点上升概率为 0.44$\left(P = \dfrac{1 + r - d}{u - d}\right)$，下降

概率为 0.56$\left(1 - P = \dfrac{u - 1 - r}{u - d}\right)$。如：

S110 = S011 × u = 97247. 27 × 1. 41 = 137118. 65（万元）

S112 = S011 × d = 97247. 27 × 0. 71 = 69045. 56（万元）

以此类推得到扩张二叉树模型，如表 6 所示。

②剔除小于清算价值的扩张节点。

在实际经营过程中，管理者都是理性地追求利益最大化和损失最小化。处于这样一种理性的决策思维，会出现下面这种情况：当企业估值小于企业清算价值时，管理者会选择进行企业清算，在此节点上会产生相应的放弃期权。如表 6 所示，S918 和 S718 节点上企业价值为 8844.75 和 8854.49 万元，小于所设定的清算价值 11760.00 万元，该节点管理者会选择破产清算，后续以此节点的扩张则均为 0。因此剔除小于破产清算的扩张节点，如表 7 所示：

表6　现金流扩张二叉树

单位：万元

	S0	S1	S2	S3	S4	S5	S6	S7	S8	S9	S10
1											3020428.38
2										2142147.79	
3									1519253.75		1520924.93
4								1077484.93		1078670.16	
5							764173.71		765014.30		765855.81
6						541967.17		542563.33		543160.15	
7					384373.88		384796.69		385219.96		385643.71
8				272605.59		272905.45		273205.65		273506.17	
9			193337.30		193549.97		193762.87		193976.01		194189.38
10		137118.65		137269.48		137420.48		137571.64		137722.97	
11	97247.27		97354.24		97461.33		97568.54		97675.86		97783.31
12		69045.56		69121.51		69197.54		69273.66		69349.86	
13			49022.35		49076.27		49130.25		49184.30		49238.40
14				34805.87		34844.15		34882.48		34920.85	
15					24712.17		24739.35		24766.56		24793.80
16						17545.64		17564.94		17584.26	
17							12457.40		12471.11		12484.82
18								8844.75		8854.49	
19									6279.77		6286.69
20										4458.64	
21											3165.63

表7　剔除小于清算价值的扩展节点

单位：万元

	S0	S1	S2	S3	S4	S5	S6	S7	S8	S9	S10
1											3020428.38
2										2142147.79	
3									1519253.75		1520924.93
4								1077484.93		1078670.16	
5							764173.71		765014.30		765855.81
6						541967.17		542563.33		543160.15	
7					384373.88		384796.69		385219.96		385643.71
8				272605.59		272905.45		273205.65		273506.17	
9			193337.30		193549.97		193762.87		193976.01		194189.38
10		137118.65		137269.48		137420.48		137571.64		137722.97	
11	97247.27		97354.24		97461.33		97568.54		97675.86		97783.31
12		69045.56		69121.51		69197.54		69273.66		69349.86	
13			49022.35		49076.27		49130.25		49184.30		49238.40
14				34805.87		34844.15		34882.48		34920.85	
15					24712.17		24739.35		24766.56		24793.80
16						17545.64		17564.94		17584.26	
17							12457.40		12471.11		12484.82
18								0.00		0.00	
19									0.00		0.00
20										0.00	
21											0.00

③计算企业的扩张期权。

将小于清算价值的节点剔除之后，将二叉树最后一期的各节点的价值减去执行价格作为最后一期各节点的期权价值，然后除以其向上或向下扩张的概率并进行一次折现，得到前一个节点的价值，例如：

C101 = S101 − X = 3020428.38 − 11760 = 3008668.38（万元）

C103 = S103 − X = 1497395.03 − 11760 = 1509164.93（万元）

C92 = ［C101 × p + C103 × （1 − p）］÷ （1 + r/2）= ［3020428.38 × 0.47 + 1497395.03 × 0.57］÷ （1 + 3.8%/2）= 2128504.86（万元）

以此倒推出最初节点得到企业的扩张期权的价值为 86684.39 元，如表 8 所示。

④计算企业放弃期权价值。

综上分析，S918 和 S718 节点上企业价值分别为 8844.75 万元和 8854.49 万元，小于企业清算价值 11760 万元，该节点管理者会选择破产清算，在此节点会产生清算价值。因此在 C918 和 C718 两个节点均产生的放弃期权：

C918 = X − S918 = 11760 − 8844.75 = 3042.51（万元）

C817 = 1596.75 万元，C819 = 1254.59（万元）

C718 = X − S718 + ［C817 × p + C819 × （1 − p）］÷ （1 + r）= 11760 − 8854.49 + （1596.75 × 0.44 + 1254.59 × 0.56）÷ （1 + 1.9%）= 4294.19（万元）

倒推出企业所具有的清算价值为 118.86 万元，如表 9 所示。

则有：企业所含有的期权价值 = 扩张期权价值 + 放弃期权价值 = 86684.39 + 118.86 = 86803.25（万元）。

朝阳电源整体价值 = 97247.27 + 86803.25 = 184050.52（万元）。

（四）估值结果分析

采用收益法的评估结果确定企业现有资产获利能力的价值为 97247.27 万元，以此为基础采用二叉树模型对企业具有的期权价值进行评估，得到朝阳电源所具有的期权价值为 86803.25 万元，整体价值为 184050.52 万元。

对于朝阳电源整体价值评估过程中了解到，该企业存在账面未记录的 51 项专利技术。在高新技术行业，企业拥有未公布、未入账、处于保密情况下的无形资产的情况普遍存在。因此，单独应用收益法的评估结果不足以准确地评估出企业现有资产的整体获利能力。同时，高新技术企业所面临的来自企业外部行业周期、政策方向的确定性，或者企业内部各个阶段的决策方向带来的企业发展的各种不确定性，导致收益法的应用也会大大低估该行业内企业的整体价值。因此，结合二叉树模型对其价值进行评估具有较大的优势，能够弥补收益法会低估高新技术企业价值的缺陷。

表 8　扩张期权价值

单位：万元

	C0	C1	C2	C3	C4	C5	C6	C7	C8	C9	C10
1											3008668.38
2										2128504.86	
3									1504947.82		1509164.93
4								1063201.49		1066070.88	
5							750271.29		752187.99		754095.81
6						528609.31		529853.19		531086.39	
7					371612.00		372381.29		373138.72		373883.71
8				260430.11		260865.23		261287.74		261697.04	
9			181708.52		181908.93		182096.26		182269.94		182429.38
10		126009.86		126020.96		126043.75		126052.65		126047.09	
11	86684.39		86521.97		86384.69		86278.97		86158.71		86023.31
12		58726.89		58422.61		58154.91		57955.55		57741.08	
13			38880.41		38434.60		38030.55		37762.27		37478.40
14				24844.98		24244.11		23665.51		23345.85	
15					15010.38		14234.47		13392.43		13033.80
16						8264.59		7307.33		6026.27	
17							3854.38		2774.11		724.82
18								1272.12		312.97	
19									135.14		0.00
20										0.00	
21											0.00

单位：万元

表9　清算期权计算表

	C0	C1	C2	C3	C4	C5	C6	C7	C8	C9	C10
1											0.00
2										0.00	
3									0.00		0.00
4								0.00		0.00	
5							0.00		0.00		0.00
6						0.00		0.00		0.00	
7					0.00		0.00		0.00		0.00
8				0.00		0.00		0.00		0.00	
9			0.00		0.00		0.00		0.00		0.00
10		24.18		0.00		0.00		0.00		0.00	
11	118.86		43.99		0.00		0.00		0.00		0.00
12		197.29		80.04		0.00		0.00		0.00	
13			324.44		145.64		0.00		0.00		0.00
14				527.48		265.02		0.00		0.00	
15					845.40		482.24		0.00		0.00
16						1330.10		877.51		0.00	
17							2041.41		1596.75		0.00
18								4294.19		2905.51	
19									1254.59		0.00
20										0.00	
21											0.00

参 考 文 献

［1］杨易．基于实物期权法的新三板企业股权价值评估研究［J］，贵州师范大学学报（自然科学版），2015，33（06）：110 - 116.

［2］周艳丽，吴洋，葛翔宇．一类高新技术企业专利权价值的实物期权评估方法——基于跳扩散过程和随机波动率的美式期权的建模与模拟［J］．中国管理科学，2016，24（06）：19 - 28.

［3］王少豪．高新技术创业公司的评估特点及方法［J］．中国资产评估，2001（02）：26 - 29，5.

［4］李心．二叉树期权定价模型在高科技企业并购估值中的应用［D］．广州：暨南大学，2019.

基于 DEVA 模型的互联网金融企业数据资产评估研究

——以东方财富为例

王腊梅　冉清虹[*]

内容提要： 随着数字科技对全球政治、金融领域的影响不断加深，由数字科技推动的以数据资产为核心的互联网企业逐渐占据重要地位。而数据资产作为党的十九届四中全会提出的新生产要素，它在估值方面存在较大的难题。利用互联网金融企业为例，在前人研究的基础上，利用 DEVA 模型，从用户价值角度对东方财富数据资产价值进行计算，并考虑互联网金融企业数据资产存在的市场需求，并结合其市场需求对结果进行修正，最终评估结果与其市值相比存在较小差异，认为该评估方法具有可行性。也进一步加深互联网金融企业对于用户忠诚度和积累数据资产的实际意义和重要性，使得价值评估具有指导意义。

一、引　言

随着中国互联网网民规模不断扩大、普及率快速提升，居民投资理财需求继续增长，中国互联网金融企业应运而生，并不断发展成熟。在这种大趋势下，证券业也不断创新、融合互联网技术。从传统的证券业变更为互联网金融企业的一种。2018~2022 年，中国证券行业总资产规模持续扩大。在疫情的影响之下，更多人只能待在家里，进一步地增长用户数量，使交易数量不仅没有减少，反而更多的交易在线上进行。进一步扩大互联网理财的用户规模，提升普及率。而在企业规模不断扩大的过程中，需要更多更有效的数据资产支撑企业自身的发展，增强与用户的黏性，使得互联网金融企业所拥有的数据资产更为重要。因此，要通过对互联网金融企业的数据资产进行评估，使企业管理者意识到数据资产的重要性，继续加大对数据的挖掘，并通过合理的技术手段为企业决策提供可靠依据。

---

* 王腊梅，重庆理工大学经济金融学院副教授，博士研究生，研究方向：经济管理、知识产权资产评估；冉清虹，重庆涪陵区，重庆理工大学经济金融学院，硕士研究生在读，研究方向：知识产权资产评估。

数据资产虽不同于常规的无形资产，但仍存在其相似的特性，使得其价值构成和表现形式更为复杂。因此，我国需要不断学习、研究对企业数据资产的评估。袁林昊和刘春学（2022）以新浪微博为例，从用户价值出发利用改进 DEVA 模型和层次分析法评估社交媒体类企业的数据资产价值。李永红和张淑雯（2018）考虑到由于传统资产评估方法在对资产价值进行评估时存在各种缺陷，就使用层次分析法，对在评估数据资产价值时所可能产生影响的各类因素进行多方面考量。李佳妹（2022）在对哔哩哔哩进行评估时用层次分析法计算数据资产贡献率，从而计算出数据资产的价值。目前越来越多的学者在传统评估方法的基础上尝试用新的评估方法以求得更为准确的评估结果，比如期权定价模型、多重估值模型和层次分析法等。目前对于数据资产价值评估的分析大都还停留在理论分析的层面，并且研究大都以层次分析法为主，但层次分析法在进行评估过程中会用到专家打分法，存在较大的主观因素，导致数据资产的价值内涵不能准确体现。本文将利用 DEVA 模型，从用户价值出发，对互联网金融企业的企业价值进行评估，再得出其数据资产价值，并利用市场需求产生的利润增长率对评估结果进行修正。

二、相关概念界定

（一）互联网金融企业

社会逐步迈入互联网大数据新时期，进一步加快互联网与金融业的互融互通。目前互联网金融企业已形成新的业务模式，该模式最大特征就是利用目前互联网的便捷与服务的需求和依赖紧握网络用户。可以从两方面对其进行解释，一方面，依托网络平台技术与金融传统模式相结合，达到一种新型数字化支付方式的商业模式；另一方面，这种方式并未摒弃传统网络应用模式。总体而言，互联网金融企业融合现代科技，发展成为一种包含移动支付、储存等各种业务的新型产业。

互联网金融企业与传统的金融企业相比，还具有一些独有特性。首先互联网金融企业的成长过程缓慢，绝大部分的互联网金融企业在成立之初需要投入较多的运营成本，前期的高收入低成本使得其成长过程十分缓慢。其次，互联网金融企业的边际报酬率逐步提升，互联网金融企业作为资源型平台，前期投入的成本一定会多于后期成本，使得前后期同样的产品，后期服务收入明显更高，这就导致与传统金融企业相比，后者边际报酬率会显著提升。最后是互联网金融企业会产生马太效应，在企业发展后期，大量且繁杂的互联网金融信息会导致用户无法分辨时，大多数用户会更偏向于更有口碑和信赖度的企业，这使得企业在发展过程中需高度重视消费者的信赖和忠诚度，这不仅有助于企业未来可持续发展，也使得该行业竞争更为激烈。

（二）数据资产

数据资产作为我国第五大生产要素，不仅能带来收益、帮助企业更快地向高质量企业转型，也是我国经济发展的基石。"数据资产"一词最早由 Richard E. Peters 提出，认为产权清晰并经过一系列资本化过程或由企业持有并能带来长期收益的数据称为数据资产。本文以互联网金融企业的数据资产为研究对象，将数据资产看作长足发展的基础和可以预测企业未来收益高低的主要依据。

数据资产对于生产经营和决策有着不可替代的作用，一方面数据资产是互联网金融企业吸引用户的重要依据，是可以推动企业不断发展的源泉，是具有重要的经济价值的。另一方面随着大数据化时代的到来，企业的决策正逐渐从依靠传统经验向依靠数据转变，依靠数据资产发展的互联网金融企业尤其如此。对数据的加工处理提高企业的决策效率和精确性，从而提升企业的核心竞争力。

三、互联网金融企业数据资产评估

（一）互联网金融企业数据资产的估值特殊性

第一，互联网金融企业在评估过程中通常缺少可比企业。互联网金融企业在激烈的市场竞争刺激下通常会采取更加多元化的经营模式，这使得寻找与目标公司具有相同经营模式和盈利能力的可比企业变得更加困难。另外，我国互联网企业常用大部分初始资产拓宽市场，抢占市场份额，获取市场竞争力，极大影响可比公司的选择。而基于市场法的估值是根据与目标资产相似或相同可比企业的近似价值求得的。因此，想利用市场法对企业数据资产进行估值存在一定的困难。

第二，互联网金融企业的数据并不能直接创造价值，需要对数据进行处理加工。如对用户的数据进行处理，根据其自身偏好和购买力，为不同的用户推送不同的信息，增大信息的有效性，并且增强数据带来的用户黏性。因此，数据资产需要其他要素共同创造、加工获得价值，使得互联网金融企业的数据资产具有较大的依附性，利用成本法在计算其重置成本时和其他成本相互关联，难以计算数据的单一价值。

第三，互联网金融企业的数据资产不稳定、变化性大。数据资产具有一定的时效特征，不同阶段的数据资产用于不同的阶段从而产生特有价值。特别是互联网金融的数据资产，社会需求和经济环境不断变化，数据资产在这些变化中会产生相应的波动。而对于传统的评估而言，评估客体都是固定的物体，是随着使用频率的增加，在创造价值的过程中会失去其拥有的效用。

因此，在对互联网金融企业的数据资产进行估值的过程中，传统的三大评估方法都存在一定的缺陷，不适用于计算企业的数据资产。

（二）基于 DEVA 模型的互联网金融企业数据资产

1. DEVA 模型概述

DEVA 模型由华尔街证券分析师 Meeker 构建。他认为影响企业价值因素中最重要的是用户，对于互联网金融企业而言，产品用户数量的增加在企业价值提升中占据重要原因。因此 Meeker 从用户角度出发，构建 DEVA 模型，为以用户为核心价值的企业提供合适的估值方法。该模型认为用户之间是存在一定联系的，用户的规模是会影响到企业的潜在收益值。最终认为互联网的价值会随着用户数量的增长呈二次方程式的增长的规则，即：

$$E = M \times C^2 \tag{1}$$

其中，E 为企业价值，M 为单位用户的初始投入成本，C 为单位用户价值。

2. DEVA 模型评估互联网金融企业数据资产的优缺点

前文中提到发展初期的互联网金融企业常常会将用户放在关键地位，会采取不计成本的方式吸引用户，达到扩大用户规模的目的，使得互联网金融企业的财务指标数值并不乐观，用传统评估方法进行评估存在较大偏差，而 DEVA 模型可以解决传统评估方法利用财务指标进行评估的问题。DEVA 模型是利用用户的价值、用户与企业之间的联系来进行评估，能在更大程度上符合互联网金融企业的需求。此外，互联网金融企业数据资产存在可比标的少的问题，而 DEVA 模型利用用户创造的价值可以避开难以找到可比对象带来的困难。

对于目前的 DEVA 模型而言，互联网金融企业的企业价值已经从单一的用户价值向多元化因素发展，使得 DEVA 模型在某些方面存在不适用性。因此，需要对该模型进行一定的修正。如今爆发式发展的互联网企业导致原始模型中用平方衡量用户量的增加存在一定的问题。对于互联网金融企业而言，用户数会先呈爆发式增长，然后逐渐平稳，其所能带来的价值也是如此，新用户带来的价值是具有边际递减效应的。

四、案例分析——以东方财富数据资产评估为例

（一）DEVA 模型改进

在原始 DEVA 模型中，主要有三方面问题。第一，在原始模型中使用的是平台的总注册人数，但在实际情况下，并非所有注册用户都会给企业创造

价值，许多用户是一时兴起而注册软件，但很快就会丧失这种兴趣，并且对于东方财富而言，是从东方财富网、东方财富 App 等多方面获得收入。因此，我们在计算东方财富价值的时候，更应该将占核心地位的东方财富网的月度覆盖人数作为计算重点。第二，互联网技术响应国家号召，在国内飞速普及，使得其用户数量不断上涨，所以原始的 DEVA 模型认为用户创造价值的二次方和企业价值密不可分，认为用户创造价值的二次方和企业价值成正比。但实际上，边际递减效应使得用户数量达到一定规模后，为企业价值带来的边际贡献就会逐渐减小。这与原来的 DEVA 模型中的平方关系不一致。第三，基本所有的互联网企业都具有较为明显的马太效应，即强者越强，弱者越弱。具有一定竞争力的企业在不断发展中会占有越来越大的市场份额，从而进一步增大其在市场中的竞争力，将相对弱势的企业赶出去。因此，市场占有率更高的企业，对于资源和潜在用户的吸引力更大，也就导致企业价值越高。所以，在考虑企业价值时除了用户因素，还需要注意其市场占有率，比如目前具有较高活跃用户的新浪财经、同花顺等。因此，根据上面指出的原始模型的问题，将 DEVA 估值模型进行修订，即：

$$EM \times L \times ARPU \times MAU \times \ln(ARPU \times MAU) \tag{2}$$

其中，E 为企业价值，M 为单位用户的初始投入成本，MAU 为平均月活跃用户，ARPU 为单位用户平均收入，L 为市场占有率。

（二）基于改进修正后的 DEVA 模型应用分析

1. 东方财富数据资产构成

东方财富作为一家积累用户为主的流量企业，是从传统的仅注重高质量客户逐渐到将金融数据、用户数据等互联网产业模块相结合的互联网金融企业。"东方财富网"作为公司运营核心的金融信息服务平台，已成为国内用户数量最多、用户黏性最高的金融信息平台。在其发展过程中数据资产作为构建平台的重要资产，占据重要地位。随着金融信息服务行业竞争日益加剧和国内资本市场进一步开放的背景下，数据资产就成为东方财富与普通证券企业的主要区别。东方财富数据资产构成如表 1 所示，评估数据资产对该企业具有重要意义，有助于了解数据资产对金融服务行业的价值提升作用。

表 1　　　　　　　　　　　　东方财富数据资产构成

金融数据	用户数据
获取沪深两行行情数据，并进行处理得到财经进入相关的数据信息，最终变为金融数据终端产品	收集用户行为、偏好等，通过构建模型并进行分析，获得用户需求

目前，东方财富为保持其在竞争企业中的竞争力，将单一业务向多元化业务延展。通过东方财富年报可以发现东方财富商业模式主要包含证券服务、金融电子商务服务、金融数据服务、互联网广告服务，可以发现它具备较强的互联网金融企业属性。

2. 评估关键指标的确定

该案例以 2022 年 12 月 31 日为评估基准日，以企业 2021 年、2022 年年报以及公开数据为基础。利用改进后的 DEVA 模型，确定相关参数代入公式，从用户角度对东方财富价值进行评估。

（1）活跃用户 MAU

公司运营是以"东方财富网"为核心的金融资讯服务大平台，且其是我国用户访问量最大、用户黏性最高的平台。因此，本案例中使用的活跃用户数为东方财富网的月度覆盖人数。根据艾瑞咨询的最新数据，截至2022 年 2 月，东方财富网月度覆盖人数达 5689 万人，且目前互联网金融野蛮生长时期已过，行业格局趋于稳定，每月月度覆盖人数相差不大，因此，将 2022 年 2 月数据视为东方财富的活跃用户数量平均值，即 0.5689亿人。

（2）单体投入的初始成本 M

由于东方财富为互联网金融企业，在发展过程中需要不断投入资金以吸引用户。因此，本文将 2022 年的销售费用及管理费用当作东方财富为吸引新用户和保留老用户的投入成本。根据东方财富 2022 年财报可知，其销售费用和管理费用共 27.22 亿元。艾瑞咨询数据显示，2022 年东方财富网平均月度覆盖人数 5689 万人，由此计算得出为单体投入的初始成本 M 为：M = 272200/5689 = 48（元/人）。

（3）市场占有率 L

根据金融 App 内容生态报告[①]可知，2021 年全年东方财富新增活跃用户人数 539 万人，约占 2021 年全年新增证券投资者的 27.46%，而新增用户一定程度上可以决定该软件的受认可度，且由于 2021 年到 2022 年的证券市场较为稳定。因此，将其作为 2022 年东方财富在所有财经类互联网企业中的市场占有率。

（4）单位用户价值贡献 ARPU

根据东方财富财报披露，2022 年营业收入 46.29 亿元，再根据其月度覆盖人数，可以得到单位用户价值贡献 ARPU 为：

ARPU = 46.29 ÷ 0.5689 = 82.4（元/人）

---

① 该报告出自 21 世纪资管研究院研究员李览青。

3. 估值结果

将上述指标代入修正后的 DEVA 估值公式（2），如下：

$E = M \times MAU \times ARPU \times L \times \ln(MAU \times ARPU) = 48 \times 0.5689 \times 82.4 \times 27.46\% \times \ln(0.5689 \times 82.4) = 2372.6$（亿元）

$$误差率 = \frac{企业市值 - 评估价值}{企业市值} = 7\% \qquad (3)$$

因此，计算得到东方财富价值为 2372.6 亿元，对比 2022 年 12 月 31 日收市时东方财富市值 2563.55 亿元（12 月 31 日周六闭市，因此使用 2022 年 12 月 30 日东方财富市值），将其与企业市值对比可以发现 DEVA 估值结果误差率为 7%，相当接近于市场价格，十分具有参考意义。

根据东方财富 2022 年年报可知（如表 2 所示），分行业可将东方财富主营业务收入分为证券业、信息技术服务业和其他，分别占比 62.93%、37.02% 以及 0.05%，证券业是企业为用户提供的证券、经纪服务等，通过收取佣金获得收入，其中融资融券利息收入为 30.67 亿元。融资融券主要依靠数据资产对客户的消费喜好以及收入规模等进行划分，对应的客户使用不同的利率，达到吸引客户进行借贷资金的目的，并获得利息。因此，将其获得的营业收入看作数据资产为其带来的收入，为 30.67 亿元。而信息技术服务业是通过为用户提供一系列金融数据信息，用于帮助用户更好的决策和购买，也作为数据资产带来的收益。所以认为东方财富的数据资产带来的收入为 76.89 亿元，占营业总收入的 61.58%，因此将其作为数据资产在企业市场价值中的占比。

$$数据资产在企业市场价值的占比 = \frac{数据资产带来的总收入}{2022 年营业总收入}$$
$$= 76.89/124.86 = 61.58\% \qquad (4)$$

表 2   东方财富年报指标   金额单位：亿元

项目	2022 年		2021 年		同比增减
	金额	占营业总收入比重	金额	占营业总收入比重	
营业总收入合计	124.86	100%	130.94	100%	-4.65%
分行业					
证券业	78.57	62.93%	76.87	58.7%	2.21%
信息技术服务业	46.22	37.02%	53.97	41.21%	-14.35%
其他	0.07	0.05%	0.11	0.09%	-38.65%

资料来源：东方财富 2022 年财报。

由此可知，2022 年企业数据资产市值 = 2022 年企业市值 × 数据资产占比 = 2563.55 × 61.58% = 1578.63（亿元）   (5)

改进后的 DEVA 模型下东方财富数据资产价值 = 企业价值 × 数据资产占比 = $2372.6 \times 61.58\% = 1461.05$（亿元）　　　　　　　　　（6）

表 3　　　　　　　　**基于 DEVA 模型对企业估值结果**　　　　　　单位：亿元

项目	数值	差异率
2022 年企业市值	2563.55	
2022 年企业数据资产市值	1578.63	
改进后的 DEVA 模型估值	2372.6	7%
改进后的 DEVA 模型下的数据资产	1461.05	7%

由评估结果表 3 可知，修正后的 DEVA 模型评估的数据资产价值与市值下的数据资产价值差异率为 7%。

（三）基于市场需求对评估结果的修正

通过分析东方财富的生命周期，可以发现东方财富已经度过初创期和高速成长期，目前正处于稳健成长中。因此，对于东方财富而言未来的收益率应处于平稳阶段。在此基础上东方财富借助数据资产提升自身竞争力水平，开发新产品，从不同角度满足不同客户需求，为高端客户提供差异化服务，提高客户对公司的服务体验。从而建立一个更加高效的服务流程和更高质量的服务标准。这一定程度上带来更多的用户需求、创造更多的价值。因此，可以认为东方财富的净利润增长是通过数据资产进一步满足用户需求，提升用户黏性从而创造的利润，也应该作为当下数据资产的价值。

所以本文利用东方财富数据资产未来可以创造的利润率进行修正。根据同花顺网可知，2022 年 11 月 ~ 2023 年 4 月，共有 37 家机构对东方财富的 2023 年度业绩作出预测；根据 2022 年东方财富 85.09 亿元的年净利润，预测 2023 年净利润为 105.05 亿元，较 2021 年同比增长 23.45%（由表 4、图 1 可知）。由前文可知，东方财富的利润主要由证券服务、金融电子商务服务、金融数据服务、互联网广告服务组成，数据资产占 61.58%，因此认为预测的每年净利润增长率中有 7.45% 属于数据资产未来可以创造的价值。

表 4　　　　　　　　**同花顺网预测东方财富净利润值**

年度	预测机构数	最小值	均值	最大值	行业平均值
2023	37	90.29	105.05	129.50	89.39
2024	35	101.15	123.28	149.83	102.44
2025	27	118.36	142.73	167.75	128.20

资料来源：同花顺网。

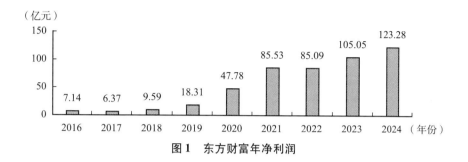

（亿元）

图 1　东方财富年净利润

2022～2023 年数据资产增长：105.05 － 85.09 = 20.16（亿元）
2023～2024 年数据资产增长：123.28 － 105.05 = 18.23（亿元）
均值：（20.16 + 18.23）/2 = 19.2（亿元）
数据资产修正价值：1461.05 + 19.2 = 1480.24（亿元）

（四）评估结果分析

综上所述，东方财富数据资产修正后的价值为 1480.24 亿元，占到企业市值的 57.74%。相比于修正前数据资产的评估价值 1461.05 亿元，基于市场需求进行修正后的结果进一步减小差异值。评估结果说明不仅说明东方财富在运营过程中数据资产必不可少，还表现出数据资产在互联网金融企业中与各项业务、资产不可分割。也进一步说明对于该互联网金融企业而言，市场需求影响着数据资产在企业中的作用，只有当需求呈上升趋势或达到一定量时，才会影响企业净利润值进一步增长，从而增加其拥有的数据资产价值。此外，对于企业数据资产价值的低估，可以从三方面进行解释。第一，近两年受疫情的影响，国内外经济形势持续低迷，加剧宏观经济下行压力，或导致资本市场短期震荡，交易活跃度与风险偏好下降，证券公司经纪业务、权益投资与信用业务承压，从而导致东方财富 2022 年的评估价值偏低。第二，东方财富作为互联网金融企业，往往会支付较高的成本获取更多的用户和更大的市场份额。且东方财富的市值是根据其发展前景和市场地位等一系列因素共同得到的，而本文企业数据资产价值评估是基于东方财富 2022 的总营收和 2022 年月度覆盖数这个已有数据决定。因此，用现在东方财富的财报数据计算其市值存在一定的局限性。第三，信息传递会存在一定的滞后性，这是因为实际的股价在社会和心理因素的作用下反应速度会慢于价值核心因素影响企业内在价值的速度。

五、结　　论

数字经济飞速发展，数字技术越来越重要，企业也逐渐认识到数据资产对于提升自身综合竞争力的重要性。因此，数据资产的强大影响着企业的整体价值，迫使我们探寻评估企业数据资产的新方法。然而，成本法、市场法等传统方法在新的领域存在一定的局限性。所以，本文数据资产价值评估的方法进行探索，利用修正后的 DEVA 模型得出以下结论：

首先，本文在修正 DEVA 模型时充分考虑用户价值，通过用户为企业带来的价值出发，引入数据资产的市场需求，进一步对企业数据资产价值进行修正，从而量化互联网金融企业的用户价值。对于互联网金融企业的数据资产而言，用户价值有着重要的地位。因为数据资产大部分源于用户行为，企业需要挖掘和利用这些数据，提高用户对软件和网页的黏性，同时根据客户的不同需求偏好，推送其感兴趣和有需要的信息。因此，在评估企业数据资产价值时，需要考虑用户能带来的价值。

其次，东方财富是以用户需求为主的证券企业。只有当其数值被用户所需要时，才能最大限度地发挥其拥有的数据资产的价值。当数据收到数据市场潜在需者的关注时，需求者就会浏览该信息。随着关注度不断提高，该项数据资产的价值由于带来更多的用户数也相应提高。

最后，东方财富作为目前具有很高发展前景的互联网金融行业，评估该企业的数据资产价值，能进一步证明数据资产对于各证券公司的重要性，为各证券公司提供一定的借鉴。

参 考 文 献

［1］龚子浩．基于多期超额收益法的互联网金融企业数据资产价值评估［D］．南昌：江西财经大学，2023．

［2］江畅．基于东方财富的互联网金融企业估值研究［D］．南京：南京大学，2021．

［3］嵇尚洲，沈诗韵．基于情景法的互联网企业数据资产价值评估——以东方财富为例［J］．中国资产评估，2022，263（02）：29－38．

［4］李佳妹．互联网企业数据资产价值评估研究——以哔哩哔哩为例［J］．现代营销（上旬刊），2022，781（09）：151－153．

［5］席子钧．互联网视频平台价值评估研究［D］．武汉：中南财经政法大学，2020．

［6］袁林昊，刘春学，徐雪莲，等．社交媒体类企业数据资产评估探究——以新浪微博为例［J］．中国资产评估，2022，267（06）：27－35，45．

［7］杨凯．企业数据资产价值评估方法研究［J］．中国管理信息化，2022，25（23）：88－91．

［8］中国互联网证券行业走向成熟［J］．财富时代，2020，186（11）：5－6．

［9］张亚萌．张亚萌，张波．基于修正 DEVA 模型的公司价值评估案例研究［J］．商业会计，2023，745（01）：29－33．

［10］张琦雨．修正 DEVA 模型在短视频企业价值评估中的应用研究［D］．石家庄：河北经贸大学，2022．

数字化转型、绿色技术
创新与企业价值提升

花润恒　郑小菁　孙　晶[*]

内容提要：由于数字经济的迅猛发展，以物联网、人工智能等为代表的先进数字信息技术引领了企业进行数字化转型的浪潮，企业的数字化转型成为现代企业战略转型的核心和主要路径，在数字经济的背景下，数字化转型可以做到将数字经济与实体经济有效融合，从而提升企业的竞争力，促进企业价值的增加，推动企业高质量发展，本文将基于绿色技术创新的中介效应研究数字化转型是如何提升工业企业价值的，探究数字化转型如何凭借对企业内部控制和劳动生产率的影响来推动绿色技术创新，通过运用基准回归、中介效应模型等来分析数字化转型如何促进绿色技术创新赋能企业创造价值，结果表明企业价值确实会因数字化转型和绿色技术创新获得一定程度的增加。

一、引　　言

2017 年，政府工作报告提出"促进数字经济，加快其增长速度"的要求；2018 年，我国开始扶持并推动 5G 网络、数据中心等新型数字化基础设施建设；2019 年，政府再次提及壮大数字经济；2020 年，党的十九届五中全会要求"坚定不移建设数字强国，推进产业基础高级化、产业链现代化，加快数字化发展"；2022 年，中国信息通信研究院在《中国数字经济发展报告》中指出：深化数字化转型升级是做强我国经济的关键举措。可见，数字化转型对于企业而言不仅仅是一种技术需要，更是企业适应时代要求，把握机遇迎接挑战，实现可持续发展的必要战略和转型方向。然而数字经济固然给企业带来多种优势，但要数字技术和实体产业完美的融合发挥作用，最终成功数字化转型仍然存在种种困难，毕竟中国截至 2023 年仅有 20% 企业完成了数字化转型。另外，走绿色低碳高质量发展之路是中国积极参与全球环境治理的重要体现，是实现"双碳"目标、推动降碳减污协同增效和建设美丽中

---

* 花润恒，内蒙古财经大学财政税务学院，硕士研究生，研究方向：资产评估；郑小菁，内蒙古财经大学财政税务学院，硕士研究生，研究方向：资产评估；孙晶，内蒙古财经大学财政税务学院，副教授，研究方向：企业价值评估。

国的战略之举。党的二十大也提出，推动经济社会发展绿色化、低碳化是实现高质量发展的关键环节，绿色技术创新是可持续发展的必然选择。这对于企业而言，就要积极响应国家号召，做到减少碳排放降低污染。

那么数字化转型和绿色发展能否同时进行，甚至是相辅相成呢。本文通过相关性分析、中介效应分析等对数字化转型和绿色技术创新在哪些方面影响企业价值，如何对企业价值产生何种影响展开论述，研究发现数字化转型对企业价值会产生正向影响，同时绿色技术创新在此过程中会起到中介作用。希望通过本文可以让更多企业意识到绿色技术创新的重要性并且为何数字化转型程度需要与企业实际情况适配，哪些企业应该大力发展数字化，数字化转型后的企业从哪些方面提升企业价值的。

下述内容是本文将对企业如何通过数字化转型来推动中国 A 股上市公司的绿色技术创新，企业绿色技术创新又能否实现降碳、减污、扩绿、增长，实现摆脱经济困境、应对环境危机和增加企业价值的目的展开研究。

二、文献综述和研究假设

（一）文献综述

随着互联网的普及和信息技术的突破，企业可利用5G 通信、人工智能、大数据、物联网、区块链等技术与企业的生产服务相结合从而实现数字化的商业模式。数据化转型到底会给企业带来什么？钱红光和邓立（2023）认为它可以将企业的业务流程、组织架构进行高度地结合，以此提升生产效率、降低外部交易成本、高效地运用数据使信息系统的信息收集与高效整合能力得到提升，进而实现全生产要素生产率的提高。欧阳文杰和陆岷峰（2022）认为数字化转型让银行的小微金融服务逐步改善银行、企业之间的信息不对称，建立新的小微金融的评估指标体系，微金融供给与数据资产市场的融合。让小微企业的信贷更加便利可靠。董琪和董莉（2023）表示数字化转型使企业的生产管理向智能化、精准化、高效化，在拓宽了企业对信息处理的深度和广度，投资者对这些企业往往会有更高的预期水平，从而提升了企业的股票流动性，增加了股票交易的概率，促进企业资本市场的健康发展。以上都说明数字化转型促进了企业的数据整合能力，以便现代化生产经营的进行。

另外，数字化转型不仅对企业自身运营起到推动作用，还影响着企业各环节和企业在社会发展中的地位，刘畅和潘惠丰（2023）认为数字化转型可以通过加强媒体监督和应用仿真技术来降低企业的研发边际成本和资源消耗，缩短企业的研发周期，提高企业绿色技术创新效率。数字化转型在优化产业结构、提高生产效率、推动企业绿色发展的同时，也推动了企业内部的共同富裕。方明月（2022）对企业内部劳动收入差距展开了研究，要缩小收入差距，既要将"蛋糕做大"，也要优化企业的劳动收入分配，促进管理层和普通员工之间劳动收入差距减小。

（二）研究假设

企业创造更多价值主要围绕增强内部控制，提高管理层能力，优化企业的产品或服务，加强企业的创新和研发，尊重和理解市场规律、预测市场并做出正确决策等方式进行的。并且发现大数据为企业的管理创造了诸多优势，比如使得管理标准化，这也就意味着数字化转型可以改善企业各部门之间或部门内部因权责不明产生的无人承担责任现象，加强了内部控制。同时数字化转型可以帮助企业更精准更迅速地获取更多可用的信息，以便于减少企业相较于投资机构对信息的掌控程度之间的差距，从而缓解企业的委托代理问题、优化内部治理环境。李凡和江瑶（2023）表明数字化转型可以使企业生产向模块化、智能化方向转变，由此可以对消费者的需求、设计研发及生产制造的过程进行实时的监控，帮助企业快速应对外界变化和抓住市场机会，同时在数字化转型过程中，企业逐步形成了一种多主体价值共创的业务模式。政府、大学、研究机构、中介服务等多个方面的合作共生，为企业的创新活动提供多维的支持，利用这些资源因素，可以帮助企业对创新过程进行精确的组织与定位，进而提升创新绩效。谢贤君和郁俊莉（2023）研究表明，大数据政策的确对企业全要素生产率具有显著的正向作用，无论国有企业还是非国有企业，无论科技密集型企业还是非科技密集型企业，数字化转型不仅促进企业各环节的匹配程度，还降低资本错配和劳动力错配可能性，从而提升企业的全要素生产率。马德芳（2023）提出数字技术和企业活动融合，可以让企业运营中的各项业务以数字化的方式呈现，因此可以通过对这些数据的分析整理构建有效的预测模型，并对企业可能存在的运营风险和未来趋势进行预测，从而做出更有效的策略和决策。综上所述，得出以下假设。

假设1：企业的数字化转型可以对企业价值产生正向的影响。

企业数字化转型固然重要，但为生态文明建设而进行绿色技术创新也是不可忽视的，绿色技术创新促进经济转型升级、实现企业可持续发展的关键，不仅提高了企业的生产效率和竞争力，还起到了减少污染，保护环境的作用，由于我国低质量的高速发展导致资源急剧减少和环境生态恶化，数字化转型能否促进企业的绿色技术创新值得详细的探讨。

一方面，数字技术可以通过物联网、互联网将各种信息转为数据，这样就便于管理者或员工对生产的各个环节进行监控管理，减少不必要的资源浪费。吴传清和孟晓倩（2022）提出数字化转型促进了信息传递的效率，优化了生产、污染控制等生产要素的配置，并驱动了企业的绿色技术创新，数字化也可以推动企业、政府、大学等多方协作，提高研发效率，突破绿色技术壁垒，加快绿色科技创新。数字化转型的过程也会为企业识别和吸收有用的外部知识应用于业务终端的能力提升提供机会。根据研究发现，企业的吸收能力是产生绿色产品、服务和工作过程的重要动力，也是企业通过吸纳外部信息实现绿色生产的重要途径。刘海曼（2023）研究表明，bootstrap 检验程序证明吸收能力在数字化转型与绿色技术创新之间承担部分中介作用。数字化转型的确能够通过增强吸收能力对绿色技术创新产生积极影响。融资约束的程度强弱也会对企业绿色技术创新产生影响，而数字化转型可以明显改善企业融资难、融资贵的问题，靳毓和文雯认为企业数字化转型可以发挥"资源效应"，通过提升企业融资能力，缓解企业融资约束，从而促进绿色技术创新。

另一方面，数字化转型战略可能对绿色技术创新战略起到负向作用。当企业大力发展数字技术时，可能会将资金大量地投入到数字化转型的进程中，而绿色技术创新的研发成本和人才支出将会减少，导致对于计算机互联网等人才的投入比重大大高于创新型人才的投入。其次，如果企业的管理能力不能跟上数字化转型的战略，它的管理能力也不匹配数字化的变化，那么新的数字技术不能把企业的数据资源与业务进行更好地结合起来，这就会造成管理上的失误，在数字化转型的过程中，还会给企业的创新带来负面的影响。同样地，企业对于信息的处理能力关乎数字化转型的成功与否，王旭（2022）随着数字化转型的持续深化，企业所面临的"信息超载"问题与企业自身有限的信息处理能力之间存在着严重的冲突，并且数字物化成本对创新投入的挤出作用，将极大地限制企业向前摄型战略升级的战略意愿和战略能力，由此会造成绿色技术创新战略受到阻碍。综上所述，提出以下假设。

假设 2：数字化转型会提升或是抑制企业的绿色技术创新。

由前文的分析可知，数字化转型在企业绿色技术创新中发挥着作用，那么绿色技术创新对企业会产生什么样的影响呢。绿色技术创新对重污染类企业全要素生产率的促进作用，姬新龙（2023）分析得出随着绿色技术创新水平的提升，更多绿色专利、绿色技术得以产出，这样做就更符合市场观念，符合民众的倾向，提高企业信誉度，可以更好地占据市场份额，提高企业运营收益，从而提升全要素生产率。近年来，碳减排碳中和成为企业绿色发展的一项必然要求，碳税费、碳排放权费用、污染损害费用等都影响到企业的价值，而绿色技术创新缓解了企业对环境的有害影响，这样不仅让客户和投资者对企业的认同感更强，也进一步提升了企业的竞争力。"波特假说"指出企业能用创新收益来弥补遵循环境规制所带来的成本，从而助力企业实现环境责任履行与生存发展的两全局面，可见绿色技术创新对企业发展的重要性。综上所述，得出以下假设。

假设 3：绿色技术创新在数字化转型对企业价值产生影响的过程中起着中介作用。

三、研 究 设 计

（一）样本选择与数据来源

本文以中国 A 股上市公司企业为研究对象，选取 2001～2021 年企业的基本信息和主要财务数据作为研究样本。这些数据来自国泰安（CSMAR）数据库、万得（WIND）数据库，国家专利产权局（SIPO）以及各上市公司年报，并且参照多数文献使用上市公司数据的惯例，剔除了特定条件下的特别转让（PT）公司和经营状况异常（ST）公司。在本文中，对于这些数据还要进行以下处理，首先，剔除计算机、通信和其他电子设备制造有关的企业，因为考虑这些企业的业务通常与数字技术有关，公司年报中有关数字化转型的术语词汇可能偏多，导致企业数字化转型程度与实际发展趋势不符，从而影响研究结果，所以将其排除在外。其次，数据异常的公司以及相关数据缺失的公司也不作为研究对象。最后，对连续变量的上下 1% 进行缩尾处理，以缓解极端值的影响，共得出 4430 家企业作为研究对象，样本数据总计 43630 组。

（二）变量定义

（1）解释变量：数字化转型，主要使用文本分析法，通过借鉴参考吴非等（2021）提出的关键词频文本分析方法，通过 Python 的爬虫功能抓取 2001～2021 年 A 股上市公司财报中与数字技术相关词汇，同时去除语气助词、副词、介词等停用词，以人工智能技术、区块链结束、云计算技术及大数据为四个方向作为特征词的选取标准，构建数字化转型关键词词典，对每一个导向内的单个词频进行统计，并将每个词频相加得到数字化转型的总词数，最终将各公司年报中的总词频加 1 并取自然对数即可得数字化转型指标。

（2）被解释变量：企业价值，托宾 Q 值是指市场价值与其重置价值之比，企业资产的市场价值，即其在股票市场上的价值，企业资产的重置成本，即其股票所代表的资产在当前生产或重新购置的成本，也就是企业追加资本的成本，因此托宾 Q 值能直观体现企业的财务和经营状况，即能反映负债又能反映权益，因此出于准确性和科学性的考虑，将托宾 Q 值作为衡量企业价值的变量。

（3）控制变量：本文将企业规模、总资产净利润率、资产负债率、营运资金、股权集中度选作控制变量。

　　企业规模：企业规模越大往往越能吸引投资者和客户的青睐，其大小也能反映其掌握的人才、生产资料、资金等资源的多少，而资源越集中的企业，其价值也就越大，因而企业规模会对企业价值产生影响。本文选取样本中的上市企业的总资产的自然对数来衡量。

　　资产负债率：负债总额与资产总额的比例关系，企业的资产负债率可以在一定程度上表明其偿债能力，其数值越高低，表明企业面临的偿债压力的大小，从而对企业价值产生影响，本文以企业负债与总额资产总额的比例表示。

　　营运资金：表示企业在经营中可供运用、周转的流动资金净额，营运资金越多，说明不能偿还的风险越，净营运资金的多少可以反映偿还短期债务的能力，从而影响企业价值。本文以流动资产减去流动负债表示，并且数字过大同样计算其自然对数表示。

　　股权集中度：全部股东因持股比例的不同所表现出来的股权集中还是股权分散的数量化指标，股权集中度是衡量公司的股权分布状态的主要指标，对托宾 Q 值的影响较为显著，进而影响企业价值。本文将企业前五大股东的持股比例作为衡量指标。

　　总资产净利润率；该指标指经营所得的净利润占销货净额的百分比，或占投入资本额的百分比，可以综合反映一个企业或一个行业的经营效率，从而对投资者、经营者等人的决策产生影响进而影响企业价值。

　　（4）中介变量：绿色技术创新，罗地珍（2022）考虑外观设计型是指对产品外形、图案的设计，并不涉及创新，并且绿色专利能直观反映绿色技术创新的产出能力，因此，本文对绿色技术创新的衡量只考虑绿色发明和绿色实用新型数据，所以以当年独立申请的绿色发明数量、独立申请的绿色实用新型数量、联合申请的绿色发明数量、联合申请的绿色实用新型数量之和表示绿色技术创新的数量。变量具体定义见表1。

表 1　　　　　　　　　　　　　　　变量定义

变量类型	变量名称	符号	变量定义
解释变量	数字化转型	Digital	年报中数字化词频
被解释变量	企业价值	EV	企业的托宾 Q 值
控制变量	企业规模	Size	企业总资产的自然对数
	资产负债率	Lev	总负债/总资产
	营运资金	WK	$\ln[($流动资产 $-$ 流动负债$)+1]$
	股权集中度	MV	企业前五大股东的持股比例
	总资产净利润率	ROA	净利润/总资产
中介变量	绿色技术创新	Green	当年绿色发明专利和绿色实用新型数量

（三）建立模型

基于研究假设和分析，本文先运用基准回归来研究数字化转型对于企业价值的影响，设定基准回归模型为以下形式：

$$EV_{it} = \beta_0 + \beta_1 Digital_{it} + \sum Controls_{it} + Year_t + Industry_i + \theta_i^1 + \varepsilon_{it}$$

（1）

为了探究绿色技术创新起到什么样的中介作用，接着便采用了中介效应模型，该模型主要应用于当自变量 X 对因变量 Y 的影响时，X 是通过影响变量 Z 来影响 Y，因此，为了验证数字化转型是否能以绿色技术创新为中介对企业价值产生影响，选择中介效应模型进行分析，本文中介效应模型构建如下：

$$Green_{it} = \alpha_0 + \alpha_1 Digital_{it} + \sum Controls_{it} + Year_t + Industry_i + \theta_i^2 + \varepsilon_{it}$$

（2）

$$EV_{it} = \gamma_0 + \gamma_1 Digital_{it} + \gamma_2 Green_{it} + \sum Controls_{it} + Year_t \\ + Industry_i + \theta_i^2 + \varepsilon_{it}$$

（3）

式（1）、式（2）、式（3）中，β_0、α_0、γ_0 为截距项，可以帮助调整预测结果的基准值；β_1、α_n、γ_n 为估计系数；$Controls_{it}$ 为控制变量；$Year_t$ 为年份控制效应；$Industry_i$ 为行业控制效应；θ_i^1、θ_i^2 代表企业个体的固定效应；ε_{it} 为随机扰动项；i 和 t 分别表示企业和年份。

四、实 证 分 析

（一）描述性统计

表 2 所示是主要的变量描述性统计的结果，由于企业在 2000 年逐步扩大，并在后期规模攀升，到 2010 年后才进入爆发与自主创新阶段，因此仅选择 2010～2021 年有效的 32641 组企业数据进行描述性统计，同时对数值较大的总资产和营运资金取其自然对数进行处理。由该表可知，数字化转型的指标最小为 0，而最大是 4403，标准差高达 259.4，说明了不同企业之间数字化转型程度差异明显，均值仅为 146.23 与最大值的距离较大，反映出整体的企业数字化程度水平不高。企业价值以托宾 Q 来衡量，最小值小于 1 说明有的企业资本投资是非盈利的，标准差较小可以看出 A 股上市企业业绩表现差异不太大。控制变量方面，企业规模均值为 23.89，说明大部分企业的规模都较大，此外，除了资产负债率标准差较小，其他控制变量，尤其是营运资金标准差较大，可见各个企业运营能力和偿债能力有明显不同。

表 2   主要变量的描述性统计

变量	样本量	均值	标准差	最大值	最小值
数字化转型	32641	146.23	259.4	4503	0
企业价值（托宾 Q 值）	32641	2.99	2.3	2371.27	0.54
绿色技术创新指数	32641	0.87	1.0	7.36	0
资产负债率	32641	0.43	0.3	28.55	0.008
营运资金	32641	20.93	23.4	26.81	3.29
股权集中度	32641	54.41	15.8	99.23	2.98
企业规模	32641	23.89	1.34	30.73	13.76
总资产净利润率	32641	0.04	0.15	22.01	-29.61

（二）相关性分析

对控制变量与分析变量之间的相关性进行检验来确定所选择的控制变量是否真正对因变量造成影响。如表 3 所示，可以看出每个控制变量对于分析变量的影响都是比较显著的。

表 3   分析项分析控制变量相关分析结果

变量	数字化转型	绿色技术创新	托宾 Q 值
资产负债率	-0.010*	-0.002	0.207**
营运资金	0.014**	0.052**	-0.001
股权集中度	-0.022**	0.020**	-0.006
企业规模	0.014**	0.430**	-0.046**
总资产净利润率	0.002	0.004	-0.082**

注：**、*分别表示5%、10%的显著性水平。

同时也对自变量、因变量、中介变量之间的相关性进行两两检验。如表4所示，可以明显地看出数字化转型对于绿色技术创新和企业价值有着显著的正向影响。其中，数字化转型与绿色技术创新之间的相关性为0.136，回归系数在5%水平以下通过显著性检验。由此可以初步验证假设1和假设2，数字化转型和绿色技术创新都对企业价值有着正向的影响，但是绿色技术创新的正向影响很小且显著度不高。数字化转型对绿色创新产并未产生抑制的影响，其原因可能是所选择的企业过于宽泛，没有进行针对性分析，也许对于特定类型的企业，数字化转型确实对绿色技术创新存在抑制作用。

表4　　　　　　　　　　　　分析变量偏相关结果

变量	平均值	标准差	数字化转型	绿色技术创新	托宾 Q 值
数字化转型	121. 45	258. 85	1		
绿色技术创新	0. 72	1. 12	0. 136 **	1	
托宾 Q 值	4. 07	245. 34	0. 012 *	0. 010 *	1

注： **﹑* 分别表示5% ﹑10% 的显著性水平。

（三）中介效应分析

为验证本文的中介效应，构建的中介效应模型如式（2）、式（3），中介作用的结果如表5所示。

表5　　　　　　　　　　　　中介效应结果

项目	c	a	b	d	d（BootSE）	d（p 值）	d（95% BootCI）	c′	检验结论
数字化转型→绿色技术创新指数→企业价值	0. 010 *	0. 001 **	1. 865 *	0. 1865	0. 001	0. 334	0. 000 ~ 0. 004	0. 009 *	部分中介

注： **﹑* 分别表示5% ﹑10% 的显著性水平。

数字化转型对于企业价值的直接影响表示总效应 c，其回归系数为 0.010；中介效应 d 为数字化转型对绿色技术创新回归系数 a 与绿色技术创新对企业价值回归系数 b 的乘积；直接效应 c′ 表示存在中介变量时数字化转型对于企业价值的影响，由于 d 的 95% 置信区间不包括数字 0，a、b 和 c′ 显著且 d 与 c′ 是同号，则检验结果为部分中介。这就说明中国 A 股上市公司中有一部分企业的数字化转型直接对企业价值产生影响，而一部分则需要中介变量去影响。结果表明，存在绿色技术创新这一中介变量时，数字化转型确实有着显著的正向影响，所以假设 4 得以验证，但是结果显示的影响较小且显著性较低，可能是所有 A 股上市公司对于绿色技术创新的反应程度不相同。因此，还对于 A 股中高污染企业进行了针对性的分析，中介效应结果如表6所示，此时中介变量绿色技术创新发挥的中介效应更明显，并且对于企业价值的影响更大更显著。

表6　　　　　　　　　　　高污染企业中介效应结果

变量	托宾 Q 值	绿色技术创新	托宾 Q 值
常数	159. 030 ** (8. 042)	− 7. 135 ** （− 88. 510）	184. 082 ** (8. 535)
股权集中度	0. 049 (0. 616)	− 0. 003 ** （− 9. 318）	0. 060 (0. 749)

续表

变量	托宾 Q 值	绿色技术创新	托宾 Q 值
营运资金	0.000 (0.742)	0.000 (0.888)	0.000 (0.729)
资产负债率	11.870 ** (43.520)	0.004 ** (3.554)	11.856 ** (43.466)
企业规模	-7.430 ** (-8.222)	0.362 ** (98.212)	-8.701 ** (-8.669)
数字化转型	0.001 (0.122)	0.001 ** (28.222)	0.001 (0.280)
绿色技术创新			3.511 ** (2.908)
样本量	41284	41284	41284
R^2	0.046	0.204	0.046
调整 R^2	0.046	0.204	0.046
F 值	$F_{(5, 41278)}$ = 398.021,p = 0.000	$F_{(5, 41278)}$ = 2121.740,p = 0.000	$F_{(6, 41277)}$ = 333.154,p = 0.000

注：**、* 分别表示 5%、10% 的显著性水平。

（四）稳健性检验

为了验证实验结果的稳健性，确保以上所述可靠，本文采用替换变量的方式进行检验参照李志红（2023）的做法，设置企业数字化转型为虚拟变量。由于数字化转型是 2012 年左右开始，将进行数字化转型的企业设为 1，为进行数字化转型的企业设为 0。稳健性检验结果如表 7 所示，虽然结果的数值有差异，但仍表明结果是稳健的。

表 7　　　　　　　　　　稳健性检验结果

变量	回归系数 Coef	标准误 Std. Err	t	p	95% CI
常数	105.629	18.375	5.749	0.000 **	69.615 ~ 141.642
总资产净利润率	31.605	0.347	91.186	0.000 **	30.925 ~ 32.284
资产负债率	81.664	0.807	101.242	0.000 **	80.083 ~ 83.245
营运资金	0.000	0.000	1.045	0.296	-0.000 ~ 0.000
企业规模	-6.984	0.856	-8.154	0.000 **	-8.663 ~ -5.305
数字化转型	6.526	2.701	2.416	0.016 *	1.231 ~ 11.820
绿色技术创新	1.821	1.050	2.134	0.031 *	0.237 ~ 3.879

续表

变量	回归系数 Coef	标准误 Std. Err	t	p	95% CI
股权集中度	0.179	0.068	2.618	0.009 **	0.045 ~ 0.313
R^2	0.197				
调整 R^2	0.197				
F	$F(7, 43622) = 1533.460, p = 0.000$				
D - W 值	1.809				

注：** 、* 分别表示 5%、10% 的显著性水平。

(五) 异质性检验

由于企业所处的行业、所拥有的资源、产业结构各不相同，因此每个企业数字化转型的程度在资本、技术、人才等差异的作用下存在较为明显的区别。为进一步探索数字化转型对于不同的企业的绿色技术创新和价值的影响，将研究样本大致分为劳动密集型、资本密集型、技术密集型三种不同类型和国有企业、非国有企业进行分析。

结果见表8、表9，可以看出，绿色技术创新指数对于各类型企业的影响都比较显著，尤其是劳动密集型企业，究其原因可能是该类型企业主要从事纺织业、建筑业、金属制品等行业，所以往往产生的废水废料较多，容易造成严重污染。当绿色技术创新水平提升时，对其可持续发展有着显著的促进作用。另外，数字化转型对技术密集型企业影响不显著可能是因为这类企业数字技术往往比其他企业先进，数字化转型程度对其影响便很小。

表8　　　　　　　　　　企业类型异质性检验

变量	整体	劳动密集型	技术密集型	资金密集型
常数	21.917 ** (3096.386)	21.771 ** (262.400)	21.896 ** (2974.562)	22.099 ** (872.281)
绿色技术创新	0.010 ** (59.973)	0.034 ** (7.379)	0.012 ** (52.761)	0.008 ** (27.527)
数字化转型	0.001 ** (3.292)	0.002 ** (2.784)	0.001 (0.934)	0.001 ** (4.022)
样本量	42824	499	37908	4417
R^2	0.078	0.125	0.069	0.150
调整 R^2	0.078	0.122	0.069	0.150
F 值	$F(2, 42821) =$ $1801.422, p = 0.000$	$F(2, 496) =$ $35.517, p = 0.000$	$F(2, 37905) =$ $1398.966, p = 0.000$	$F(2, 4414) =$ $390.561, p = 0.000$

注：** 、* 分别表示 5%、10% 的显著性水平。

表 9　　　　　　　　　　产权性质异质性检验

国有企业中介效应结果				非国有企业中介效应结果			
变量	托宾 Q 值 C	绿色技术创新	托宾 Q 值 C	变量	托宾 Q 值 C	绿色技术创新	托宾 Q 值 C
常数	12.024 ** (63.242)	-214.700 ** (-39.771)	12.401 ** (62.636)	常数	15.591 ** (13.410)	-73.088 ** (-12.045)	15.325 ** (12.917)
总资产净利润率	1.546 ** (11.543)	-8.615 * (-2.266)	1.561 ** (11.668)	总资产净利润率	5.285 ** (8.446)	0.955 (0.292)	5.288 ** (8.451)
资产负债率	0.729 ** (13.941)	-2.486 (-1.675)	0.733 ** (14.040)	资产负债率	-1.057 ** (-4.089)	3.240 * (2.402)	-1.045 ** (-4.040)
营运资金	0.000 ** (4.883)	0.000 (0.225)	0.000 ** (4.878)	营运资金	0.000 ** (9.069)	0.000 ** (3.484)	0.000 ** (9.120)
股权集中度	0.007 ** (7.610)	0.080 ** (3.278)	0.006 ** (7.454)	股权集中度	0.011 ** (3.708)	-0.016 (-1.042)	0.011 ** (3.688)
企业规模	-0.483 ** (-52.822)	9.771 ** (37.658)	-0.500 ** (-52.746)	企业规模	-0.617 ** (-11.039)	3.504 ** (12.018)	-0.604 ** (-10.594)
数字化转型	0.001 ** (13.527)	0.013 ** (6.024)	0.001 ** (13.230)	数字化转型	0.001 ** (6.810)	0.000 (0.292)	0.001 ** (6.816)
绿色技术创新			0.002 ** (6.725)	绿色技术创新			0.004 * (2.318)
样本量	18205	18205	18205	样本量	20957	20957	20957
R^2	0.140	0.092	0.142	R^2	0.136	0.095	0.136
调整 R^2	0.140	0.091	0.142	调整 R^2	0.135	0.094	0.135
F 值	$F_{(6, 18198)}$ = 493.609, p = 0.000	$F_{(6, 18198)}$ = 305.551, p = 0.000	$F_{(7, 18197)}$ = 430.581, p = 0.000	F 值	$F_{(6, 3490)}$ = 91.656, p = 0.000	$F_{(6, 3490)}$ = 61.302, p = 0.000	$F_{(7, 3489)}$ = 78.747, p = 0.000

注：**、* 分别表示 5%、10% 的显著性水平。

同时根据表 9 看出无论是国有企业还是非国有企业，本文的假设都得以验证，并且数字化转型通过中介对企业价值产生的影响基本相同。

五、结论和建议

（一）结论

根据上述 2001～2021 年中国 A 股上市公司的数据和所建立模型的结果，

研究分析出了数字化转型对于企业价值会产生正向的影响并且绿色技术创新在其中起到部分中介作用，企业进行数字化转型的目的是提高企业生产管理效率、提升企业竞争力并创造企业价值，在这个过程中企业的创新能力和吸收能力都得到了增强，绿色技术创新的发展也会受之影响，因此企业的数字化转型会在推动绿色技术创新的同时影响企业的价值。另外，结果说明绿色技术创新并不是完全中介效应，可见虽然数字化转型确实通过绿色技术创新这条路径对企业价值产生影响，但是还有多种中介变量可以发挥上述影响，如朱晓芳（2023）提出的消费升级，王保忠和杨晓璐等（2023）提出的组织韧性和财务柔性等。

数字化转型虽然对大多数企业而言是利大于弊，数字化转型具有生产效率，可以提高生产率减少生产成本，也能提升企业的信息传播效率，促进了企业间信息的相互流通，但是倘若没有根据企业自身实际情况采取合适的方法，反而会造成资源的浪费和企业经营管理效率的下降，因此希望可以借助上述研究和建议为企业提升托宾 Q 值和企业价值提供一些可行的路径，切忌"穿新鞋走老路"，虽然积极推动数字化转型，但仅在某些部门或环节进行改革，但企业整体数字化水平仍处于落后阶段，对企业价值没有明显提升甚至会起到负面影响。另外，数字化转型资金高周期长，异质性分析中也表明了并非所有企业都应该大力发展数字化，防止企业不仅达不到预期效果，还会面临融资压力和其他不确定性风险，所以每个企业都应对企业自身类型和发展战略进行细致地评估和分析再进行数字化转型，才能更好地推动企业健康稳定的发展。

（二）建议

为了提升企业价值，根据以上研究提出以下几点建议。

1. 采取前瞻性举措

各个行业数字化转型程度差异较大，企业在进行数字化转型时，管理层应该结合实际情况和外部条件选择适合公司发展的战略，在数字化转型未能给企业带来效益时，要不断分析改善数字化转型途径，深化数字赋能。

2. 加大投资研发力度

培养数字技术人才和开展员工数字技术培训，丰富企业人员相关知识促进数字化转型效率，也便于日后数字化与各部门各业务的匹配，提升全要素生产率。

3. 提高绿色技术创新能力

基于绿色技术创新在数字化转型提升企业价值过程的中介效应，企业因加强数字技术与人工智能、大数据、5G 通信和云计算等融合构建智能生产、智能管理系统以刺激绿色技术创新的协调性和可持续性，推动企业的高质量发展。

4. 根据不同密集型企业实施不同策略

针对不同密集型企业的数字化转型，企业要聚焦于自身的特征来引导，比如，劳动密集型企业应该重视物联网与数字技术的集合，更好地对生产、管理、销售过程开展监督从而及时根据消费者的行为做出反应也能完善产业链；资本密集型企业应鼓励领导员工对数字技术的学习，通过数字化来管理、组织和领导变革并改善城市环境及河流污染，促进资源高效利用以节约资本；技术密集型企业在生产结构中，技术知识所占比重大，劳动者文化技术水平高，这些都是数字化转型的巨大优势，所以应充分利用数据资产，推动技术内化，释放企业数字生产力。

5. 政府加强政策引导

政府和相关部门方面，关键就是要为数字化转型企业提供数字基础设施建设和正向的政策引导，要考虑细化财政政策，对处于不同转型阶段的企业提供其所需要的个性化服务，鼓励不同领域、类型的企业相互合作，共同克服转型路上的困难和问题。

参 考 文 献

[1] 陈旭，江瑶，熊焰. 数字化转型对企业绩效的影响机制和路径研究 [J]. 经济体制改革，2023（02）：112 - 120.

[2] 董琪；董莉. 数字化转型、内部控制与股票流动性 [J]. 统计与决策，2023，39（19）：153 - 158.

[3] 方明月，林佳妮，聂辉华. 数字化转型是否促进了企业内共同富裕？——来自中国 A 股上市公司的证据 [J]. 数量经济技术经济研究，2022，39（11）：50 - 70.

[4] 姬新龙，董木兰. 绿色创新、股权结构与重污染企业全要素生产率 [J]. 统计与决策，2023，39（21）：164 - 168.

[5] 姜广省，卢建词. 逻辑兼容性：绿色投资者、环境规制与企业绿色创新 [J]. 经济管理，2023，45（09）：68 - 87.

[6] 靳毓，文雯，何茵. 数字化转型对企业绿色创新的影响——基于中国制造业上市公司的经验证据 [J]. 财贸研究，2022，33（07）：69 - 83.

[7] 李凡；江瑶；陈旭. 企业家精神、数字化转型与创新绩效——基于有调节的中介效应分析 [J/OL]. 科学与管理，1 - 16 [2023 - 11 - 25]

[8] 李志红. 数字化转型对提升企业价值的影响与传导路径研究 [J]. 经济问题，2023（11）：25 - 32.

[9] 刘飞，田高良. 信息技术是否替代了就业——基于中国上市公司的证据 [J]. 财

经科学，2019（07）：95 – 107.

　　［10］马德芳，李良伟，王梦凯 . 数字化转型的治理效应——基于企业信息披露违规的视角［J］. 财经问题研究，2023（11）：86 – 100.

　　［11］欧阳文杰，陆岷峰 . 商业银行小微金融传统模式比较与数字化转型发展研究［J］. 金融理论与实践，2022（10）：45 – 56.

　　［12］宋德勇，朱文博，丁海 . 企业数字化能否促进绿色创新？——基于重污染行业上市公司的考察［J］. 财经研究，2022，48（04）：34 – 48.

　　［13］王保忠，杨晓璐，王译 . 企业双元创新与数字化转型——基于内部控制与财务柔性的传导机制［J］. 现代管理科学，2023（04）：153 – 162.

　　［14］王旭，张晓宁，牛月微 . "数据驱动"与"能力诅咒"：绿色创新战略升级导向下企业数字化转型的战略悖论［J］. 研究与发展管理，2022，34（04）：51 – 65.

　　［15］谢贤君，郁俊莉 . 大数据如何影响企业全要素生产率——来自《促进大数据发展行动纲要》实施的准自然试验［J］. 当代经济管理，2023，45（08）：22 – 32.

　　［16］杨菁菁，胡锦 . ESG 表现对企业绿色创新的影响［J］. 环境经济研究，2022，7（02）：66 – 88.

　　［17］杨文静，王晓琳 . 碳排放权价格对能源上市公司企业价值的影响研究［J］. 商业会计，2023（20）：30 – 34.

　　［18］余丽霞，李政翰 . 金融科技对商业银行盈利能力和经营风险的影响研究——基于文本挖掘的实证检验［J］. 金融监管研究，2023（04）：62 – 79.

　　［19］赵春明；班元浩；李宏兵；刘烨 . 企业数字化转型与劳动收入份额［J］. 财经研究，2023，49（06）：49 – 63，93.

　　［20］周雪峰，韩露，肖翔 . "双碳"目标下数字经济对企业持续绿色创新的影响——基于数字化转型的中介视角［J］. 证券市场导报，2022（11）：1 – 2.

中医药老字号品牌价值评估

——以云南白药为例*

刘　燕　秦健容

内容提要：合理评估老字号品牌价值对防止国有资产流失，保护非物质文化遗产，提升中国品牌经济具有重要作用。云南白药作为中医药领域知名的老字号品牌，对其品牌价值评估具有一定的代表性和典型性，能够反映老字号品牌价值评估过程中的实际问题。Interbrand 方法在对老字号品牌进行评估时，考虑了品牌的历史渊源、文化内涵、品牌故事等因素，可以捕捉到老字号品牌的特色价值。选用 Interbrand 法对云南白药进行评估，能够有效地通过品牌的财务表现、市场影响力以及品牌力等方面进行评估，从而客观地反映出品牌的价值和贡献。

一、引　言

品牌作为公司的无形资产，不仅是企业竞争力的体现，更是一国软实力与综合国力的体现。2023 年 10 月 7 日至 8 日，首次提出习近平文化思想，其中强调着力推动文化事业和文化产业繁荣发展、着力赓续中华文脉，推动中华优秀传统文化创造性转化和创新性发展。中华老字号品牌代表了中国传统文化的重要组成部分，并承载着丰富的历史和文化内涵，融合了中华民族的智慧和艺术精髓。中华老字号品牌不仅是中国文化的重要符号之一，也是我国对外文化输出和提升品牌竞争力的重要力量之一。中共中央、国务院发布《扩大内需战略规划纲要（2022—2035 年）》明确指出，要以"高标准、高品质、强品牌"为重点，打造中国品牌，培育和发展中华老字号和特色传统文化品牌。中华老字号不仅是中华民族的财富，也是中国品牌经济发展的重要动力。

---

　* 课题信息：（1）《OBE 背景下科研驱动教学模式在研究生课程教学中的应用研究》（gzljg2022311）重庆理工大学研究生教育教学改革研究项目；（2）《地方政府债务融资成本的影响因素研究（21SKGH175）重庆市教委人文社科一般项目；（3）《新文科背景下基于 OBE 理念的金融学课程教学改革探索与实践》（233330）重庆市高等教育教学改革研究项目一般项目；（4）《基于 OBE 理念的目标驱动式教学模式在"金融学"课程教学中的应用》（2023ZD022）重庆理工大学高等教育教学改革研究重点项目。

　** 刘燕，重庆理工大学经济金融学院，副教授，研究方向：资产定价、金融市场与金融机构；秦健容，重庆理工大学经济金融学院，硕士研究生，研究方向：知识产权评估。

中医药"以不变应万变"，具有不可低估的战略价值和实际作用。2020年9月8日，在全国抗击新冠疫情表彰大会上习近平总书记指出："中西医结合、中西药并用，是这次疫情防控的一大特点，也是中医药传承精华、守正创新的生动实践。"中医药老字号品牌价值对中医药知识产权保护、中医药文化传播起到非常重要的作用。然而诸多人们熟知的中医药老字号品牌价值被严重低估。比如近期，日本津村药业控股的平安津村出资49亿日元（约2.5亿元人民币），收购拥有115年历史的中药老字号紫光辰济药业；拥有300多年历史的中药材企业同仁堂总市值只有700多亿元，它们由于品牌形象老旧、缺乏创新和市场竞争压力等因素，使得企业市场份额逐渐下降，品牌价值被低估。

中医药老字号品牌更多传承的是其独特的产品、技艺或服务理念，之所以具有广泛的群众基础，得到社会广泛认同，正是因为其具有鲜明的中华传统优秀文化特色和深厚的历史底蕴。比如中药版酸梅汤的爆火就是最好的例证。相较于其他无形资产，中医药老字号品牌价值还应包含丰富的经济、文化价值，因此中医药老字号品牌价值的评估有利于中医药文化传播，有利于我们保护好中华民族的财富。所以本案例将估值目的为通过中医药老字号品牌价值评估，推动中医药企业加强品牌管理，提高其市场竞争力，展示出中医药老字号品牌应有的实力。

中医药老字号品牌作为公司无形资产的组成部分，对公司未来盈利产生显著影响。然而，当前对中医药老字号品牌价值评估不够客观合理，制约其品牌价值的实现，因此本案例通过云南白药品牌价值评估让市场、社会各方更深刻认识中医药老字号品牌价值所在。而品牌价值的评估方法是多样的，如何选择评估方法能更好地体现中医药老字号的品牌价值？估算模型如何选择？参数如何确定？等等一系列问题，希望通过本案例的探索，能给评估理论界和实务界一定的启示和参考。

二、案例背景介绍

（一）市场背景

云南白药（000538）是我国百年中华老字号品牌，同时也是中国中医药创新企业的代表，长期从事中医药事业，并积极推进中医药产业化、现代化和国际化进程。云南白药在中药创新研发拥有领先的行业地位和强大的市场影响力，已入选2021年全球制药企业50强（第34位），长年位居中国中医药品牌价值榜领先位置。

中医药在全球范围内都具有重要的价值和影响力。世界卫生组织统计显示，目前在全世界有40亿人使用中医药治病，占世界总人口的80%。许多国家对中国中医药的疗效、安全性和文化价值表示高度评价，越来越多的人开始选择中医药作为保健和治疗的选择。并且中药已在俄罗斯、古巴、越南、新加坡、阿联酋和菲律宾等国家以药品形式注册。随着全球老龄化趋势的加剧，老年人对中医药的青睐增加，因此，在老年医药产品市场中，中药所占地位独特。中医药市场需求不断增长，中医药市场快速发展，市场规模不断扩大，成为全球医药市场的重要组成部分。

国家工信部和统计局的数据显示，截至 2022 年中国中药市场整体规模已经接近 1 万亿元。其中，中药材市场规模达到 1916.2 亿元，中成药市场规模达到 798 亿元，中药饮片市场规模达到 1809 亿元。同时据国家中医药管理局国际合作司司长吴振斗介绍中医药已传播至 196 个国家和地区，我国与 40 余个外国政府、地区主管机构和国际组织签订了专门的中医药合作协议，开展了 30 个较高质量的中医药海外中心、75 个中医药国际合作基地、31 个国家中医药服务出口基地建设工作。随着中医药"走出去"进程加快，越来越多国家对中药的青睐程度提高，拉动我国中药的出口需求增长。

作为中国的中医药企业，云南白药专注于中草药制剂的研发、生产和销售，其产品主要以外用药为主，并在口腔保健领域有一定的市场份额，尼尔森零售研究数据表示，2023 年上半年云南白药牙膏市场份额达到 25%，继续保持行业市场第一。其产品的广泛应用和认可，进一步增强了中医药行业的声誉，推动了中医药的国内外传播与发展，巩固了中医药在现代医药市场中的地位，为中医药行业的发展作出了积极贡献。

通过对老字号品牌的价值评估，可以让更多的人了解和认识这些品牌的历史和文化价值，推动老字号品牌的传承与振兴；可以将这种无形资产转化为具体的数字，为企业的品牌价值和财务报表提供有力支持；企业可以更好地认识自己的品牌资产状况，有针对性地制定品牌发展战略、营销策略等，提升企业的品牌竞争力。

（二）政策背景

中国政府高度重视中医药事业的发展，制定了一系列有关中医药产业的政策和规划，以促进中医药事业的创新和发展。具体政策如表 1 所示。

表 1　　　　　　　　　　　中医药相关政策

发布单位	发布时间	政策名称	主要内容
中共中央	2019 年 10 月	《国务院关于促进中医药传承创新发展的意见》	传承创新发展中医药是新时代中国特色社会主义事业的重要内容，是中华民族伟大复兴的大事
中共中央	2020 年 10 月	《关于制定国民经济和社会发展第"十四"个五年规划和 2035 年远景目标的建议》	全面推进健康中国建设，大力发展中医药事业

续表

发布单位	发布时间	政策名称	主要内容
国务院	2021 年 2 月	《关于加快中医药特色发展的若干政策措施》	要增强中医药发展动力，保障落实政府投入，多方增加社会投入，加强融资渠道支持；要营造中医药发展良好环境，加强中医药知识产权保护
国家中医药管理局	2021 年 12 月	《推进中医药高质量融入共建"一带一路"发展规划（2021~2025 年)》	全面提升中医药参与"一带一路"建设质量与水平，推动构建人类卫生健康共同体
国务院	2022 年 4 月	《"十四五"国民健康规划》	明确促进中医药传承创新发展，充分发挥中医药在健康服务中的作用，夯实中医药高质量发展基础
国家中医药管理局	2022 年 11 月	《"十四五"中医药信息化发展规划》	将传承创新发展中医药定位为新时代中国特色社会主义事业的重要内容，信息化作为引领中医药传承创新发展的先导力量、重要支撑
国家药监局	2023 年 1 月	《关于进一步加强中药科学监管促进中药传承创新发展的若干措施》	重视中药上市后管理，提升中药标准管理水平，推进中药监管全球化合作
国务院	2023 年 2 月	《中医药振兴发展重大工程实施方案》	进一步提升中医药文化，中医药国际影响力

从表 1 可以看出，国家支持中医药发展，在多个政策中强调加强中医药传承与创新，支持中医药在医疗保健体系中的作用和地位，政府将通过增加投入，优化政策环境，促进中西医结合等方式，推动中医药事业持续发展。同时也鼓励建立中医药服务体系，提升中医药服务水平与质量，推动中医药在基层医疗卫生机构中的应用，促进中医药和西药结合的发展，鼓励中医药机构和人员参与国际交流与合作，政府将加强中医药国际标准制定和推广，提升中医药在国际舞台上的影响力。这些政策的提出和实施说明对中医药行业的关注已经上升到国家层面了，国家高度重视和发展中医药产业。

（三）公司简介

云南白药作为有百年历史的中华老字号品牌，是由 20 世纪 70 年代的曲焕章老先生在行医过程探索各种草药配制，研究各种草药搭配后的药效，创制出对治疗跌打损伤、内脏出血有奇特功效的药方。1993 年云南白药在深交所上市，成为云南省首家上市公司，此后，云南白药逐步发展成为云南省的优质国有资产，成为我国医药健康行业的龙头企业。

云南白药集团股份有限公司自 1993 年上市以后，顺应市场变化，制定了一系列战略，2019 年收购昆明药业，扩大公司在医药行业的影响力和市场份额；2020 年推出新产品，包括消化系统、呼吸系统和儿童健康领域的药品，丰富公司产品线；2021 年与阿里巴巴合作，探索数字化转型和智能制造领域，提高企业竞争力；2022 年推动国际化发展，与泰国政府签署合作协议，拓展东南亚市场。这些发展战略使得云南白药集团股份有限公司从一个地方性的企业飞速成长为一个全国性的企业，由医药行业的追随者成长为这个行业的标杆。

1. 业务情况

云南白药集团股份有限公司目前主营业务分别为药品、大健康、中药资源、医药商业，这四大板块为生产经营核心底座。其中四大主营业务定位情况如图 1 所示。

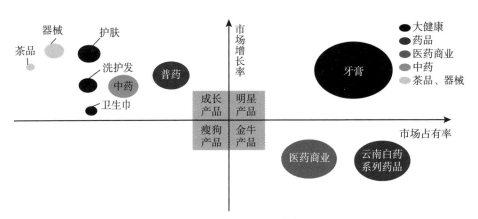

图 1　四大主营业务定位情况

从图 1 可以看出，大健康板块主要有牙膏、护肤、洗护发、卫生巾等产品，药品板块主要有云南白药系列产品和普药。云南白药 2023 年上半年财务报表展示，大健康板块营业收入实现 32.45 亿元，同比增长 0.81%；药品板块实现主营业务收入 38.52 亿元，同比增长 14.63%；中药资源板块实现对外营业收入 8.79 亿元，同比增长约 21%；医药商业板块实现主营业务收入 123.64 亿元，同比增长 13.60%。

从图 2 可以看出，"云南白药"这个老字号品牌主要应用于药品及医疗器械系列产品，其次是大健康系列产品、原生药材及养生系列产品，最后是茶品系列产品。药品及医疗器械是云南白药传统核心业务部门，为公司贡献稳定的利润和现金流来源，具有较高的市场份额，同时奠定白药的品牌基础。大健康系列主要是借助白药品牌优势，提高产品知名度。

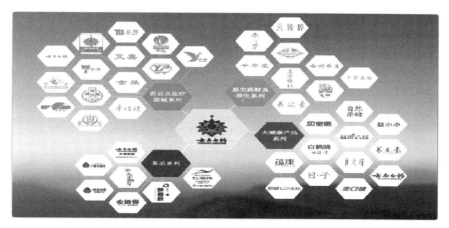

图2　云南白药主要产品板块及品牌分布

2. 财务情况

2022年财报显示，本报告期中云南白药营收净利润双双增长，应收账款高企。截至本报告期末，公司营业总收入364.88亿元，同比上升0.31%，归母净利润30.01亿元，同比上升7.0%。按单季度数据看，第四季度营业总收入95.73亿元，同比上升19.49%，第四季度归母净利润6.96亿元，同比上升96.46%。2018～2022年的财务情况如图3所示：

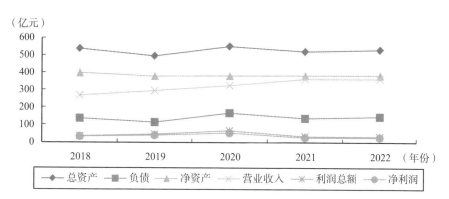

图3　云南白药财务情况

资料来源：2022年云南白药财务报表整理。

云南白药集团的偿债能力整体稳健。2022年，公司的资产负债率为27.75%，较上一年有所上升，公司的流动比率和速动比率也较高，分别为2.63和2.04，表明该公司在短期内能够通过流动性资产快速偿还短期债务，云南白药集团的短期偿债能力较强。

云南白药集团盈利能力一般。2022年，公司的毛利率为26.32%，与上一年相比略有下降，而且公司的净利率为7.78%，相对于其他行业来说偏低，说明公司在提高利率方面还有进一步的改善空间。公司的总资产收益率为 5.38%，公司的 ROE 为 7.87%，相较于行业来说偏低，表现一般，经营策略有待优化。

云南白药集团运营能力一般。2022 年，公司的库存周转率为 3.284 次，较上一年略有上升，说明能够有效地管理库存，减少滞销和过期商品的风险。但是公司的应收账款周转率为 4.196 次，相对于其他行业来说较低，而且公司的总资产周转率为 0.0.691 次，相对较低。

总体来看，其财务状况特点为：企业经营增长缓慢，效益效率一般，回报率低，偿债能力强，短期无债务风险。充分了解公司的财务情况，可以更加合理地选择评估方法，为方法的选择提供合理的财务数据。

三、评估思路与方法

（一）评估思路

品牌作为企业无形资产，对企业的利润产生至关重要的作用。品牌价值评估是需要通过系统性地分析品牌的市场地位、知名度、品牌关联度、忠诚度以及品牌对企业财务表现的影响等因素，对品牌的经济价值进行量化和评估。

品牌价值的常用方法有成本法、市场法、收益法、北京名牌资产评估事务所评估法、Interbrand 法。成本法在评估时简单易懂，但是却忽视了品牌的市场接受度，对于老字号品牌无法准确反映其积累的文化和历史价值。市场法考虑了市场对品牌的接受度和认可度，能够较好地反映品牌在市场上的真实价值，但是市场上类似老字号品牌的交易数据有限，难以找到可比数据，对于独特品牌的评估存在困难。收益法关注品牌价值的现金流，对于已经有稳定盈利能力的品牌，收益法可以较好地评估其品牌价值，但是对于品牌的非经济因素，如文化、历史等价值往往忽略，将造成品牌价值评估的误差。北京名牌资产评估事务所评估法评估过程一般基于客观的数据和标准，减少主观性的干扰，具有较强的客观性，但该方法并未考虑消费者对品牌价值的影响。

Interbrand 法的综合性较强，在评估品牌价值时将品牌的财务表现、市场占有率、忠诚度、知名度、消费者等因素都考虑在内，从多个角度综合考虑了品牌的价值，更符合品牌价值评估的经济意义，而且在其评估过程中，对所评估的品牌有深入了解并获得可靠的数据，在一定程度上弥补了其他方法的不足，其评估结果更具代表性和权威性。因此，本案例以市场要素的 Interbrand 法进行品牌价值评估，具体评估思路如下：

首先，计算品牌未来预期收益。求取品牌未来预期收益需要分三步：第一步是从财经网站上获取云南白药相关的财务数据，品牌作为公司的无形资产，需要根据相关财务数据确定云南白药的无形资产收益；第二步是整理发放的消费者调查问卷，通过计量经济学软件分析，确定品牌作用指数；第三步是将确定的无形资产收益和品牌贡献值相乘即得到了品牌未来的预期收益。

其次，计算品牌乘数。在计算品牌乘数时，需要分两步：第一步是确定品牌强度。通过专家打分法获得关于品牌价值因素的认知数据，然后利用 AHP 层次分析法构造判断矩阵并进行一致性检验，最后利用模糊数学法建立影响集和评价集确定品牌强度；第二步是通过品牌强度和品牌乘数的函数关系和 S 型曲线确定品牌乘数。

最后，将确定的品牌乘数和品牌未来预期收益相乘，即得到评估品牌价值。

（二）评估方法的选择

Interbrand 评估法开创了基于市场要素进行品牌价值评估的先河，到目前为止是世界上最具有影响力的评估方法。

具体模型的基本公式为：

$$V = P \times S \tag{1}$$

其中，V 为品牌价值，P 为品牌未来预期收益，S 为品牌乘数。

在评估实务中，Interbrand 方法具有广泛的认可度，可以在各种不同的品牌价值评估场景中灵活应用；具有较强的财务分析能力，能够为品牌方提供财务管理和决策方面的支持，帮助其更好地理解和管理品牌资产；而且采用客观的数据和分析方法，减少主观因素的影响，提高评估结果的有效性和客观性。

本案例选择 Interbrand 法进行品牌价值评估符合估值目的：通过老字号品牌价值评估，推动企业加强品牌管理，提高企业市场竞争力。Interbrand 方法在评估品牌价值时将品牌的市场地位、知名度、品牌关联度、忠诚度等因素考虑在内，能够全面、多角度地反映品牌的价值，让企业了解品牌存在的缺陷，以此来采取措施提高竞争力。

对于我国市场发育不够充分，像"云南白药"这种老字号品牌在交易市场上的可比公司少之又少，因此市场法不适用；在实务中，对于老字号品牌的未来收益、折现率、使用年限的确定可能存在争议，所以用收益法评估品牌价值不太合理；成本法的关键是重置成本的核算和贬值计算，对品牌资产来说，重置成本和贬值因素的获取较为困难，因此也不适用。

云南白药是一家具有一百多年历史的知名品牌中医药公司，相较于一些地方性品牌更具有稳定的市场需求，与 Interbrand 方法的一个基本假设："品牌之所以有价值，是在于品牌能够使其所有者在未来获得较为稳定的收益"不谋而合。同时云南白药作为一家上市公司，需要通过财务数据、消费者对品牌的情感认同度和依赖度来制定品牌发展战略，而 Interbrand 能够将品牌价值和财务指标、消费者对品牌的情感价值关联起来进行评估，使企业更好地了解品牌对企业的贡献和价值。总之，运用 Interbrand 方法进行评估，能够综合考虑其市场地位、知名度、财务表现等方面的因素，为云南白药提供一个全面而系统的品牌价值评估结果，并为制定品牌战略提供参考依据。

四、评估技术说明及评估过程

本案例在公开市场假设、交易假设、持续经营假设前提下，运用云南白药相关财务数据以及消费者问卷调查数据对云南白药老字号品牌在 2023 年 12 月 31 日的价值进行评估。其具体评估过程如下：

（一）云南白药集团股份有限公司的品牌未来预期收益 P 的评估

在本案例中，品牌未来收益等于品牌为企业带来的无形资产收益乘以品牌在总收益中的贡献比值（品牌作用指数）。

1. 计算无形资产收益

首先，计算公司有形资产收益。其计算公式为：

$$有形资产 = 流动资产 + 固定资产 \tag{2}$$
$$有形资产收益 = 有形资产 \times 总资产利润率 \tag{3}$$

表 2　　　　　　　2020～2022 年云南白药有形资产收益

指标	2020 年	2021 年	2022 年
流动资产（万元）	4926088	4550395	3567701
固定资产（万元）	309679	297091	272330
总资产利润率（%）	12.32%	6.66%	6.17%
有形资产收益（万元）	645046.49	322842.57	236929.91

其次，计算公司无形资产收益。其计算公式为：

$$无形资产收益 = 利润总额 - 有形资产收益 \tag{4}$$

表 3　　　　　　　2020～2022 年无形资产收益

指标	2020 年	2021 年	2022 年
利润总额（万元）	680114	348165	337700
有形资产收益（万元）	645046	322843	236930
无形资产收益（万元）	35068	25322	100770

最后，计算无形资产预期收益。其计算公式为：

无形资产预期收益 = （前一年的无形资产收益 × 3 + 前两年的无形资产收益

× 2 + 前三年的无形资产收益）/（3 + 2 + 1）   (5)

根据云南白药近三年的无形资产收益及公式，可以计算出云南白药无形资产未来预期收益 = （35068 × 1 + 25322 × 2 + 100770 × 3）/6 = 64670.33（万元）。

2. 确定品牌作用指数

首先，确定影响消费者购买医药产品的因素。

在网上发布问卷，让被调查者对这几个因素进行排序，根据排序对各因素赋值，在每个被调查者认为最重要的赋予 6，依次类推，最不重要赋予 1。其结果如表 4 所示。

表4   各因素及对应的标度

影响因素	标度
产品质量	6
品牌	5
口碑	4
产品价格	3
个人习惯	2
商家宣传	1

其次，根据重要性排序结果和确定的标度构建关系矩阵，结果如下所示：

$$N = \begin{bmatrix} 1 & 6/5 & 6/4 & 2 & 3 & 6 \\ 5/6 & 1 & 5/4 & 5/3 & 5/2 & 5 \\ 4/6 & 4/5 & 1 & 4/3 & 2 & 4 \\ 3/6 & 3/5 & 3/4 & 1 & 3/2 & 3 \\ 2/6 & 2/5 & 2/4 & 2/3 & 1 & 2 \\ 1/6 & 1/5 & 1/4 & 1/3 & 1/2 & 1 \end{bmatrix}$$

最后，确定各因素的权重。

计算关系矩阵中每一行的乘积 N1，N2，N3，N4，N5，N6。接着求这六个乘积数的六次方根，得到向量 B = [2.00 1.67 1.34 1.00 0.67 0.33]。将向量做归一化处理，得到向量 b，则 b = [0.63 0.53 0.42 0.31 0.21 0.10]。由于品牌对应的是第二个，因此品牌作用指数为 0.53。

3. 计算品牌未来收益

其计算公式为：

$$品牌的未来收益 = [(前一年的无形资产收益 \times 3 + 前两年的无形资产收益 \times 2 + 前三年的无形资产收益) / (3 + 2 + 1)] \times 品牌作用指数 \tag{6}$$

品牌未来预期收益 $P = 64670.33 \times 0.53 = 34275.2749$（万元）。

（二）品牌乘数 S 的评估

品牌乘数进行评估，首先需要确定品牌强度，然后根据品牌乘数和品牌强度的函数关系来确定品牌乘数。

1. 品牌强度的确定

品牌强度是计算品牌乘数的基础，本文将 Interbrand 模型中的"品牌国际力"换成"品牌历史文化"，其余 6 个因素还保持原来的不变。相关过程如下：

首先，利用专家打分法，对影响品牌价值的七因素进行打分，10 分为最高分，1 分为最低分。其打分结果如表 5 所示：

表 5   七因素问卷调查整理表

专家 评价因素	1	2	3	4	5	6	7	8	9	10
品牌领导力	8	8	9	9	7	9	6	8	8	7
品牌稳定性	9	9	8	8	8	8	7	8	7	9
品牌市场力	10	9	10	9	9	10	8	8	9	10
品牌历史文化	7	9	7	7	7	8	7	7	8	7
品牌趋势性	8	8	6	7	6	7	6	8	6	6
品牌支持力	9	8	8	8	7	9	8	7	9	10
品牌保护力	9	7	8	9	7	7	9	8	8	9

其次，利用层次分析法确定七因素的判断矩阵。其结果如矩阵 A 所示：

$$A = \begin{bmatrix} 1 & 1 & 1/3 & 1 & 1 & 1 & 1 \\ 1 & 1 & 1 & 1 & 1 & 1 & 1 \\ 3 & 1 & 1 & 1 & 1 & 1 & 1 \\ 1 & 1 & 1 & 1 & 1 & 1 & 1 \\ 1 & 1 & 1 & 1 & 1 & 1 & 1 \\ 1 & 1 & 1 & 1 & 1 & 1 & 1 \\ 1 & 1 & 1 & 1 & 1 & 1 & 1 \end{bmatrix}$$

再次，根据判断矩阵 A 求权重。得出七因素权重集：

$$W = \begin{bmatrix} 0.122 & 0.142 & 0.167 & 0.142 & 0.142 & 0.142 & 0.142 \end{bmatrix}$$

又次，为了确定有没有合理分配各因素在系统中的权重，需要对七因素权重集做一致性检验。其检验结果如表 6 所示。

表6　　　　　　　　　　　　　　一致性检验结果表

最大特征根	CI 值	RI 值	CR 值	一致性检验结果
7.131	0.022	1.341	0.016	通过

复次，用模糊数学法建立影响因素和评价集，并计算品牌强度值。其影响集如表 7 所示。

表7　　　　　　　　　　　　　　评级因素影响集

评价因素	十分好	很好	较好	一般	较差	很差	十分差
品牌领导力	36	26	32	30	6	2	5
品牌稳定性	31	32	49	17	5	1	2
品牌市场力	31	41	42	18	1	2	2
品牌历史文化	29	21	42	26	6	4	9
品牌趋势性	24	43	46	15	7	1	1
品牌支持力	38	22	37	28	7	1	4
品牌保护力	30	25	34	24	12	5	7

将表 7 中这些数借助转换公式：$f_{ij} = F_{ij}/n$，得到相应的模糊判矩阵 F。其中，有效问卷数量以字母 n 来表示。结果如下：

$$F = \begin{bmatrix} 0.2628 & 0.1898 & 0.2336 & 0.2190 & 0.0438 & 0.0146 & 0.0365 \\ 0.2263 & 0.2336 & 0.3577 & 0.1241 & 0.0365 & 0.0073 & 0.0146 \\ 0.2263 & 0.2993 & 0.3066 & 0.1314 & 0.0073 & 0.0146 & 0.0146 \\ 0.2117 & 0.1533 & 0.3066 & 0.1898 & 0.0438 & 0.0292 & 0.0657 \\ 0.1752 & 0.3139 & 0.3358 & 0.1095 & 0.0511 & 0.0073 & 0.0073 \\ 0.2774 & 0.1606 & 0.2701 & 0.2044 & 0.0511 & 0.0073 & 0.0292 \\ 0.2190 & 0.1825 & 0.2482 & 0.1752 & 0.0876 & 0.0365 & 0.0511 \end{bmatrix}$$

选取加权平均型算法求评价等级权重集，得到评价集。其结果如下：

$$E = w \times F = \begin{bmatrix} 0.122 & 0.142 & 0.167 & 0.142 & 0.142 & 0.142 & 0.142 \end{bmatrix}$$

$$\times \begin{bmatrix} 0.2628 & 0.1898 & 0.2336 & 0.2190 & 0.0438 & 0.0146 & 0.0365 \\ 0.2263 & 0.2336 & 0.3577 & 0.1241 & 0.0365 & 0.0073 & 0.0146 \\ 0.2263 & 0.2993 & 0.3066 & 0.1314 & 0.0073 & 0.0146 & 0.0146 \\ 0.2117 & 0.1533 & 0.3066 & 0.1898 & 0.0438 & 0.0292 & 0.0657 \\ 0.1752 & 0.3139 & 0.3358 & 0.1095 & 0.0511 & 0.0073 & 0.0073 \\ 0.2774 & 0.1606 & 0.2701 & 0.2044 & 0.0511 & 0.0073 & 0.0292 \\ 0.2190 & 0.1825 & 0.2482 & 0.1752 & 0.0876 & 0.0365 & 0.0511 \end{bmatrix}$$

$$E = \begin{bmatrix} 0.2274 & 0.2214 & 0.2953 & 0.1627 & 0.0449 & 0.0167 & 0.0307 \end{bmatrix}$$

最后，用等差数列的形式对这 7 个评价等级赋值，取值范围在 0 ~ 100，计算得出 $U = \begin{bmatrix} 99 & 82.5 & 66 & 49.5 & 33 & 16.5 & 0 \end{bmatrix}^T$，E 和 U 已知，两者相乘，最后就可以计算出品牌强度这一数值了。即：品牌强度 = $E \times U = 70.08$。

2. 品牌乘数确定

品牌乘数和品牌强度的关系可以用 S 曲线表示。这条曲线从原点出发，即自变量和因变量均从 0 开始变化，随着自变量品牌强度的增加，因变量品牌乘数增大，当品牌强度为 100 时，这时的品牌乘数最大，且最大值为 20。其中 S 曲线如图 4 所示：

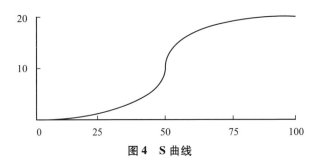

图 4 S 曲线

大量实践证明，品牌强度得分和品牌乘数满足以下的函数关系：

$$\begin{cases} Y^2 = 2X & X \in [0, 50] \\ (Y - 10)^2 = 2X - 10 & X \in [50, 100] \end{cases} \quad (7)$$

根据 S 曲线和函数关系，求得品牌乘数 S = 16.33。

（三）云南白药集团有限公司的品牌价值

根据上述（一）和（二）的估值，新预测的品牌价值：

新预测的品牌价值 = P × S = 34275.2749 × 16.33 = 559715.239（万元）。

五、评估结论

本案例云南白药集团股份有限公司的品牌价值559715.239万元，约为8亿美元，相较于英国品牌评估机构"品牌金融"（Brand Finance）发布的《2023年中国医药品牌价值和品牌强度评估报告》中云南白药品牌价值8.26亿美元，减少了0.26亿美元。

本案例估算出云南白药品牌价值比Brand Finance发布的品牌价值减少了0.26亿美元。造成这一差异的原因可能是：一方面，Brand Finance评估主要是依据云南白药的销售额来对品牌价值进行评估。而由于疫情的原因，人们对药品以及口罩等医疗用品的需求增加，销售额就会增加，因而以疫情期间的数据来对2023年的销售额进行预测就存在一定的高估。另一方面，Interbrand是通过收益折现调整法调整品牌收益，而Brand Finance则参考股票市场的市盈率倍数来调整品牌收益，对品牌收益有着明显的放大作用。所以，在对品牌价值进行评估时，Brand Finance评估法可能存在高估的情况，而Interbrand在一定程度上减少了高估，因此能够提供一个全面而系统的品牌价值评估结果，更准确地反映品牌的真实价值。

六、结　束　语

Interbrand方法广泛应用于品牌价值评估中，本案例在用此方法对中医药老字号品牌价值进行评估时，进行了相应的改进。在估算品牌价值未来收益时就引入了品牌作用指数，将非品牌资产的获益部分完全从企业未来收益中去除；在运用"七因素"模型计算品牌乘数时，本案例在评估过程中，结合中医药品牌价值评估特点，更多考虑了云南白药作为中医药老字号品牌的历史文化底蕴和历史传承，因此将"国际化"换成了"历史文化"，基于此，得到云南白药老字号品牌价值为559715.239万元。对云南白药这样的老字号品牌价值进行评估，不仅可以提高社会对中医药文化的认识和重视，进一步推动传统中医药文化的传承和发展，推动中医药文化传播；还可以进一步加强品牌形象的塑造和提升，增强品牌在市场中的竞争力，展示出中医药老字号品牌应有的实力。当然还有很多方法能对老字号品牌价值进行评估，这都是未来研究品牌价值时可不断延伸探索的方向。

参 考 文 献

[1] 陈亚荣，孙晶路. 中华老字号品牌价值评估模型 [J]. 北京服装学院学报（自然科学版），2013，33（1）：58－67.

［2］陆巍巍，曹彦栋. 品牌资产价值评估方法分析［J］. 山西农经，2019（18）：18 – 19.

［3］刘璐. 国家电网公司品牌价值评估研究［D］. 北京：华北电力大学（北京），2017.

［4］程晓风. 云南白药品牌价值评估研究［D］. 西安：西安理工大学，2020.

［5］沈嫄，任林萍. 绍兴老字号品牌价值评估探究［J］. 中国商论，2017（31）：42 – 43.

［6］张耀丹. Interbrand 模型在我国品牌价值评估中的调整［J］. 中国管理信息化，2021，24（17）：144 – 145.

［7］曾敏婷. Interbrand 评估法在"老字号"品牌价值评估中的应用［D］. 广州：暨南大学，2016.

［8］Keller K L. Conceptualizing, Measuring, and Managing Customer – Based Brand Equity［J］. Journal of Marketing, 1993, 57（1）：1 – 22.

附录一　　云南白药品牌价值评估调查问卷

根据调整后的 Interbrand 评估模型，本文采用调查问卷法来收集确定品牌作用指数过程中所需要的信息和数据。本次调查问卷共收回 137 份，问卷的有效回收率达到了 99%。

（1）信度检验

为确保问卷调查所得到的资料具有内在的一致性，本案例采用信度分析法，对收集到的资料进行可信度测试。其检验结果见附表 1。

附表 1   个案摘要处理

个案	个案数	%
有效	137	100
排除	0	0
总计	137	100

由附表 2 可以看出，本次样本量一共 137 份，无缺失项；而且由附表 2 可以看出，整体的克隆巴赫 Alpha 达到 0.99，大于 0.7，于是认为通过可靠性检验，说明我们收集的数据具有良好的可靠性。

附表 2   可靠性统计

克隆巴赫 Alpha	基于标准化项的克隆巴赫 Alpha	项数
0.99	0.992	7

（2）效度检验

为验证该问卷是否适合于消费者使用，是否适合于以后的评估，题项间是否存在关联性，本案例对其效度进行了检验。其检验结果见附表3。

附表3   **KMO 和巴特利特检验**

KMO 取样适切性量数		0.917
巴特利特球形检验	近似卡方	2366.589
	自由度	21
	显著性	0

从附表3可以看出，品牌强度"七因素"量表的 KMO 值为 0.917，大于 0.7，说明本案例的研究数据效度非常好，满足分析条件。同时巴特利特球形度检验显著性为 0.000 小于 0.5，表明相关系数意义显著，同样认为该量表适合做因子分析。

（3）消费者调查问卷

第 1 题：您的性别是［单选题］

选项：○男性　　　　　○女性

第 2 题：您的年龄是［单选题］

选项：○18 岁以下　　○18～30 岁　　○31～40 岁　　○41～50 岁
　　　　○51～60 岁　　○60 岁以上

第 3 题：您的月收入是［单选题］

选项：○3000 元以下　○3000～5000 元　○5000～7000 元
　　　　○7000～9000 元　○9000 元以上

第 4 题：您是否使用过云南白药品牌的产品［单选题］

选项：○是　　　　　　○否

第 5 题：请您根据自己的消费习惯进行排序［排序题］
　　　　○产品质量　　○品牌　　　　○口碑　　　　○产品价格
　　　　○个人习惯　　○商家宣传

第 6 题：请您根据对云南白药品牌的理解，对云南白药品牌文化（对云南白药历史文化的熟悉度）进行打分评价。（1 表示十分不熟悉，7 表示十分熟悉）［量表题］

选项：○1　　○2　　○3　　○4　　○5　　○6　　○7

第 7 题：请您根据对云南白药品牌的理解，对云南白药的市场地位进行评价打分。（1 表示十分差，7 表示十分好）［量表题］

选项：○1　　○2　　○3　　○4　　○5　　○6　　○7

第 8 题：在您预期中，您认为云南白药在未来的经营状况会如何发展？

（1 表示十分差，7 表示十分好）［量表题］

　　　选项：○1　　○2　　○3　　○4　　○5　　○6　　○7

　　　第 9 题：您认为云南白药品牌近年来的产品的稳定程度（1 表示极不稳定，7 表示非常稳定）［量表题］

　　　选项：○1　　○2　　○3　　○4　　○5　　○6　　○7

　　　第 10 题：您见过和云南白药品牌的产品易混淆的商品吗（1 表示非常多，7 表示几乎没有）［量表题］

　　　选项：○1　　○2　　○3　　○4　　○5　　○6　　○7

　　　第 11 题：您会持续使用云南白药这一品牌的产品吗？（1 表示一定不会，7 表示一定会）［量表题］

　　　选项：○1　　○2　　○3　　○4　　○5　　○6　　○7

　　　第 12 题：如果有新同类型品牌出现，您会继续选择云南白药这个品牌的可能性（1 表示一定不会，7 表示一定会）［量表题］

　　　选项：○1　　○2　　○3　　○4　　○5　　○6　　○7

附录二　专家打分法

　　选取 10 位专家对品牌领导力、品牌稳定性、品牌市场力、品牌历史文化、品牌趋势力、品牌支持力和品牌保护力七个因素进行打分。每个因素最高分为十分最低分为 0 分。

评价因素	十分好	很好	较好	一般	较差	很差	十分差
品牌领导力							
品牌稳定性							
品牌市场力							
品牌历史文化							
品牌趋势性							
品牌支持力							
品牌保护力							

　　其中 10 位专家分别如下：

　　唐德祥教授（重庆理工大学）、刘新教授（重庆理工大学）、张苏林副教授（重庆理工大学）、王全意教授（重庆理工大学）、余菊副教授（重庆理工大学）、张婷讲师（重庆理工大学）、付彤杰副教授（重庆理工大学）、赵宸元副教授（重庆理工大学）、刘婷婷讲师（重庆理工大学）、曹兆文教授（重庆理工大学）。

HIROSE 模型在品牌价值评估中的应用

——以贵州茅台为例[*]

邢菁华　邓　倩　刘雅鑫[**]

内容提要： 本文认为 HIROSE 模型能综合企业、消费者、市场角度，更好地体现品牌多方面价值，且所选取数据均为客观、可量化数据，实务中可操作性强。因此，本文以贵州茅台为研究对象，研究 HIROSE 模型在我国品牌价值评估中的应用。具体应用时基于确定当量法的思路对 HIROSE 模型进行财务解释，认为原模型存在用无风险利率对品牌收益进行折现导致价值高估的问题。因此通过引入违约概率函数对品牌收益进行风险修正，并根据白酒行业特点对部分参数指标进行调整替代，并将改进后的模型应用于贵州茅台品牌价值评估。最后，总结分析 HIROSE 模型的优缺点以及在实务应用的可能性。

一、引　言

随着经济环境的变化，交易环境更加复杂，消费者愈发关注多元因素。品牌对企业与市场经济的影响力不断提升，品牌建设受到更多的关注。近年来，我国品牌建设取得积极进展，有力推动了企业的转型升级。2022 年 9 月国家发展改革委等七部门联合发布《关于新时代推进品牌建设的指导意见》，为提升品牌发展总水平提出相关建议。品牌想要"走出去"提升影响力，需要价值评估支持。2022 年世界品牌实验室（World Brand Lab）发布的《中国500 最具价值品牌》分析报告中，品牌总价值达到人民币 133108 亿元，其中贵州茅台品牌价值人民币 3660.28 亿元

目前常用的品牌价值评估方法除传统的收益法之外，还包括十因素模型、Interbrand 模型和 HIROSE 模型等。HIROSE 模型认为品牌价值会受到价格优势、忠诚度和扩张力的影响，是三种因素共同作用的结果，因此得

＊ 基金项目：辽宁省教育厅面上项目（JYTMS20231005）。

＊＊ 邢菁华，辽宁对外经贸学院会计学院，助教，研究方向：无形资产评估；邓倩，辽宁对外经贸学院会计学院，助教，研究方向：无形资产评估；刘雅鑫，辽宁对外经贸学院会计学院，本科生，研究方向：财务大数据分析。

到的品牌价值是基于市场、消费者、企业三个角度综合后的价值。本文在已有模型的基础上，通过引入违约概率函数对原模型进行调整，具有较大的理论意义和实践意义。首先，品牌价值评估是无形资产评估的热点前沿问题，引入评价指标对 HIROSE 模型进行改进可以丰富品牌价值研究领域，为估值提供参考新思路。其次，虽然无形资产评估研究逐渐成熟，但是在实践中可运用的方法不多，改进后的 HIROSE 模型可以更好地模拟市场和交易情况变化对于品牌价值的影响，在实务中更加准确地反映品牌价值。最后，中国茅台作为"国酒"代表，其品牌具有行业影响力和增长潜力。打造中国茅台品牌，可以展现中国创造、中国质量和中国革新，扩大企业知名度，帮助企业"走出去"。以 HIROSE 为模型评估中国茅台的品牌价值，可以更好了解品牌价值构成，助力茅台品牌价值增长，提升其影响力和世界关注度。

二、文献综述与理论基础

（一）国内外文献综述

财务视角侧重于通过客观盈利数据体现品牌作为无形资产能够带来的经济价值。汉藏等（Hanzo L et al.，2003）将品牌贡献的现金流进行折现，运用收益法的思路对品牌价值量化。埃尔萨耶德和阿卜杜勒拉提夫（Elsayed Raghda and Abdellatif Abdelkhalik，2023）以亚马逊为例，研究品牌价值链投资对品牌共鸣、盈利能力和市场价值的影响，探索品牌建设活动如何对企业价值做出贡献。

市场视角更加关注品牌的长远发展，通过市场潜力、排名、竞争力等角度衡量品牌价值。著名的品牌评估方法如英特公司提出的 Interbrand 法、金融世界杂志提出的 Financial World 评估法、世界品牌实验室提出的 WBL 评估法等都是基于市场视角。阿吉亚尔和加西亚（Aguiar Noury Alice and Garcia del Barrio Pedro，2022）从媒体曝光知名度的角度关注品牌价值的变化。

消费者视角认为消费者口碑、需求、评价等是品牌价值的重要来源。品牌资产十要素模型和汉藏等（Hanzo L et al.，2003）提出的 CBBE 模型在参数选择中都强调了消费者评价这一重要影响因素。以消费者角度为基点，巴德拉和卡赫瓦拉（Bhadra Amit and Kachwala T. T.，2018）通过实证方法证实了消费者忠诚度对品牌价值的影响。

相较于国外，国内品牌研究起步较晚，但仍有创新成果产生。范秀成、冷岩（2000）站在消费者视角，认为品牌价值来源于口碑、体验与潮流三方面。国内对于 Interbrand 模型关注较高，陈洁和王改芝（2010）、刚什元和李宝强（2013）、闫彦珍（2015）都尝试结合层次分析法、熵值法等统计分析模型在 Interbrand 模型的基础上进行改进。张国政和彭嫔（2020）运用 HIROSE 模型对茶叶品牌进行评估，并发现三种价值驱动因子中的价格优势因子对于品牌价值的影响最明显。王铁旦等（2021）从企业维度、市场维度、消费者维度三个方面出发，梳理了企业品牌价值的评估指标体系，结合兼容度概念提出基于犹豫模糊多群体 TOPSIS 法的品牌评估模型。

（二）品牌价值影响因素相关理论

（1）价值共创理论

价值共创理论从消费者视角出发，将商品和服务作为核心。通过市场交易途径，厂商将产品或者服务转交给消费者，流转过程中实现增值，体现品牌价值。价值共创理论肯定了消费者对品牌价值的贡献程度，并认为随着数据方式的转变，受数字经济的影响品牌价值的相关者包括生产者、消费者、供应商等，而消费者将作为价值创造的核心相关者直接影响企业品牌价值。

（2）效用价值理论

效用价值理论认为产品的价值受到人们的主观心理评价影响。能够满足消费者的心理需求或者欲望的商品往往更加具有价值，而这种心理需求满足程度或者欲望满足能力即为效用。品牌依托于商品，效用既是商品价值的来源，也是品牌价值的重要影响因素。

三、模型介绍

（一）HIROSE 模型

HIROSE 模型是以早稻田大学教授广濑义州（Yoshikuni Hirose）为委员长的 28 个学者组成的课题组结合 3575 家上市公司和 210 家非上市公司的实际情况所提出的品牌价值评估模型。

HIROSE 模型基本公式可表示如下：

$$BV = \frac{PD \times LD \times ED}{r} \tag{1}$$

其中，BV 为企业品牌价值，PD 为价格因子，LD 为忠诚度因子，ED 为扩张因子，r 为无风险利率。

（二）价格因子

价格因子 PD 是指相较于基准企业，品牌企业因其知名度优势能以更高的价格出售商品，或因具有更高的与供应商讨价还价的能力从而拥有更低的供应成本。价格因子体现的是由于拥有该品牌而为公司带来的经济附加值。

价格因子采用近五年品牌企业销售收入成本比与基准企业销售收入成本比的差额作为企业溢价，乘以营运费用中广告宣传费用的占比作为品牌分成率，再乘以当年销售成本计算品牌溢价，具体计算公式可表示为：

$$PD = \frac{1}{5} \sum_{i=-4}^{0} \left\{ \left(\frac{S_i}{C_i} - \frac{S_i^*}{C_i^*} \right) \times \frac{A_i}{OE_i} \right\} \times C_0 \tag{2}$$

其中，S 为被评估品牌企业销售额，S^* 为基准企业销售额，C 为品牌企业销售成本，C^* 为基准企业销售成本，A 为本公司广告宣传费即品牌管理费用，OE 为销售费用。

（三）忠诚度因子

忠诚度动因 LD 体现消费者对品牌的偏爱程度，在市场上商品功能相差无几时，消费者会优先考虑他所支持的品牌商品，这种对替代商品的优先选择体现了品牌忠诚度。

HIROSE 模型认为消费者的品牌忠诚度与复购率存在正向相关关系。良好的品牌忠诚度是稳定的销量表现的保障，在此前提下企业维护顾客所需成本也会相对更加稳定。因此，HIROSE 模型用销售成本的波动程度，即近五年企业销售成本均值与标准差的差额除以销售成本均值来代表忠诚度动因。具体计算公式如下：

$$LD = \frac{\mu - \sigma}{\mu} \tag{3}$$

其中，μ 为被评估品牌 5 年销售成本均值，σ 为销售成本标准差。

（四）扩张因子

扩张因子 ED 是指品牌通过自身宣传和外部口碑不断扩展相关业务、开拓新市场，从而为公司带来其他新的收益来源，体现的是品牌的延伸价值。品牌地位越高，市场认知度也就越高，因此品牌在向海外业务以及非本业扩张时的相对优势也就更大。

HIROSE 模型采用近几年海外销售额与非本业销售额的增长幅度计算品牌扩张力动因。具体计算公式如下：

$$ED = \frac{1}{2} \left\{ \frac{1}{2} \times \sum_{i=-1}^{0} \left(\frac{SO_i - SO_{i-1}}{SO_{i-1}} + 1 \right) + \frac{1}{2} \times \sum_{i=-1}^{0} \left(\frac{SX_i - SX_{i-1}}{SX_{i-1}} + 1 \right) \right\} \tag{4}$$

其中，SO 为海外业务销售额，SX 为非本业销售额。

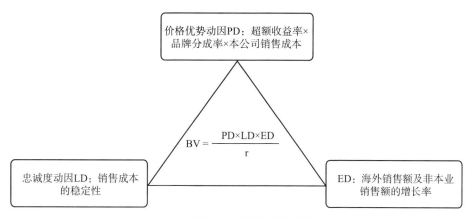

图 1   HIROSE 模型计算思路图

资料来源：笔者根据《日本品牌价值模型 – HIROSE 报告》整理。

四、模 型 改 进

（一）引进违约概率函数对品牌收益进行风险修正

HIROSE 模型选取被评估品牌企业过去 5 年的资产负债表数据，通过计算企业、消费者、市场三项因子乘积，并除无风险利率得到品牌价值。根据《国际会计准则第 36 号——资产减值》规定，必须选择以下方法之一对未来现金流及现金流所面临的风险进行修正：

方法一：用风险溢价调整利率，通过假设最有可能实现的单一情境下的现金流来估算收益；方法二：考虑预期现金收益，用无风险利率对未来收益折现。

HIROSE 模型中品牌未来收益用价格因子 PD，即企业最近一个时间段的溢价收益来预测，并用无风险利率对品牌收益折现，没有对风险进行调整。如果根据确定当量法（CEQ）思路，将模型中忠诚度因子 LD 看作对预期收益的风险修正项，那么根据 CEQ 公式，在 t 时点品牌现金流应如公式（5）所示。

$$PV_t = \frac{C_t - \frac{\rho(C_t, \ r_m)\sigma_{C_t}}{\sigma_m}RP_m}{1 + r} \tag{5}$$

其中，σ_m 为市场回报的标准差，σ_{C_t} 为现金流的标准差，ρ 为相关系数，RP_m 为市场的风险溢价。

如果 CEQ 计算的品牌收益等于 HIROSE 模型下的品牌收益，那么 PD 也应该 $= C_t$，将 LD 看作对预期收益的风险修正因素，等式两边同时省去 ED，得

$$\frac{C_t\left(1 - \dfrac{\sigma_c}{\mu_c}\right)}{r} = \frac{C_t - \dfrac{\rho(C_t, r_m)\sigma_{C_t}}{\sigma_m}RP_m}{r} \tag{6}$$

等式两边同时约掉 C_t

$$\frac{\sigma_c}{\mu_c}C_t = \frac{\rho(C_t, r_m)\sigma_{C_t}}{\sigma_m}RP_m \tag{7}$$

由于 HIROSE 模型中忠诚度动因是用品牌营销成本的稳定性来表示品牌价值的稳定性，那么近似的可以看作 $\dfrac{\sigma_c}{\mu_c} \simeq \dfrac{\sigma_c}{\mu_c}$，将其代入公式（7）中则得到：

$$\frac{C_t}{\mu_{C_t}} = \frac{\rho(C_t, r_m)}{\sigma_m}RP_m \tag{8}$$

由于 $\dfrac{C_t}{\mu_{C_t}} = 1$

$$1 = \frac{\rho(C_t, r_m)}{\sigma_m}RP_m \tag{9}$$

根据经验 $\dfrac{RP_m}{\sigma_m^2} = 1$

最终得到 $(C_t, r_m) = \dfrac{1}{\sigma_m}$

公式（9）表示如果将 LD 看作一个风险修正系数，那么品牌产生的现金流和市场回报的期望值之间的相关系数应该等于 σ_m 的倒数，不符合实际。因此依据确定当量法思路，原 HIROSE 采用无风险利率对品牌收益进行折现存在一定的问题。

F. Beccacecel 和 E. Borgonovol（2006）等提出基于概率演算的现金流风险修正思路。基于概率期望思想，本文选择用《国际会计准则第 36 号——资产减值》中方法一，即通过假设最有可能实现的单一情境下的现金流来估算收益，通过引入品牌违约概率函数调整品牌风险收益。假设品牌收益为 X，X 属于 [0，q]，q 为品牌可能获得最大的收益，$X \sim F(x)$，$F(x)$ 为 X 的累积分布函数。HIROSE 模型需要品牌企业近 5 年的财务数据，数据样本量太少会影响分布函数 $F(x)$ 拟合的准确性。为使 $F(x)$ 结果更加准确，改进后 HIROSE 模型中考虑了扰动项因素。假设在计算品牌收益的每一阶段（通常以年为单位）品牌企业都会受到冲击，使企业无法创造收益 X，本文将此定义为品牌违约，品牌违约概率为 p。

同时为了使调整后 HIROSE 模型仍可以通过财务数据计算品牌价值，在此引入一个辅助变量（T），$T = \begin{cases} 0 \\ q \end{cases}$，为离散概率函数：

$$T \sim \begin{cases} P(T=0) = p \\ P(T=q) = 1-p \end{cases} \tag{10}$$

$$令：E[T] = E[X] \tag{11}$$

借助辅助随机变量 T 来计算品牌收益（V）。

假设品牌收益是无限期的，品牌价值 V 等于：

$$V = \left[\frac{E[X]}{r+p} \right] \times LD \times ED \tag{12}$$

其中，r 代表无风险概率，p 代表冲击后部分违约概率。

证明：首先计算第一个时间段时的品牌价值。在第一阶段，品牌企业所受到的冲击次数为 1，如果企业抵挡住了这次冲击，那么品牌将会在最后创造最大收益 q。则在第一阶段 T_1 时品牌收益的期望值（BV）为：

$$BV_1 = \frac{p \cdot 0 + (1-p)q}{1+r} = \frac{(1-p)q}{1+r} \tag{13}$$

之所以用无风险利率进行折现，是因为本文假设所有与 q 相关的风险都已经被包含在 p 中。品牌只有在阶段一创造收益时，才能在阶段二也创造收益，则可以得出：

$P(T_2 = q \mid T_1 = 0) = 0$。假设该品牌在第一阶段创造收益，如果在第二阶段创造收益，那么第三阶段同样也能创造收益。那么第二阶段最后创造风险收益的概率为：

$$\begin{aligned} P(T_2 = q) &= P(T_2 = q \mid T_1 = q)P(T_1 = q) + (T_2 = q \mid T_1 = 0)P(T_1 = 0) \\ &= P(T_2 = q \mid T_1 = q)P(T_1 = q) = q(1-p)^2 \end{aligned} \tag{14}$$

因此：

$$BV_2 = \frac{q(1-p)^2}{(1+r)^2} \tag{15}$$

同理，

$$BV_n = \frac{q(1-p)^n}{(1+r)^n} \tag{16}$$

第 n 年的品牌收益的期望值为：

$$E[X_n] = \frac{q(1-p)^n}{(1+r)^n} \tag{17}$$

最终品牌价值 BV 等于：

$$BV = \sum_{n=1}^{\infty} E[X_n] \times LD \times ED = \left[\sum_{n=1}^{\infty} \frac{q(1-p)^n}{(1+r)^n} \right] \times LD \times ED \tag{18}$$

上述等式与公式（12）相同，根据几何级数性质得出。

调整后 HIROSE 模型所需数据同样可以从企业公开财务报表中获得。n 为收益的时间跨度，通常为 5。违约概率 p 可以由评估人员直接确定或者根据历史数据计算。

如果用历史数据计算违约概率 p，公式如下：

$$E[X] = (1 - p)q \rightarrow p = 1 - \frac{E[X]}{q} \qquad (19)$$

在公式（19）中，$E[X]$ 是过去 n 年品牌收益的期望值，q 是品牌能创造的最大收益。

代入公式（12）中，得到品牌价值公式

$$BV = \left[\frac{E[X]}{r + 1 - \dfrac{E[X]}{q}}\right] \times LD \times ED \qquad (20)$$

其中，BV 为品牌价值，r 为无风险折现率，$E[X]$ 为品牌收益期望值即品牌收益均值，q 为品牌最高收益，LD 为忠诚度动因，ED 为扩张力动因。

（二）基于消费者评价计算忠诚度因子

原模型中销售成本作为企业财务数据并不能很好地代表品牌忠诚度该类消费者主观因素，且由于企业规模、战略定位不同，销售成本稳定性之间存在较大差异。基于市场营销之父戴维·阿克（David Aaker，2019）的品牌忠诚度指数（Brand Loyalty Index）量表，改进后用电商平台的消费者综合评价得分代替原销售成本稳定性以衡量忠诚度因子。

消费者综合评价系数由好评率和好评因素两方面构成。首先，根据中国酒业协会颁布的《2023 中国白酒产业发展年度报告》，确定包括贵州茅台、五粮液、洋河股份在内的白酒品牌共 20 个。将 20 个白酒品牌旗下代表性产品在京东平台的好评率从高到低依次排序，计算好评率均值并将其作为标准值，赋分为 1，若品牌的好评率高于平均水平，则赋分大于 1，反之则赋分小于 1。最终根据范围和平均标准值，量化好评率每增加 1% 时赋分的取值作为好评率得分。

结合中国酒业协会的白酒市场调研结果，分别确定品牌信赖、产品口感、香气三方面影响白酒品牌忠诚度的关键因素，借助八爪鱼数据抓取工具提取 20 个白酒品牌在京东平台的三因素指标得分。以"大品牌""信赖""支持""品质保障"及其近义词为关键词进行模糊检索得到品牌正向评价条数，每一条计一分，总好评条数即为品牌信赖总得分。同理以"柔和顺口""回味甘甜""爽滑""绵柔"为关键词统计口感得分，以"醇香浓厚""香气四溢"为关键词统计香气得分。将得分去量纲化处理得到 20 个品牌三方面因素的得分标准化系数，最终根据品牌信赖程度、产品口感、香气对品牌忠诚度影响大小分别赋权 8∶1∶1，加权平均后得到好评因素得分。

$$LD = PR \times \left(\frac{4}{5}CL + \frac{1}{10}FL + \frac{1}{10}FR\right) \qquad (21)$$

其中，PR 为好评率得分，CL 为品牌信赖得分标准化系数，FL 为产品口感得分标准化系数，FR 为香气得分标准化系数。

（三）加权平均计算扩张因子

原模型采用近两年海外销售额与非本业销售额的增长幅度计算扩张因子，两者占比分别是 5∶5。为和价格因子、忠诚度因子时间单位统一，同时为了避免近两年受到特殊因素的影响，使评估结果更加客观，因此本文将时间跨度延长至五年。同时考虑被评估对象贵州茅台所处行业的特殊性，将海外销售额与非本业销售额的增长幅度占比调整为 8∶2。

$$ED = \frac{1}{2}\left\{\frac{4}{5} \times \sum_{i=-5}^{0}\left(\frac{SO_i - SO_{i-1}}{SO_{i-1}} + 1\right) + \frac{1}{5} \times \sum_{i=-5}^{0}\left(\frac{SX_i - SX_{i-1}}{SX_{i-1}} + 1\right)\right\}$$

$$(22)$$

其中，SO 为海外业务收入，SX 为其他业务收入。

五、案例应用

（一）贵州茅台简介

受"量减价增"的行业趋势影响，白酒行业呈现企业规模两头大、中间小的"沙漏型"特征，贵州茅台作为"四大名酒"之首、"酱香型"口味开创者，属于白酒行业龙头。依靠核心产品"飞天茅台"，茅台集团逐渐建立起价格差距优势以及远高于竞品的渠道利润，最终建立国内白酒单品中独有的"卖方市场"。2021 年茅台集团市占率约 17%，2022 年实现营收 1275.5 亿元，同比增长 16.5%；利润总额 911 亿元，同比增长 17.2%。白酒行业由于地域、价位、场景等因素存在多个细分市场，进而导致白酒品牌呈现分散化趋势。贵州茅台凭借优质的产品质量与独特的"酱香型"口味成功塑造"国家名片"级别的品牌，品牌优势又为企业带来高价格壁垒与稳定的现金流。本文选取白酒行业标杆品牌——贵州茅台作为研究对象，研究其品牌价值可以作为优秀范例为行业内其他企业品牌塑造提供借鉴经验。

（二）估值过程

（1）评估基本事项

评估基准日为 2022 年 12 月 31 日，评估对象为贵州茅台酒股份有限公司所持有的贵州茅台品牌的市场价值，评估目的是为贵州茅台酒股份有限公司所持有的贵州茅台品牌的市场价值提供参考依据。基于公开市场假设和持续经营假设确定贵州茅台品牌收益期为永续，所选用的评估方法为改进后的 HIROSE 模型。

（2）价格因子

作为白酒行业龙头，茅台独特的酿造工艺、悠久的历史、高端的定位、代代相传的口碑塑造了其领先的品牌价值。强大的品牌背书又使得茅台相较于同类品牌企业可以获得更大的价格优势，因此首先从企业收益的角度，通过计算茅台相较于行业基准企业的价格优势得到其品牌收益期望值 $E[X]$。在此基础上，依照确定当量法的思路，通过引入违约概率函数对无风险折现率进行调整，并对品牌收益期望值折现，得到品牌价格因子 PD。价格因子 PD 是品牌价值的货币化表现，具体计算思路如下：

$$E[X] = \frac{1}{5}\sum_{i=-4}^{0}\left\{\left(\frac{S_i}{C_i} - \frac{S_i^*}{C_i^*}\right)\times\frac{A_i}{OE_i}\right\}\times C_0 \qquad (23)$$

其中，$E[X]$ 为品牌收益期望值，$\frac{S_i}{C_i}$ 为待评估企业主营业务收入与主营业务成本比，$\frac{S_i^*}{C_i^*}$ 为基准企业主营业务收入与主营业务成本比，A_i 为销售费用——广告费及市场拓展费用，OE_i 为销售费用，C_0 为评估当年的主营业务成本。

由于茅台业务类型较为单一，其品牌价值主要受其核心业务——茅台酱香酒影响，因此案例选取用主营业务收入代替原模型的销售收入，用主营业务成本代替原模型的销售成本进行计算（如表 1 所示）。

表 1　　　　　　　　　　　贵州茅台品牌收益计算表　　　　　　　　　单位：万元

科目	2022 年	2021 年	2020 年	2019 年	2018 年
主营业务收入	12377233	10605929	9482199	8534456	7356466
主营业务成本	989611	8890991	808337	736481	643685
销售费用——广告费及市场拓展费用	288780	236297	218967	267453	196677
销售费用	329772	273736	254774	327899	257207

资料来源：巨潮资讯网。

根据国务院国资委考核分配局发布的近五年企业绩效评价标准值，得到 2018～2022 年白酒制造业的收入与成本比均为 7.5，即 $\frac{S_i^*}{C_i^*} = 7.5$，代入公式（23）得到品牌收益如表 2 所示。

表 2　　　　　　　　　　　贵州茅台近 5 年品牌收益表　　　　　　　　　单位：元

科目	2022 年	2021 年	2020 年	2019 年	2018 年
品牌收益	43392047746	37833887456	35981568051	32998893455	29728988477

根据表计算得到品牌收益期望值 $E[X] = 35987077037$，品牌最高收益 q =

43392047746，将其代入公式（23）：

$$PD = \left[\frac{E[X]}{r + 1 - \frac{E[X]}{q}} \right] \qquad (24)$$

其中，PD 为价格因子，r 为无风险折现率，$E[X]$ 为品牌收益期望值即品牌收益均值，q 为品牌最高收益。

公式中无风险利率取 2022 年 12 月末 10 年期国债收益率 r = 2.84%，因此最终得到价格因子 PD ≈ 180791692477.91。

（3）忠诚度因子

提起白酒，大部分消费者的首选品牌即为茅台。茅台作为"国酒"代表，有着不容置疑的行业领导地位，消费者对于茅台的特别青睐与忠实回购体现了品牌忠诚度。因此第二步站在消费者角度，计算茅台品牌的忠诚度因子。忠诚度因子衡量的是消费者对品牌产品及企业的品牌黏性，或者说在同等条件下消费者在多大程度上会优先选择品牌产品，具体计算公式如下：

$$LD = PR \times \left(\frac{4}{5}CL + \frac{1}{10}FL + \frac{1}{10}FR \right) \qquad (25)$$

其中，PR 为好评率得分，CL 为品牌信赖度得分标准化系数，FL 为产品口感得分标准化系数，FR 为香气得分标准化系数。

根据表 3 计算得到白酒品牌好评率在 96% ~ 99% 范围内波动，均值为 98%。相应的好评率得分在大于 0 小于 2 的范围内波动，以 98% 作为标准值，赋分为 1，好评率最高不超过 100%，赋分为 2。每增长 1% 赋分增加 0.5，则贵州茅台好评率 99% 赋分为 1.5。

表3　　　　　　　　　　白酒品牌消费者综合评价表

品牌名称	代表性产品	好评率	品牌信赖好评数	产品口感好评数	香气好评数
贵州茅台	飞天茅台 53 度	99.00%	1730	367	302
五粮液	五粮液第八代普五 52 度	98.00%	636	204	308
洋河股份	梦之蓝 52 度	97.00%	76	362	149
山西汾酒	青花 20 汾酒 53 度	98.00%	85	91	163
泸州老窖	晶彩 52 度	98.00%	143	69	110
古井贡酒	金古井 50 度	98.00%	849	455	465
今世缘	今世缘国缘淡雅 42 度	99.00%	64	147	83
顺鑫农业	牛栏山百年陈酿 52 度	99.00%	85	109	36
舍得酒业	品味舍得 52 度	97.00%	25	91	89
珍酒李渡	李渡珍藏壹号 52 度	97.00%	16	6	7

续表

品牌名称	代表性产品	好评率	品牌信赖好评数	产品口感好评数	香气好评数
迎驾贡酒	迎驾贡酒生态洞藏 6 52 度	98.00%	9	9	8
口子窖	口子窖六年型 41 度	98.00%	26	122	49
老白干酒	衡水老白干中国红 67 度	98.00%	6	8	4
酒鬼酒	酒鬼红坛 52 度	98.00%	57	25	40
水井坊	水井坊珍酿八号 52 度	98.00%	277	69	76
金徽酒	世纪金徽五星 52 度	98.00%	19	19	18
伊力特	伊力特蓝王 52 度	99.00%	60	94	51
金种子酒	金种子酒柔和种子酒 40 度	96.00%	1	1	1
天佑德酒	天佑德海拔昆仑山 52 度	98.00%	34	45	49
皇台酒业	甘肃皇台窖底原浆 18 52 度	99.00%	1	1	2

资料来源：笔者根据京东平台数据整理得到。

根据表 3 计算得到品牌信赖好评数均值为 209.95，标准差为 410，因此贵州茅台品牌信赖标准化系数 CL = (1730 - 209.95) ÷ 410 ≈ 3.70

同理产品口感标准化系数 FL = (367 - 114.7) ÷ 130 ≈ 1.94

香气标准化系数 FR = (302 - 100.5) ÷ 121 ≈ 1.67

代入公式（25）得到忠诚度因子 LD = 1.5 × $\left(\dfrac{4}{5} × 3.70 + \dfrac{1}{10} × 1.94 + \dfrac{1}{10} × 1.67\right)$ ≈ 4.98。

（4）扩张因子

茅台作为中华文化的液态符号和民族品牌的杰出代表，对传播酒类文化，传递中国价值，推动中国品牌走向世界具有重要作用。2023 年茅台实施"立足国内，扩展国际"的国际化战略，加大开拓海外市场。此外，驰名品牌的良好声誉与知名度使得品牌企业在拓展新业务、推出新产品时面临的市场阻力更小，也可以说品牌延伸范围更广、价值更高。因此，第三步站在市场的角度，衡量品牌的市场发展潜力。扩张力因子指的是品牌开拓新市场，提高市场占有率的能力，具体计算公式如下：

$$ED = \frac{1}{2}\left\{\frac{4}{5} × \frac{1}{5}\sum_{i=-5}^{0}\left(\frac{SO_i - SO_{i-1}}{SO_{i-1}} + 1\right) + \frac{1}{5} × \frac{1}{5}\sum_{i=-5}^{0}\left(\frac{SX_i - SX_{i-1}}{SX_{i-1}} + 1\right)\right\}$$

（26）

其中，SO 为海外业务收入，SX 为其他业务收入。

表 4　　　　　贵州茅台 2017～2022 年海外业务收入与其他业务收入表　　　单位：万元

科目	2022 年	2021 年	2020 年	2019 年	2018 年	2017 年
海外业务收入	42.39	26.18	243226.39	292041.04	289303.29	227009.64
其他业务收入	32751.14	13086.45	9338.18	8500.51	7420.24	4927.10

资料来源：巨潮资讯网。

根据表计算得到近 5 年茅台海外业务收入的扩张幅度即 $\frac{1}{5}\sum_{i=-5}^{0}\left(\frac{SO_i - SO_{i-1}}{SO_{i-1}} + \right.$

$\left. 1\right) \approx 0.95$，其他业务收入的扩张幅度为 $\frac{1}{5}\sum_{i=-5}^{0}\left(\frac{SX_i - SX_{i-1}}{SX_{i-1}} + 1\right) \approx 1.53$，代

入公式得到 $ED \approx 0.53$。

因此品牌价值 $BV = PD \times LD \times ED = 180791692477.91 \times 4.98 \times 0.53 =$ 477181593126.20，四舍五入得到茅台品牌价值为 4771.82 亿元。

六、结　　论

（一）估值结果分析

国外参照 2022 年世界品牌实验室（World Brand Lab）发布的《中国 500 最具价值品牌》分析报告，贵州茅台品牌价值 3660.28 亿元；国内参照品牌联盟发布的 2022 年中国品牌 500 强榜单中贵州茅台品牌价值 5740.21 亿元、2022 年第 14 届 "华樽杯中国酒类品牌价值 200 强" 榜单，茅台品牌价值 4333.61 亿元。三种方法下，贵州茅台品牌均值 4578.03 亿元。

而改进后的 HIROSE 模型估值结果为 4771.82 亿元，估值结果略高于均值。本文认为造成估值差异的原因是改进后的 HIROSE 模型更多地考虑了贵州茅台未来增长潜力，包括但不限于市场优势、消费者优势与企业竞争优势。总体上而言，在白酒行业由高速度增长迈向高质量发展的新阶段下，在居民收入提高和消费持续升级背景下，鉴于贵州茅台强势的品牌和目前供不应求的局面，该估值结果较为合理。

（二）HIROSE 模型的优缺点分析

1. 优点

HIROSE 模型中的价格因子、忠诚度因子、扩张因子分别体现了企业收益角度、消费者角度、市场角度三方面的品牌价值，相较于传统的收益法、成本法等能更全面地考虑品牌价值影响因素。

首先，数据客观量化，实用性强。HIROSE 模型所选取的数据均可从企

业官网、财务报表、电商平台获得，并直接计算得到品牌价值。一方面，避免评估人员的主观性影响，评估结果更加客观公正，易于被交易双方所接受；另一方面，省去专家打分、消费者问卷调查等搜集环节，减少评估工作量，降低工作成本，在实务中可操作性强。

其次，调整后的 HIROSE 模型对品牌收益进行风险修正，避免高估品牌价值。原 HIROSE 模型直接用无风险收益率对品牌收益进行折现，实际上品牌收益会受到市场宏观经济形势、企业自身经营风险、政策变动等多种因素影响，并不是完全无风险的。因此本文通过引入违约概率函数对品牌收益进行调整，考虑到品牌获得不同收益的可能性，修正后的评估结果相对准确合理。

2. 缺点

首先，由于 HIROSE 模型将品牌价值划分为相对价格优势即价格因子 PD、市场发展潜力角度即扩张因子 ED、消费者稳定性角度即忠诚度因子 LD 三个方面，以上三个因素能否涵盖大部分的品牌价值需进一步探究。且为便于量化，三个角度均通过客观数据直接计算得出，客观数据能否替代主观影响因素，量化后的结果能否真正体现品牌不同层面价值内涵仍有待考证。在接下来的研究中，可借鉴 INTERBRAND 模型中品牌影响因素指标，扩展延伸角度计算品牌价值。

其次，模型中部分因子计算不够全面，如扩张因子中用海外业务及非本业的销售收入相对增长幅度来衡量品牌扩张能力，销售收入越大，品牌价值也就越高，并没有考虑品牌延伸可能造成的负面影响。品牌延伸得好可以锦上添花，品牌延伸得不好不仅无法扩大市场规模，反而会损害原来已树立的良好形象。此外，品牌价值还受宏观政策、消费者偏好等多种因素共同影响，后续研究中可以将计量模型引入量化过程，定性与定量综合分析确定品牌价值构成。

最后，HIROSE 模型将 LD、ED、PD 三个因素的乘积进行折现得到品牌价值，那么三个因素之间应该是相互独立不相关的。但事实上，PD 中的收入、LD 中的成本、ED 中的非本业销售收入之间相互影响，简单地将三个因素相乘容易影响结果的准确性。后续可利用计量经济学的方法，剔除因子之间的相关性影响。

（三）HIROSE 模型应用的可能性分析

HIROSE 模型由于所选指标均可客观量化得到，因此在实务中应用性较强。模型在一定程度上可以减轻评估工作量、降低业务成本、提高工作效率，使得更多还在"观望"的企业加入品牌评估工作，更好地了解品牌价值，从而推进品牌保护和品牌建设事业。

　　同样，HIROSE 模型在应用过程中也存在一些问题。由于 HIROSE 模型的价值是通过品牌企业与基准企业的相对竞争优势体现的，因此目前 HIROSE 模型仅适用于存在竞争优势的、行业标准以上的企业，也就是更适合龙头企业和领军企业。HIROSE 模型下品牌价值很大程度上依附于品牌所处企业价值，对于那些企业地位较低但品牌知名度较高的企业较难适用。此外，HIROSE 模型需要企业品牌投入如营销费用等的公开数据，要求企业信息披露较为全面，对于未上市的、信息披露不完善、不透明的企业较难适用。但随着我国资本市场体系不断完善，企业信息披露更加公开透明化，市场监管更加到位，预计 HIROSE 模型在实务中应用的可能性将会更大。

参 考 文 献

　　[1] 范秀成，冷岩．品牌价值评估的忠诚因子法 [J]．科学管理研究，2000（05）：50-56.

　　[2] 陈洁，王改芝．品牌资产价值综合测评模型相关问题的探讨 [J]．商业会计，2010，422（02）：17-18.

　　[3] 刚什元，李宝强．基于 Interbrand 模型的青岛啤酒公司品牌价值评估 [J]．经营与管理，2013，351（09）：113-116.

　　[4] 闫彦珍．大数据时代基于 Interbrand 模型的品牌价值评估 [J]．时代金融，2015，594（20）：233，236.

　　[5] 张国政，彭嫔．基于 HIROSE 模型的种子品牌价值评估实证分析 [J]．湖南农业科学，2020，419（08）：97-100，104.

　　[6] 王铁旦，章辉，彭定洪．企业品牌价值评估的广义犹豫模糊多群体 TOPSIS 模型 [J]．模糊系与数学，2021，35（05）：128-141.

　　[7] Hanzo L, Münster M, Keller T, Choi B J. OFDM and MC-CDMA for Broadband Multi-User Communications, WLANs and Broadcasting [M]. Hoboken, NJ: John Wiley & Sons, 2003: 353-435.

　　[8] Elsayed Raghda Abdellatif Abdelkhalik. The Effect of Investment in the Brand Value Chain on Profitability and Market Value of the Firm: Lesson of Success Taken from Amazon [J]. Future Business Journal, 2023, 9 (1).

　　[9] Aguiar Noury Alice, Garcia del Barrio Pedro. Performance and Revenues in European Football: Clubs' Media Visibility and Brand Value [J]. International Journal of the Economics of Business, 2022, 29 (3).

　　[10] Bhadra Amit, Kachwala T. T.. The Effect of Brand Value on Brand Loyalty: A Study of Consumer Products [J]. SMART Journal of Business Management Studies, 2018, 14 (1).

　　[11] Beccacece F, Borgonovo E, Reggiani F. Risk Analysis in Brand Valuation [J]. SSRN Electronic Journal, 2006 (2): 1-21.

　　[12] Aaker D. Commentary: do brands compete or coexist? [J]. European Journal of Marketing, 2019, 53 (1): 25-27.

内蒙古森林碳汇价值评估
及时空演变格局研究

潘越明　李雪敏　佟雨婷[*]

内容提要： 森林碳汇在应对全球气候变暖、调节区域碳循环方面起着关键作用，探究其价值及时空演变格局对于开发优化森林碳汇交易和制定发展政策有重要意义。以内蒙古及其12盟市为研究区域，以第八次和第九次全国森林资源清查周期为研究区间，运用固碳速率法、最优价格法、碳税法和固定CO_2的造林成本法，对内蒙古全区及各盟市的森林碳汇量和碳汇价值进行测算评估和时空演变格局分析。结果表明：内蒙古森林碳汇蕴藏着巨大的价值量，且碳汇量整体呈现增长态势；时间上，全区及各盟市森林碳汇价值受固碳速率等多种因素影响存在波动，但整体呈现增长格局且偏中部地区增速最快；空间上，内蒙古森林碳汇价值呈现为东高西低且东部北高南低、中西部南高北低的演变格局。

一、引　　言

伴随着人类经济社会高速发展，资源消耗不断加大，CO_2等温室气体排放持续增多，气候变暖等环境问题日益凸显。森林是陆地上最大的碳储库和最经济有效的吸碳器，据IPCC估算，全球陆地生态系统中约储存了2.48万亿吨碳，其中1.15万亿吨碳储存在森林生态系统中，森林植被的碳储量约占全球植被的77%，森林土壤的碳储量约占全球土壤的39%，森林生态系统碳储量占陆地生态系统的57%（贾治邦，2008）。并且，有研究表明利用森林碳汇进行减排相比直接减排具有低成本性，例如有国内专家指出在中国种植森林每储存1吨CO_2的成本约为122元，而其他碳汇减排措施每吨成本高达100美元以上。此外，森林碳汇还具有避免直接减排对经济发展及社会稳定造成较大影响和涵养水源、保持水土、创造就业、带动当地发展等多种生态、经济、社会功能。因此，森林碳汇价值评估已

　＊潘越明，内蒙古财经大学财政税务学院，硕士研究生，研究方向：资源性资产评估；李雪敏，内蒙古财经大学财政税务学院，副教授，研究方向：生态经济学、自然资源资产价值评估；佟雨婷，内蒙古财经大学财政税务学院，本科生，研究方向：资产评估。

经受到学界广泛关注。

在目前已有的国内外森林碳汇相关研究中，主要集中于森林碳汇及其价值量的测算和评估方法、碳汇或碳市场交易价格和成本以及林业碳汇项目实施等方面。在森林碳汇价值量评估方面，如陈元媛等基于森林资源培育企业的角度参照 CAS39 会计准则对森林碳汇进行公允价值计量，张颖和易爱军运用蓄积量拓展法和最优价格模型对承德市森林碳汇价值进行核算，刘梅娟等采用森林生物量转换因子连续函数法和碳税法对浙江省森林碳汇实物量和价值量进行计量分析。在森林碳汇量测算方面，如郗婷婷和李顺龙首次提出森林蓄积量拓展法并对黑龙江碳汇容量和碳汇潜力进行计算分析；高琛等对样地实测法、材积源生物量法、净生态系统碳交换法、遥感判读法 4 种森林碳汇测算方法进行了总结并从多角度进行了优缺点对比分析；刘艳丽采用生物量清单法、容积法、无人机法 3 种方法对辽宁省森林碳汇总量进行实测验证，并且对最佳碳汇计量方法选择提出建议；Wojciech、Galinski 对波兰生态系统的森林碳汇量进行了研究。在碳汇或碳市场交易价格和成本方面，如陈伟和宋维明对国际主要碳市场价格形成机制及波动情况进行分析并且对价格影响因素进行了实证；Plantinga 对迈阿密、威斯康星州、南卡罗来纳州的森林碳汇平均减排成本进行了估算；Tol 基于 103 个国家的碳汇价格统计，结合数据模型推断出 CO_2 的边际损害成本。在林业碳汇项目研究方面，如王雪红通过典型性案例研究分析了林业碳汇项目存在的问题及解决问题的关键，证明林业碳汇项目在中国具有巨大发展潜力。综观已有研究，研究范围更多集中于大尺度区域和经济较发达的中小尺度区域，而对于西北部欠发达的资源型省份的研究较为缺乏，因此本文选择具有重要生态功能地位的内蒙古作为研究区域。

内蒙古是我国北方重要的生态安全屏障，全区森林面积 3.92 亿亩，活立木蓄积量 16.63 亿立方米，全区已建立各级各类自然保护区 182 个，总面积 1267.04 万公顷，其中以森林生态系统为主要保护对象的保护区有 64 个，蕴藏着巨大的森林碳汇开发潜力，然而由于缺乏对森林碳汇价值的认知以及合理的森林碳汇发展政策，长期的重开发利用轻建设管理等现象，导致生态退化严重，森林碳汇潜力也遭受损失。虽然近年来内蒙古生态系统服务逐渐引起学术界的关注，但研究大多集中于森林生物多样性、涵养水源等服务功能的静态评估，对于森林碳汇及其时空动态研究相对缺乏。鉴于此由，本文以内蒙古全区及其 12 盟市森林资源为研究对象，结合固碳速率法、最优价格法等方法对其森林碳汇量及其价值进行测算和评估，并基于 ArcGIS 软件对全区森林碳汇价值的时空演变格局进行分析，以揭示研究全区森林碳汇价值的时空分布规律及其影响因素，以期为内蒙古森林碳汇交易提供数据支撑，为政府制定相关森林碳汇发展政策提供决策依据。

二、研究区概况、数据来源与研究方法

（一）研究区概况

内蒙古自治区地处中纬度内陆，气候类型是典型的大陆性季风气候，季节性差异显著，年平均气温一般位于10℃以下且由南至北逐渐降低，年平均降水量则自东至西逐渐减少且存在明显的地域性差异。作为研究区域，内蒙古林草资源丰富，但空间分布不均匀，森林资源主要集中在东部地区，尤其以东北部呼伦贝尔市最为丰富，其次是中部地区，西部地区森林资源则相对匮乏。森林资源总量丰富且区域差异明显的分布特征使得内蒙古成为研究森林碳汇的典型区域，针对其森林碳汇量和森林碳汇价值量的探讨对于开发、发展国内碳汇市场和建立森林碳汇政策管理体系具有重要意义。

（二）数据来源

本研究森林面积、固碳速率等数据以第八次全国森林资源清查（2009～2013）、第九次全国森林资源清查（2014～2018）数据为基础，因此研究区间选择2009～2013年和2014～2018年两个周期。研究数据为2009～2018年，森林植被固碳速率、森林土壤固碳速率数据来自《陆地生态系统生产总值（GEP）核算技术指南》，内蒙古森林面积数据来自《中国环境统计年鉴》《中国社会统计年鉴》《中国林业统计年鉴》《中国区域经济统计年鉴》《中国统计年鉴》，内蒙古各盟市森林面积数据来自《内蒙古经济社会调查年鉴》以及利用ArcGIS提取的森林面积数据，最优价格区间、碳税、碳固定价值、碳蓄积价值等数据来自文献资料，汇率数据来自中国外汇交易中心公布数据以及《中国第三产业统计年鉴》《中国统计年鉴》《中国贸易外经统计年鉴》，林下植物碳转换系数数据来自IPCC默认值。

（三）研究方法

1. 森林碳汇量测算方法

（1）改进的固碳速率法

参考生态环境部环境规划院与中国科学院生态环境研究中心编写的《陆地生态系统生产总值（GEP）核算技术指南》，固碳速率法是根据不同时间点的森林植被固碳速率和森林面积数据，在利用森林土壤固碳系数对森林土壤固碳量加以考虑的基础上对森林固碳量进行计量，但是这种方法只考虑了森林植被和森林土壤的固碳能力，并未考虑森林林下植物的固碳能力，可能会造成森林生态系统固碳量的低估。因此，参考森林蓄积量拓展法，改进的

固碳速率法计量原理为根据森林植被固碳速率与森林面积先计算得到森林植被的固碳量，再利用林下植物碳转换系数计量得到林下植物的固碳量，森林土壤固碳量则利用森林土壤固碳速率与森林面积获得，最后将森林植被、林下植物、森林土壤三者固碳量相加，得到森林生态系统固碳量，具体公式如下：

$$FCS = FCSR \times SF \times (1 + \alpha) + FCSS \times SF \qquad (1)$$

其中，FCS 为森林生态系统固碳量，FCSR 为森林植被固碳速率（tC·ha^{-1}·a^{-1}），SF 为森林面积（ha），α 为林下植物碳转换系数（IPCC 默认值为 0.195），FCSS 为森林土壤固碳速率。考虑森林植被和土壤固碳速率数据的可得性以及植被生长速度和固碳能力增长变化缓慢的现实依据，假设在相同的森林资源清查周期中各盟市采用相同的森林植被固碳速率和森林土壤固碳速率。

（2）转换森林固碳量

森林生态系统固碳量计算的是森林固定的碳元素总量，并非森林生态系统实际固定的 CO_2 数量。因此，森林碳汇量的计量需要在森林固碳量的基础上通过碳元素转化为 CO_2 的系数进行转换计算，即森林碳汇量具体计量公式如下：

$$FC = FCS \times M_{CO_2}/M_C \qquad (2)$$

其中，FC 为森林生态系统碳汇量，FCS 为森林生态系统固碳量，M_{CO_2}/M_C 为 C 转化为 CO_2 的转换系数 44/12。

本研究改进的固碳速率法既保留了传统方法中以自然生态过程反映植被固碳能力的思想，同时参考森林蓄积量拓展法对植被的固碳能力种类进行了更加全面地补充。两种方法均已被应用且被证实结果科学，两者结合使得森林固碳量的测算更加完整、严谨。

2. 森林碳汇价格确定方法

（1）最优价格法

最优价格法是边际分析法中最优分析法的一种，既有利于资源管理的最优决策和配置，也有利于寻找森林碳汇资源配置的最佳规律。该方法森林碳汇生产的追加支出和碳汇生产的追加收入相比较，两者相等时为临界点，当资源的边际收入（MR）等于边际支出（MC）时实现碳汇生产的利润最大化。利用最优价格法计量得出的森林碳汇价格是一个价格区间，是利用目标函数、函数限制条件、哈密顿函数，根据收益最大化的条件方程和森林资源的增长方程，作为最优价格模型求得森林资源的影子价格，进而求得最优森林碳汇价格。根据张颖等的研究得知森林碳汇最优价格区间为 10.11～15.17 美元/吨，对于最优价格区间，一般采用区间上限 15.17 美元/吨作为森林碳汇价格。在森林碳汇价值不同计量年份，分别参考中国外汇交易中心和相关统计年鉴中公布的对应年份的美元兑人民币年平均汇率，得到内蒙古森林碳汇在不同时期利用最优价格法计量的碳汇价格。

（2）碳税法

碳税能够反映碳的社会成本，被视为限制碳排放的重要政策工具。目前世界上共有 27 个国家和 7 个地区采用碳税，制度实施比较好的一般是位于欧洲的芬兰、丹麦等国家，我国目前还尚未将碳税作为独立税种进行征收。因此，在碳汇价格评估中利用碳税法时，本研究采用运用比较普遍的瑞典碳税率，参考刘梅娟等根据 2008 年 4 月国家林业局发布的《森林生态系统服务功能评估规范》推荐碳汇资产单价标准采用的瑞典碳税率 150 美元/吨碳。在森林碳汇价值不同计量年份，分别参考中国外汇交易中心和相关统计年鉴中公布的对应年份的美元兑人民币年平均汇率，得到内蒙古森林碳汇在不同时期利用碳税法计量的碳汇价格。

（3）固定 CO_2 的造林成本法

固定 CO_2 的造林成本法从生态功能服务视角出发，更多地反映生态系统吸收、蓄积 CO_2 的碳汇形成机制。该方法将碳汇价值切分为碳固定价值和碳蓄积价值，其中碳固定价值量是将大气中单位 CO_2 永久固定后为人类带来的利益或将非温室气体形式的碳以 CO_2 形式排放到大气中因温室效应对人类产生的损失，碳蓄积价值量是单位时间单位非温室气体 CO_2 碳库蓄积储存对人类产生的利益。本研究采用的固定 CO_2 造林成本法数据参考李文华等对固定碳的造林成本的研究数据，碳固定价值为 365 元/吨 CO_2，碳蓄积价值 20.5 元/吨 CO_2，即固定 CO_2 的造林成本为 385.5 元/吨。由于固定 CO_2 的造林技术、方式等在短时间内不会发生较大变革，所以在森林碳汇价值计量期间假设该造林成本不发生变化。

在森林碳汇价格的确定中，本研究基于碳汇生产者收益最大化、社会或外部经济因素对碳汇价格的影响、碳汇为人类社会带来的收益或失去碳汇造成的损失三个视角对森林碳汇价格进行测算，最终确定价格选用最优价格法、碳税法和造林成本法的平均价格（如表 1 所示）。相比单一方法确定的碳汇价格，平均价格可以更全面地考虑碳汇价值的形成过程、多方因素对碳汇价格的影响等方面，使碳汇价格更加合理、有效。

表 1   不同年份的森林碳汇价格   单位：元

年份	年平均汇率	最优价格法	碳税法	造林成本法	平均价格
2009	6.831	103.626	1024.65	385.5	504.592
2010	6.770	102.701	1015.50	385.5	501.234
2011	6.459	97.980	968.82	385.5	484.100
2012	6.310	95.723	946.50	385.5	475.908

年份	年平均汇率	最优价格法	碳税法	造林成本法	平均价格
2013	6.200	94.054	930.00	385.5	469.851
2014	6.140	93.143	921.00	385.5	466.548
2015	6.230	94.509	934.50	385.5	471.503
2016	6.640	100.729	996.00	385.5	494.076
2017	6.760	102.549	1014.00	385.5	500.683
2018	6.620	100.425	993.00	385.5	492.975

三、内蒙古森林碳汇测算、评估及时空演变格局

（一）森林碳汇量测算结果及分析

1. 内蒙古全区森林碳汇量测算

根据测算出来的第八次全国森林资源清查和第九次全国森林资源清查周期的内蒙古全区森林碳汇情况可以看出（见图1和图2）：在森林面积方面，2013～2014年出现小幅下降，后回升呈稳定增长，研究区间整体呈上升趋势，森林面积从17759142.72公顷增长到18031672.26公顷；在森林碳汇量方面，在2009～2018年森林碳汇量一直呈持续增长态势，从55380092.90吨增长到126581906.50吨，内蒙古具备良好的森林碳汇资源开发潜力。

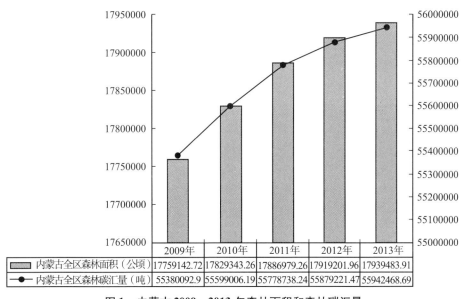

	2009年	2010年	2011年	2012年	2013年
内蒙古全区森林面积（公顷）	17759142.72	17829343.26	17886979.26	17919201.96	17939483.91
内蒙古全区森林碳汇量（吨）	55380092.9	55599006.19	55778738.24	55879221.47	55942468.69

图1 内蒙古2009～2013年森林面积和森林碳汇量

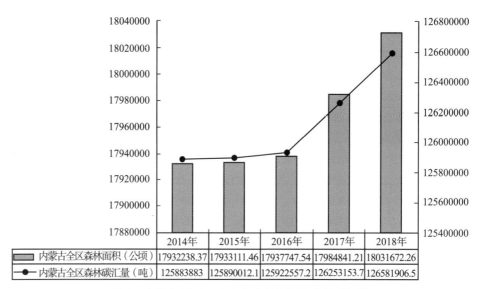

	2014年	2015年	2016年	2017年	2018年
内蒙古全区森林面积（公顷）	17932238.37	17933111.46	17937747.54	17984841.21	18031672.26
内蒙古全区森林碳汇量（吨）	125883883	125890012.1	125922557.2	126253153.7	126581906.5

图2 内蒙古2014～2018年森林面积和森林碳汇量

其中，在两个全国森林资源清查周期中森林碳汇量分别随森林面积的增长而增长且两者增长幅度大致相同，但是在周期分界的 2013～2014 年，在森林面积下降的情况下森林碳汇量仍然出现大幅度增长，这主要是由于第九次全国森林资源清查周期的森林植被固碳速率和森林土壤固碳速率大于第八次全国森林资源清查周期的数据导致的，林龄增长带来的固碳能力增强、国家和自治区相关政策带来的造林和再造林以及不同时期测算技术和测算口径的改变是数据变化的可能原因。

2. 各盟市森林碳汇量测算

根据各盟市森林碳汇量测算结果可知（见表 2 和表 3），内蒙古东部地区，赤峰市森林碳汇量在两个计量周期中均处于稳定增长趋势，在整个计量区间从 2463517.31 吨增长到 6231325.43 吨。通辽市、呼伦贝尔市、兴安盟在研究年份中森林碳汇量均在计量区间出现过波动现象，但波动幅度较小、整体仍呈增长趋势，森林碳汇量分别在 2009～2018 年从 811823.32 吨、46307830.27 吨、4897892.43 吨增长到 1890495.82 吨、105089587.00 吨、11077382.29 吨。

内蒙古中部地区，锡林郭勒盟、乌兰察布市、包头市、呼和浩特市森林碳汇量在整个计量区间中均处于持续增长趋势，且在两次森林清查分界年份 2014 年受森林固碳速率增长影响森林碳汇量出现显著增加，分别从 244790.33 吨、171763.10 吨、50740.90 吨、221125.14 吨增长到 596837.31 吨、513324.37 吨、119508.35 吨、564566.97 吨。

内蒙古西部地区，阿拉善盟、乌海市森林碳汇量在两个计量周期中均基本保持稳定增长状态，在整个研究年份中分别从 66522.75 吨、10.38 吨增长到

150962.41 吨、27.17 吨。巴彦淖尔市森林碳汇量在第八次全国森林资源清查周期中出现波动，且在 2012 年、2013 年出现大幅下降，但在第九次全国森林资源清查周期中恢复稳定增长，其在整个研究区间从 50542.76 吨增长到 115132.52 吨。鄂尔多斯市森林碳汇量除 2009~2010 年出现过轻微波动外，其余年份均呈稳定大幅增长，在整个研究区间森林碳汇量从 420.70 吨增长到 13708.75 吨。

表 2　　　　第八次全国森林资源清查周期各盟市森林碳汇量　　　单位：吨

各盟市	2009 年	2010 年	2011 年	2012 年	2013 年
阿拉善盟	66522.75	66530.33	66536.50	66544.08	66582.81
锡林郭勒盟	244790.33	249639.78	252160.92	253194.01	255351.13
兴安盟	4897892.43	4892275.11	4895372.99	4898862.66	4928133.11
乌海市	10.38	10.38	10.38	10.66	12.35
巴彦淖尔市	50542.76	51575.58	51546.11	48021.91	37767.02
鄂尔多斯市	420.70	419.86	436.70	585.45	1592.44
包头市	50740.90	50946.63	51263.21	51444.51	52271.88
呼和浩特市	221125.14	221253.68	221270.64	222218.02	229128.33
乌兰察布市	171763.10	171946.65	172655.03	177504.20	189798.89
赤峰市	2463517.31	2495575.79	2517588.48	2545797.77	2583071.40
通辽市	811823.32	814653.17	816940.52	819977.22	826817.64
呼伦贝尔市	46307830.27	46490331.82	46638634.90	46700146.53	46676512.22

表 3　　　　第九次全国森林资源清查周期各盟市森林碳汇量　　　单位：吨

各盟市	2014 年	2015 年	2016 年	2017 年	2018 年
阿拉善盟	149928.79	150125.91	150641.45	150792.45	150962.41
锡林郭勒盟	576015.15	578124.72	580343.59	587831.66	596837.31
兴安盟	11086176.28	11080567.81	11054703.27	11067841.51	11077382.29
乌海市	27.80	27.80	27.80	27.17	27.17
巴彦淖尔市	84774.00	85847.43	99046.32	104664.26	115132.52
鄂尔多斯市	4051.72	5803.06	7294.11	10789.21	13708.75
包头市	118824.12	119213.30	119327.03	119383.26	119508.35
呼和浩特市	520690.50	532774.27	542130.56	554977.54	564566.97
乌兰察布市	436956.44	453038.85	471541.69	497168.67	513324.37
赤峰市	5891435.25	6008869.41	6100411.86	6180472.02	6231325.43
通辽市	1864316.65	1864184.60	1867783.95	1882931.31	1890495.82
呼伦贝尔市	104935315.20	104795528.10	104712720.20	104877911.40	105089587.00

（二）森林碳汇价值评估结果及分析

1. 内蒙古全区森林碳汇价值评估

基于 2009～2018 年内蒙古全区森林碳汇价值评估结果可知（见图 3），在第八次全国森林资源清查周期中，森林碳汇价值呈下降趋势；在第九次全国森林资源清查周期中，在 2014～2017 年呈稳定增长态势，在 2018 年出现回落，即存在波动但整体呈增长趋势。一般而言，森林碳汇价值随森林面积和森林碳汇量的增加而增加，但是由于汇率波动原因，造成不同年份单位碳汇价格波动，导致在整个研究区间年份中出现过在森林面积和森林碳汇量稳定增长的前提下森林碳汇价值出现下降的情况，但是不可否认在研究区间中内蒙古森林碳汇价值仍然整体呈上升趋势，从 2794435.68 万元增长到 6240173.22 万元，森林碳汇价值量巨大且具备开发交易潜力。

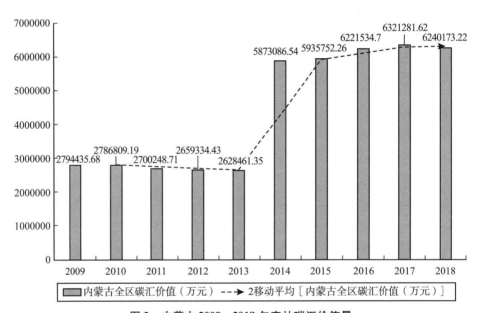

图 3　内蒙古 2009～2018 年森林碳汇价值量

2. 各盟市森林碳汇价值评估

根据各盟市森林碳汇价值评估结果可知（见表 4 和表 5），位于东部地区的通辽市、呼伦贝尔市和兴安盟的森林碳汇价值在第八次全国森林资源清查周期中处于小幅下降状态，在第九次全国森林资源清查周期中整体处于稳定增长趋势，三个盟市森林碳汇价值分别从 40963.96 万元、2336656.49 万元、247143.78 万元增长到 93196.74 万元、5180655.32 万元、546087.40 万元；赤峰市森林碳汇价值整体呈上升趋势，从 2009 年的 124307.13 万元增长到 2018 年的 307188.85 万元。

表4   第八次全国森林资源清查周期各盟市森林碳汇价值   单位：万元

各盟市	2009年	2010年	2011年	2012年	2013年
阿拉善盟	3356.69	3334.72	3221.03	3166.88	3128.40
锡林郭勒盟	12351.93	12512.79	12207.11	12049.69	11997.71
兴安盟	247143.78	245217.28	236985.01	233140.58	231548.99
乌海市	0.52	0.52	0.50	0.51	0.58
巴彦淖尔市	2550.35	2585.14	2495.35	2285.40	1774.49
鄂尔多斯市	21.23	21.04	21.14	27.86	74.82
包头市	2560.35	2553.62	2481.65	2448.28	2456.00
呼和浩特市	11157.80	11089.98	10711.69	10575.52	10765.62
乌兰察布市	8667.03	8618.54	8358.23	8447.56	8917.73
赤峰市	124307.13	125086.65	121876.46	121156.44	121365.95
通辽市	40963.96	40833.16	39548.09	39023.34	38848.14
呼伦贝尔市	2336656.49	2330251.79	2257776.31	2222495.31	2193102.15

表5   第九次全国森林资源清查周期各盟市森林碳汇价值   单位：万元

各盟市	2014年	2015年	2016年	2017年	2018年
阿拉善盟	6994.90	7078.48	7442.84	7549.92	7442.07
锡林郭勒盟	26873.87	27258.76	28673.40	29431.74	29422.60
兴安盟	517223.26	522452.13	546186.65	554148.08	546087.40
乌海市	1.30	1.31	1.37	1.36	1.34
巴彦淖尔市	3955.11	4047.73	4893.64	5240.36	5675.75
鄂尔多斯市	189.03	273.62	360.38	540.20	675.81
包头市	5543.71	5620.94	5895.67	5977.32	5891.46
呼和浩特市	24292.71	25120.47	26785.38	27786.79	27831.75
乌兰察布市	20386.11	21360.92	23297.76	24892.39	25305.62
赤峰市	274863.69	283320.02	301406.87	309445.77	307188.85
通辽市	86979.31	87896.87	92282.77	94275.18	93196.74
呼伦贝尔市	4895735.45	4941140.94	5173606.99	5251059.43	5180655.32

位于中部地区的乌兰察布市、包头市、呼和浩特市森林碳汇价值在第八次全国森林资源清查周期中先下降后回升，在第九次全国森林资源清查周期中基本保持持续增长，三个盟市森林碳汇价值分别从8667.03万元、2560.35万元、11157.80万元增长到25305.62万元、5891.46万元、27831.75万元；锡林郭勒盟森林碳汇价值在第八次全国森林资源清查周期中先上升后下降，

在第九次全国森林资源清查周期中整体呈稳定增长状态，在 2009～2018 年从 12351.93 万元增长到 29422.60 万元。

位于西部地区的盟市森林碳汇价值变化方式存在较大差异，阿拉善盟在第八次全国森林资源清查周期中呈下降趋势，在第九次全国森林资源清查周期中先稳步增长后小幅下降；乌海市在第八次全国森林资源清查周期中先下降后上升，在第九次全国森林资源清查周期中先上升后下降；巴彦淖尔市在第八次全国森林资源清查周期中先上升后下降且下降幅度较大，在第九次全国森林资源清查周期中回升呈稳定增长趋势；鄂尔多斯市在 2013 年之前存在波动，自 2013 年开始呈现显著大幅增长趋势。四个盟市的森林碳汇价值在 2009～2018 年分别从 3356.69 万元、0.52 万元、2550.35 万元、21.23 万元增长到 7442.07 万元、1.34 万元、5675.75 万元、675.81 万元。

（三）森林碳汇价值时空演变格局

1. 时间演变格局分析

从内蒙古全区整体来看，2009～2018 年森林碳汇价值整体呈稳定增长状态，两次全国森林资源清查周期分界年份为 2014 年，第九次森林普查周期内其碳汇价值出现大幅上涨。一方面，第九次周期内普查结果显示森林植被和土壤固碳速率分别为 $1.04tC \cdot ha^{-1} \cdot a^{-1}$ 和 $0.67tC \cdot ha^{-1} \cdot a^{-1}$，而第八次周期内普查结果仅分别为 $0.46tC \cdot ha^{-1} \cdot a^{-1}$ 和 $0.30tC \cdot ha^{-1} \cdot a^{-1}$，森林碳汇价值对固碳速率变化很敏感，另一方面，也与国家和自治区政府关于林草碳汇的政策有关。目前，我国关于林草碳汇方面的政策导向是推动生态保护和重大生态工程修复，提升林草碳汇能力。2009 年《国务院办公厅关于进一步推进三北防护林体系建设的意见》为保护森林资源继续推进三北防护林生态工程建设、完善森林资源和效益监测体系，《中国应对气候变化的政策与行动》2012 年度报告明确提出增加森林碳汇，2015 年《强化应对气候变化行动——中国国家自主贡献》对森林蓄积量和森林面积提出全新承诺以提升森林碳汇能力，2016 年《林业发展"十三五"规划》明确以维护森林生态安全为主攻方向，2021 年《"十四五"林业草原保护发展规划纲要》提出森林草原保护发展的 12 项重点任务。自治区层面也深度贯彻国家"双碳"目标政策和林草碳汇的总方针，相应推出增加林草碳汇增量的政策。2010 年《内蒙古自治区应对气候变化实施方案》明确通过生态工程项目增加林草碳汇量，2012 年《关于 2012 年深化经济体制改革重点工作的实施意见》提出实行"增减挂钩"按照碳汇额度增加比例抵扣相应节能排放指标，2021 年《内蒙古自治区"十四五"林业和草原保护发展规划》（以下简称《规划》）明确加快林草生态修复等 6 项重点任务。国家和自治区的双层政策支持是内蒙古森林面积增加、碳汇能力增强的重要保障。

从内蒙古各盟市来看，除乌海市、鄂尔多斯市和乌兰察布市以外，其余盟市森林碳汇价值在2009～2013年整体呈现下降趋势，乌海市和乌兰察布市该期间小幅波动但整体呈现上升趋势，鄂尔多斯市增速最为显著；2014～2018年12盟市森林碳汇价值除个别年份出现较小波动以外，整体上呈现增加趋势。进一步分析各盟市森林碳汇变化原因发现，阿拉善盟以东、锡林郭勒盟及以西的偏中部地区森林面积增速较其他地区更快，森林碳汇价值增幅更大。这主要与内蒙古黄河流域建设有关，内蒙古持续推进黄河流域生态建设与保护，全方位推动沿黄生态廊道建设，在《规划》中谋划了黄河重点生态区生态保护与修复工程，开展黄河流域林草植被建设增加覆盖度，通过退化林分修复和森林抚育等提升森林质量，黄河经流及附近区域森林碳汇能力由此得到增强。

2. 空间演变格局分析

从东西方向来看，内蒙古森林碳汇价值总体呈由东向西逐渐减少的变化趋势，在两次全国森林资源清查周期中东部地区森林碳汇价值量分别介于120000万～2300000万元和300000万～5200000万元，中部地区分别介于2400万～12000万元和5500万～30000万元，西部地区分别介于0.50万～3400万元和1.30万～7600万元，这主要由于内蒙古东西部降水和水资源分布差异导致。降水方面，东部地区平均降水量和全年降水日高于中西部，尤其是东北部地区全年降水日最多；水资源地区、时程分布方面，东部地区较中西部更为丰富且水资源总量占比远高于流域土地占比。此外，各盟市重点产业也是影响因素，位于东部的盟市以旅游业、农业等为重点产业，产业发展对生态环境具有特殊要求，位于中西部的盟市以工业产业和羊绒产业等为重点产业，产业本身对生态环境无特定要求，并且可能由于发展不当对生态环境造成损害。

南北方向上，内蒙古森林碳汇价值呈东部由北向南减少、中西部由南向北减少的变化趋势，这可能与自然资源分布和气温原因有关。自然资源分布方面，东北部地区具有丰富的湿地等重要自然资源，该地区气候、土壤等自然因素适宜森林资源生长。气温方面，全区年均气温普遍南高北低，且冬季东部地区寒冷天气天数更多，夏季中西部地区的南部高温天气天数更多，温暖的气温有利于促进森林资源生长。

四、结论与讨论

（一）讨论

森林碳汇价值评估方法方面，本文结合森林蓄积量拓展法对固碳速率法进行改进，使得森林固碳量的计量更加准确；运用碳与 CO_2 的转换系数将森林固碳量与森林碳汇量进行区分；利用结合汇率的三种碳汇定价方法的平均值使森林碳汇价格考虑因素更加全面。但是更多以碳汇交易和成本为切入角度，忽略了社会、经济、生态等维度因素所产生的宏观、中观和微观作用，例如生物学方面的枯损量和社会经济方面的经营管理水平等因子，应注重补充研究可量化、可比较、易操作的非碳效应评估指标体系的构建。同时，目前学界关于森林碳汇价值量评估尚未提出明确的定义，造成有的研究利用森林固碳总量对碳汇价值进行评估，部分学者则利用森林固碳增量对碳汇价值进行评估，导致评估结果意义存在差异。因此，对于森林碳汇价值评估方法的规范性和统一性问题仍存在深入研究和探讨的空间。

森林碳汇价值评估的森林固碳速率影响因子方面，引起固碳速率在第九次清查周期增长的原因是多样的。首先，国家和自治区关于发展森林碳汇的政策带来大量造林和再造林，研究表明造林和再造林对增加森林资源和提高森林生态系统固碳能力具有重要影响。其次，森林固碳动态在很大程度上取决于其年龄级的变化，一般来说幼龄林固碳速率较低，中龄林固碳速率最大，成熟林和过熟林碳素吸收与释放基本平衡，即落实国家和自治区政策的新增森林随着林龄增长会带来全区森林固碳速率的增加。同时随着遥感等技术的发展森林固碳速率测量技术和口径也会发生变化，成为固碳速率改变的影响因子。此外，森林固碳还受降水、地形、海拔、火灾、氮沉降等多种因素影响，即各盟市内部不同区域亦可能因地理差异存在不同的固碳速率。因此，关于森林固碳速率测量的精确性和区域差异性应进一步深入研究。本文在同一清查周期采用相同的森林固碳速率，忽略了小阶段林龄增长、不同自然地理条件以及测算技术和口径等因素对森林碳汇价值的扰动。

通过探索内蒙古各盟市森林碳汇价值时空演变格局，研究区东部具有优质的自然资源和良好的气候条件，在等量发展投入的前提下会带来更优质的生态效果，是森林碳汇及相关产业发展的首选核心地带，属于强碳汇区；偏中部地区由于政府对黄河流域重点生态区实施的生态保护工程森林面积和森林固碳能力得到显著提升，属于碳汇重点发展区，但是该地区重点产业和森林碳汇发展存在一定矛盾，即森林碳汇的发展有可能导致其他产业发展空间受阻；西部属于弱碳汇区，受制于地理、气候、产业结构等因素，森林碳汇发展程度受限，应探索环境优化和因地制宜兼顾的治理方法。

（二）结论

根据内蒙古全区及其 12 盟市在 2009～2018 年的森林碳汇量和森林碳汇价值评估结果，结论如下：（1）各盟市森林碳汇量和森林碳汇价值量变化趋势存在差异，但总体基本均呈上升趋势，内蒙古整体具备良好的森林碳汇潜力，蕴含的森林碳汇量和碳汇价值大且发展水平良好；（2）时间上，内蒙古全区及各盟市森林碳汇价值虽然存在波动和不同变化差异，但整体呈现增长格局，且阿拉善盟以东、锡林郭勒盟及以西的偏中部地区增速最快；（3）空间上，内蒙古森林碳汇价值整体呈现出东高西低、东部北高南低、中西部南高北低的格局。

参 考 文 献

［1］陈伟，宋维明．国际主要碳交易市场价格形成机制及其借鉴［J］．价格理论与实践，2014（01）：115－117.

［2］陈元嫒，温作民，谢煜．森林碳汇的公允价值计量研究——基于森林资源培育企业的角度［J］．生态经济，2018，34（04）：45－49.

［3］高琛，黄龙生，刘甲午，等．森林碳汇测量方法对比分析［J］．河北林业科技，2014（01）：35－37.

［4］高冠龙，张小由．内蒙古碳排放现状及森林碳汇的重要性分析［J］．中国人口·资源与环境，2014，24（S2）：24－27.

［5］胡原，成鋆，曾维忠．中国森林碳汇发展现状、存在问题与政策建议［J］．生态经济，2022，38（02）：104－109.

［6］贾治邦．积极发挥森林在应对气候变化中的重大作用［J］．求是，2008（04）：50－51.

［7］李雪敏．森林碳汇资产价值评估实证研究［J］．内蒙古财经大学学报，2020，18（02）：76－81.

［8］刘梅娟，朱嘉雯，裘应萍，等．森林碳汇资产价值计量研究［J］．中国农业会计，2022（01）：50－54.

［9］刘魏魏，王效科，逯非，等．造林再造林、森林采伐、气候变化、CO_2浓度升高、火灾和虫害对森林固碳能力的影响［J］．生态学报，2016，36（08）：2113－2122.

［10］刘艳丽．森林碳汇计量关键技术应用研究［J］．林业勘查设计，2023，52（02）：86－90.

［11］闵庆文，刘寿东，杨霞．内蒙古典型草原生态系统服务功能价值评估研究［J］．草地学报，2004（03）：165－169，175.

［12］秦富仓，赵鹏武，李龙，等．"双碳"背景下提升内蒙古森林碳汇功能的思考［J］．北方经济，2023（02）：27－30.

［13］王效科，刘魏魏．影响森林固碳的因素［J］．林业与生态，2021（03）：40－41.

［14］王雪红．林业碳汇项目及其在中国发展潜力浅析［J］．世界林业研究，2003（04）：7－12.

［15］郗婷婷，李顺龙．黑龙江省森林碳汇潜力分析［J］．林业经济问题，2006（06）：519－522，526.

［16］谢高地，李士美，肖玉，等．碳汇价值的形成和评价［J］．自然资源学报，2011，26（01）：1－10.

［17］杨玉坡．全球气候变化与森林碳汇作用［J］．四川林业科技，2010，31（01）：14－17.

［18］张颖，吴丽莉，苏帆，等．我国森林碳汇核算的计量模型研究［J］．北京林业大学学报，2010，32（02）：194－200.

［19］张颖，易爱军．承德市森林碳汇价值核算及其相关问题研究［J］．创新科技，2022，22（05）：83－92.

［20］李文华，谢高地，肖玉，等．北京市森林资源资产评估方法体系［R］．北京：中国科学院地理科学与资源研究所，2007.

黄河流域生态保护和经济高质量发展耦合协调及地区异质性研究

任卿蓉　刘　超[*]

内容提要：黄河流域生态保护与经济高质量发展之间协调发展，为生态文明建设指明了方向，是黄河流域可持续发展的必由之路。本文以黄河流域2013~2021年9省（区）为研究对象，运用熵值法及耦合协调度模型，分析黄河流域生态保护与经济高质量发展耦合协调及地区异质性。结果显示：黄河流域两大系统综合评价指数总体上呈增长趋势；黄河流域两大系统耦合协调等级大致为"轻度失调—勉强协调—中水平协调"；黄河流域生态保护与经济高质量各地区的异质性较为突出。其中，黄河中下游地区的经济高质量发展程度高于上游地区，而上游的生态保护整体状况比中下游较好。原因在于地理位置的优越性，政策的针对性，对此提出区域合作等。

一、引　言

　　黄河是中华文化的发祥地，黄河的保护是一个千年的工程，关系到中华民族的伟大复兴。其流域范围内拥有丰富的自然资源，经济社会发展对生态资源的依赖性越来越高，它是国家区域协调发展和"一带一路"倡议实施的核心地区，也是东西两条"生态廊道"之间的纽带，形成了以黄河流域为主要特征，兼具防风固沙、生态保护、绿色发展等功能。近些年来，黄河流域生态环境水平不断提升，但也面临着诸多难题，如水土流失严重、支流污染严重、湿地退化等。《黄河流域水土保持公报（2021年）》显示，黄河流域2021年土壤侵蚀面积25.9万平方公里，包括18.86万平方公里的水土流失和7.07万平方公里的风力侵蚀地带，已经成为我国经济高质量发展的"瓶颈"。

　　2019年，习近平主持召开关于黄河流域治理座谈会，强调黄河流域在经济、社会、生态安全等方面的重要作用，突出了"治黄河，以管为先"的战略需求，把生态保护与经济高质量发展提高到我国重要的战略地位。

---

　　* 任卿蓉，内蒙古财经大学，硕士研究生，资产评估方向；刘超，内蒙古财经大学，硕士研究生，资产评估方向。

此外，在党中央的领导下以及可持续发展战略的推动下，对黄河流域生态保护与经济高质量发展提供了新思路和新要求，其治理与发展工作取得了显著成效。

有了历史的耐性，有了战略的决心，就能把黄河流域的生态保护与高质量发展推向新的高度。这一系列政策和机制相继出台，为黄河的保护和管理构建了"四梁八柱"。在这一背景下，对黄河流域两系统耦合协调及地区异质性研究，是亟须解答和解决的战略难题。基于此，本文以黄河流域 9 个省（区）为研究对象，运用模型，分析了黄河流域生态保护与经济高质量发展这两个系统的耦合协调及地区异质性，以期提供针对性的协同发展对策，从而实现黄河流域生态与经济高质量发展的协调发展，实现生态与经济的最大效益。

二、文献综述与理论分析

（一）文献综述

一些学者针对黄河流域现状、黄河流域的水生态治理、黄河经济带建设以及如何促进相应的发展战略实施等问题进行了讨论。近些年来，大部分学者更多地关注生态保护与经济高质量发展。其中，李小建等（2020）指出生态保护与高质量的经济发展密切相关，两者相辅相成。任保平和何苗（2019）认为所谓高质量发展，就是指经济发展的质量状况已经达到了一个更高的层次，在经济建设的同时，将生态保护等方面都纳入其中，也就是要注重经济高质量发展的综合性。王开荣（2020）提出了以生态保护为前提的经济和社会发展才是可持续的，强调经济高质量发展的同时也要注意生态保护。但有关黄河流域生态保护和经济高质量发展的耦合协调与地区异质性等方面的相关文献却很少。本文的创新和特点在于以黄河流域为中心，以生态保护为重点，以经济高质量发展为目标，同时，所选择的综合评价指标与研究对象的实际情况吻合较好，从而使建立的指标体系更加科学、高效。并在此基础上，对黄河流域上中下游的发展情况进行分析。在查阅有关文献的基础上并对其梳理，本文主要从以下三个方面进行综述。

1. 基于经济高质量发展方面

金碚（2018）认为，高质量发展是指经济发展从注重量的扩张转向质的提升，更加全面地适应人民日益增长的美好生活需要。师博和任保平（2018）认为，以经济增长与社会绩效这两个根本因素为基础，构造了一个衡量高质量发展水平的指标体系。研究结果表明，我国东部、中部和西部地区的经济增长质量在不同的区域之间存在着不平衡的差异，在短时间内不可能跨越。张军扩等（2019）认为，经济高质量发展是经济增长与发展理念的转变，是一种效率很高的发展方式。徐辉等（2020）利用熵权法对 2008~2017 年黄河流域 9 个省（区）的高质量发展程度进行了测算，并对其进行了说明。

2. 基于生态保护方面

安树伟和李瑞鹏从多角度解释了黄河流域高质量发展的内涵，强调要综合考虑多种因素重视社会和生态的高质量发展。高质量发展必须要推动区域的生态和文化建设。陆大道和孙东琪表示，黄河流域应从新的历史阶段出发，统筹规划实现高质量发展。要根据实际情况，因地制宜，大力开发绿色清洁能源和发展生态农业，加速实现乡村振兴战略。金凤君提出，黄河流域生态环境保护与高质量发展必须明确资源环境承载能力，优化流域空间格局，明确开放优先战略，构建现代开放体系。明确生态安全边界，促进流域协调发展等。

3. 基于二者耦合协调关系方面

魏振香和史相国以省级为研究单位，建立了区域生态可持续发展和经济高质量发展的综合评估指标，并对两者的耦合、交互作用进行了深入的剖析。姜磊提出了一种改进的耦合度模型，对"经济发展—资源禀赋—生态环境"三大系统进行应用，得到了中国 31 个省（区、市）的耦合协同性评价。崔盼盼等研究黄河流域生态和经济的时空耦合进行了分析，为二者进行协同发展提供了有效参考。

（二）理论分析

"耦合"是一个用来刻画多个系统间相互作用、相互关联、以达到协同效应的物理概念。所谓"协调"，就是指在系统中，每个要素都可以实现有机的结合。"耦合协调"表示两大系统生态保护与经济高质量发展及其内部要素的协同与交互作用，使其达到一种和谐的状态，也就是在生态环境容量的限制下，促进经济社会可持续发展。"绿水青山就是金山银山"这一科学论断，既阐明了生态保护与经济高质量发展之间的辩证统一关系，也为生态保护与经济高质量发展耦合协调理论机理的提出提供了可供遵循的实现路径。因此，本文拟用耦合度来反映生态保护和经济高质量发展的协同性，要实现两者的耦合与协调发展，这一协调是驱动系统从无序到有序、演化趋向和规律的核心，从而达到从低层次共生向高层次协同发展的目的。在新的时期，要注重生态保护，提高经济增长的质量与效率。"生态—经济"是一个相互补充、相互影响的复合体系，对它们的耦合与协同机制进行研究，对促进我国的可持续发展有着重要的意义。

三、研究方法与数据来源

（一）研究方法

1. 综合评价指标体系的构建

为科学反映两者的实际状况，本文充分考虑科学性原则、系统性原则、可量化和可操作性原则。基于指标数据可获得性，借鉴石涛、杨慧芳和张合林，李福柱和苗青等学者已有的研究成果，本文从两个方面构建综合评价指标体系（见表1）。选取人均GDP、财政支出、居民消费价格指数、城乡收入比、城镇恩格尔系数和社会消费品零售总额6个维度的评价指标来反映经济发展状况。经济高质量发展综合评价指标用人均GDP指标衡量各省经济增长能力。财政支出指标用一般公共预算支出来度量，反映各省政府用于经济发展、社会公共服务、民生保障等方面的资金数量。居民消费价格指数用来反映消费者的购买能力，衡量地区居民消费贡献水平，用需求拉动经济的发展。城乡收入比指标能够直观地反映城乡居民家庭的收入差距。城镇恩格尔系数用来度量城镇居民消费结构的重要指标，反映食品支出占总消费支出的比重，评估居民的生活水平和经济发展水平。社会消费品零售总额，反映了消费品的市场规模，可以衡量各地区经济活力和居民消费能力。生态保护综合评价指标以森林覆盖率和人均公园绿地面积来反映生态环境禀赋情况和绿色发展水平，工业废气中二氧化硫排放量指标用来衡量生态环境的承载能力和环境保护压力，用生活垃圾无害化处理率和水资源重复利用率来反映各省环境污染治理水平和生活水资源使用能力，通过这5个维度的评价指标来反映生态保护水平。

表1   黄河流域两系统综合评价指标体系

一级指标	二级指标	属性
经济 高质量发展 综合评价	人均 GDP	正向
	财政支出	正向
	居民消费价格指数	正向
	城乡收入比	正向
	城镇恩格尔系数	负向
	社会消费品零售总额	正向

续表

一级指标	二级指标	属性
生态保护综合评价	森林覆盖率	正向
	人均公园绿地面积	正向
	工业废气中二氧化硫排放量	负向
	生活垃圾无害化处理率	正向
	水资源重复利用率	正向

2. 熵值法测算各指标权重

熵值法是一种客观赋权法，它通过对各个指标观察到的信息量进行加权计算。熵值法能够反映指标信息熵值的效用价值，具有很高的可信性。本文参考丁瑞杰、邢霞和张杰等学者的研究方法采用熵值法来确定指标权重，为多指标综合评价提供依据。主要计算过程如下：

（1）进行数据预处理：根据表1可知，本文选取的指标作用不同，为了避免不同量纲的影响，因此选择极差变换法对数据进行标准化处理。

$$正向指标：x_{ij}^* = \frac{x_{ij} - x_{min}}{x_{max} - x_{min}} \tag{1}$$

$$负向指标：x_{ij}^* = \frac{x_{max} - x_{ij}}{x_{max} - x_{min}} \tag{2}$$

（2）黄河流域生态保护和经济高质量发展的各二级指标下的比值，即第i省份关于第j项指标的比重。

$$y_{ij} = \frac{x_{ij}^*}{\sum_{i=1}^{n} x_{ij}^*} \tag{3}$$

（3）计算黄河流域生态保护和经济高质量发展各指标的熵值。

$$e_j = -\frac{1}{\ln n} \sum_{i=1}^{n} y_{ij} \ln y_{ij} \tag{4}$$

（4）确定各指标的权重。

$$w_j = \frac{d_j}{\sum_{j=1}^{m} d_j} \tag{5}$$

公式（5）中，$d_j = 1 - e_j$，m为各系统内包含的指标个数，n为评价省份数，x_{max}和x_{min}分别表示所有年份中第j项指标的最大值和最小值，x_{ij}^*是第i省（区）第j项指标标准化后的值，x_{ij}是第i省（区）第j项指标的原始值。

3. 耦合协调度模型

（1）计算综合评价指数。

$$U_1 = \sum_{j=1}^{m_1} w_j x_{ij}^* \tag{6}$$

$$U_2 = \sum_{j=1}^{m_2} w_j x_{ij}^* \tag{7}$$

其中，U_1、U_2 为各省（区）两大系统的综合评价指数，m_1、m_2 为两系统指标个数，x_{ij}^* 为第 j 项指标标准化后的值，w_j 为第 j 项指标的权重。

（2）确定耦合协调度：反映黄河流域两系统之间的相互影响程度以及协调水平。计算公式如下：

$$C = 2 \times \sqrt{\frac{U_1 \times U_2}{(U_1 + U_2)^2}} \tag{8}$$

$$T = \alpha \times U_1 + \beta \times U_2 \tag{9}$$

$$D = \sqrt{C \times T} \tag{10}$$

其中，C 为耦合度；T 为发展度；D 为耦合协调度；α、β 是待定权重，本文认为黄河流域生态保护和经济高质量发展同等重要，故令 $\alpha = \beta = 0.5$；C 和 D 的取值范围在 0 和 1 之间，越接近于 1，表明两系统耦合程度强，协调水平高；反之，则越低。

（二）数据来源

充分考虑资料可得性的前提下，本文以黄河流域 2013～2021 年 9 个省（区）为研究对象，并进行了实证分析。本文数据来源于中经网、《中国统计年鉴》等（2013～2021 年）。

四、黄河流域两大系统的耦合协调及地区异质性实证分析

（一）黄河流域两大系统综合评价测度分析

根据上述公式，计算出 2013～2021 年黄河流域各省份经济高质量综合评价指数，计算结果如表 2 所示。

由表 2 可知，在研究期内，除个别年份外，大致都呈现稳定上升趋势，但各省之间经济高质量发展的差异比较明显，其中处于黄河流域下游城市的山东经济发展水平明显高于其他省份，且经济高质量发展上升幅度比较平稳，其中山东省经济高质量发展综合评价指数在研究期内均达到 0.748，原因在于山东省地理位置优越且工业实力强，不仅资源丰富，而且进出口强势，都

带动了山东的经济高质量发展。处于上游的宁夏经济高质量发展水平明显低于其他各省份，但上升幅度比较明显。四川、陕西、青海、宁夏经济高质量发展上升幅度较大，内蒙古、甘肃、山西、河南上升幅度较小，总的来说，除了个别省份出现短暂波动下降，经济高质量发展综合指数水平上升趋势明显，观察可知，黄河流域上中游高，下游低。另外，从表2明显可以看出，在2021年，各省份经济高质量发展水平都比2020年的低，这可能与疫情的冲击有关系，而经济发展的表现存在滞后性，所以在2021年经济发展水平有所下降。

表2　　　　2013～2021年黄河流域各省份经济高质量发展综合评价指数

省份	2013年	2014年	2015年	2016年	2017年	2018年	2019年	2020年	2021年
四川	0.466	0.311	0.436	0.492	0.491	0.476	0.557	0.531	0.430
青海	0.305	0.324	0.399	0.374	0.281	0.368	0.269	0.404	0.271
河南	0.520	0.349	0.526	0.626	0.548	0.641	0.689	0.691	0.532
陕西	0.575	0.344	0.483	0.434	0.486	0.522	0.553	0.582	0.532
山西	0.474	0.174	0.366	0.301	0.341	0.399	0.466	0.531	0.440
山东	0.730	0.655	0.761	0.664	0.809	0.682	0.729	0.861	0.837
内蒙古	0.495	0.310	0.445	0.387	0.452	0.418	0.437	0.449	0.421
甘肃	0.333	0.341	0.367	0.318	0.326	0.367	0.346	0.415	0.352
宁夏	0.289	0.153	0.311	0.302	0.267	0.363	0.299	0.322	0.326
全流域	0.465	0.329	0.455	0.433	0.445	0.471	0.483	0.532	0.460

资料来源：根据《中国统计年鉴》（2013～2021年）计算得到。

　　根据上述公式，计算出2013～2021年黄河流域各省份生态保护综合评价指数，计算结果如表3所示。

　　由表3看出，2013～2021年黄河流域各省份生态保护水平也呈现上升趋势，其中处于上游的宁夏和内蒙古以及中游的陕西的生态保护水平明显高于其他省份，但生态保护水平上升趋势比较平稳，明显看出各省份之间的生态保护水平差异还是比较大的。整体来看，2016年左右生态保护状况呈现出明显的退化态势，到2018年，黄河流域已呈现出明显的生态退化态势。这主要是由于许多省份盲目追求经济建设，从而忽视了生态环保，给当地生态环境治理带来了压力。随着2018年环保政策力度的加强，整个生态保护水平再次出现了波动式增长。其中，青海、甘肃、河南、山西的生态保护水平上升幅度较大，山东、四川的生态保护水平的增长趋势比较平稳，由"上中游高，下游低"变为"上中游低，下游高"。但综合来看，2013年以来，经济高质量发展程度和生态保护水平不断提高，但经济高质量发展的增速要优于生态保护。可以看出，经济高质量发展的程度比生态保护的提升要显著，这表明，在持续的经济发展过程中，生态保护的压力越来越大，这也意味着，我国的生态保护水平还需要进一步提升。

表3　　　　　　　**2013～2021 年黄河流域各省份生态保护综合评价指数**

省份	2013 年	2014 年	2015 年	2016 年	2017 年	2018 年	2019 年	2020 年	2021 年
四川	0.485	0.433	0.531	0.516	0.792	0.489	0.530	0.530	0.472
青海	0.250	0.273	0.409	0.309	0.491	0.260	0.294	0.350	0.310
河南	0.358	0.414	0.462	0.438	0.890	0.496	0.554	0.625	0.611
陕西	0.617	0.651	0.726	0.638	0.938	0.439	0.459	0.547	0.513
山西	0.387	0.405	0.464	0.385	0.595	0.350	0.413	0.462	0.419
山东	0.605	0.582	0.578	0.539	1.074	0.530	0.536	0.544	0.546
内蒙古	0.654	0.671	0.701	0.680	1.221	0.579	0.552	0.494	0.578
甘肃	0.403	0.438	0.501	0.475	0.966	0.467	0.503	0.566	0.505
宁夏	0.750	0.720	0.841	0.698	1.251	0.730	0.742	0.776	0.781
全流域	0.501	0.510	0.579	0.520	0.913	0.482	0.509	0.544	0.526

资料来源：根据《中国统计年鉴》（2013～2021 年）计算得到。

（二）黄河流域两大系统耦合协调发展分析

本文参考郝智娟、潘祖鉴等学者的研究，将黄河流域两大系统耦合协调发展等级分为七个层次，如表4所示。

表4　　　　　　　　　　**两大系统耦合协调度等级划分**

耦合协调度	耦合协调等级	耦合协调水平
D = 0	极度失调	低水平
0 < D ≤ 0.3	严重失调	
0.3 < D ≤ 0.5	轻度失调	
0.5 < D ≤ 0.6	勉强协调	中水平
0.6 < D ≤ 0.8	中水平协调	
0.8 < D < 1	高水平协调	高水平
D = 1	极度协调	

在此基础上，应用耦合协调度模型，得出黄河流域上中下游两系统之间的耦合协调度分布图，结果如图1所示。

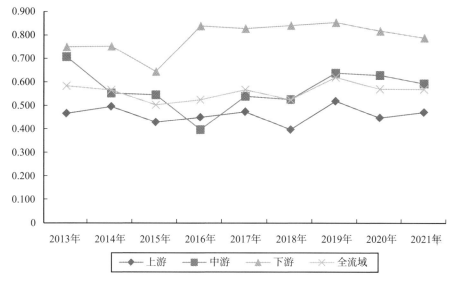

图1　黄河流域上中下游两大系统的耦合协调度分布

资料来源：根据《中国统计年鉴》（2013～2021年）计算得到。

由图1可知，黄河流域上、中、下游两大系统耦合协调度总体上呈稳步上升的趋势。其中，黄河流域的上游协调水平从2013年的轻度失调平稳增长到2019年的勉强协调。黄河流域的中游协调水平从2016年的轻度失调到2021年的勉强协调发展，都表现了平稳增长的趋势。黄河流域的下游协调程度从2015年的中水平协调到2019年的高水平协调，耦合协调度发生了积极的演变。这一时期，我国对生态与经济的协调发展给予了更多的关注，可持续发展的思想也得到了进一步的加强，国家对生态文明建设的投入也越来越大。

借助上述数据，运用模型，算出黄河流域9个省（区）两大系统的耦合协调度，结果如表5所示。

表5　　2013～2021年黄河流域9个省（区）两大系统的耦合协调度

省份	2013 年	2014 年	2015 年	2016 年	2017 年	2018 年	2019 年	2020 年	2021 年
青海	0.146	0.242	0.212	0.673	0.137	0.124	0.100	0.200	0.100
甘肃	0.428	0.612	0.412	0.424	0.520	0.311	0.535	0.549	0.500
宁夏	0.315	0.315	0.315	0.106	0.315	0.315	0.522	0.315	0.569
内蒙古	0.783	0.727	0.672	0.340	0.757	0.589	0.678	0.535	0.626
四川	0.660	0.582	0.533	0.704	0.638	0.645	0.757	0.638	0.561
河南	0.583	0.595	0.499	0.877	0.722	0.812	0.850	0.813	0.736

续表

省份	2013 年	2014 年	2015 年	2016 年	2017 年	2018 年	2019 年	2020 年	2021 年
陕西	0.829	0.753	0.728	0.495	0.699	0.660	0.692	0.688	0.669
山西	0.584	0.353	0.363	0.299	0.380	0.392	0.584	0.568	0.518
山东	0.914	0.908	0.790	0.799	0.932	0.868	0.855	0.820	0.840
全流域	0.583	0.565	0.503	0.524	0.567	0.524	0.619	0.570	0.569

资料来源：根据《中国统计年鉴》（2013～2021 年）计算得到。

由表 5 可知，黄河流域两大系统耦合协调水平整体上偏低，但大部分都稳定地增长着。耦合协调等级由勉强协调转变为中水平协调，其中宁夏、山西由 2016 年严重失调转变为 2021 年的勉强协调，内蒙古由 2016 年的轻度失调转变为 2021 年的中水平协调，山东在整个研究期间内达到了高水平协调，展现了积极的上升状态。其中，除个别省份外，2016 年到 2017 年出现了快速增长，原因是新发展理念的提出，重点阐述了如何实现人与自然的协调发展，以此来指导经济发展方式的转变，同时也使得人民对生态环境的保护意识不断增强。但是，到了 2018 年大部分省份耦合协调度却出现了下降，这主要是由于 2018 年出现的全球范围的经济危机在一定程度上冲击了我国经济的发展，从而使研究区域内的耦合协调水平出现了下降。2018 年到 2019 年，该阶段研究区域的耦合协调水平也在逐渐进入到了回速阶段，这主要由于黄河流域生态保护和高质量发展战略的实施、经济逐渐恢复等因素有关，在一定程度上促进了耦合协调度水平的上升。

（三）地区异质性分析

以 2021 年具有代表性的年份进行作图，将黄河流域九省（区）经济高质量发展综合评价指数展示为图 2，可更加直观地看出各省（区）的发展差距。

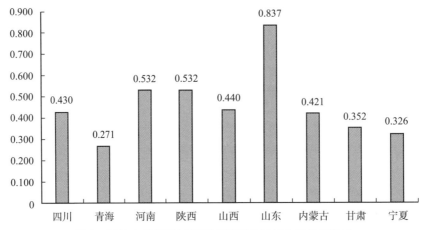

图 2　2021 年黄河流域经济高质量发展综合评价指数图

资料来源：根据《中国统计年鉴》（2013～2021 年）计算得到。

观察图 2 可知，黄河流域各地区经济高质量发展存在较为明显的异质性，其中，山东省的经济高质量发展综合评价指数最高，达到 0.837。青海省的经济高质量发展综合评价指数最低，仅为 0.271。陕西省经济高质量发展综合评价指数仅次于山东，原因是陕西省政府的支持和政策的推动，科教资源丰富，为陕西的发展提供了科技和人才，也是我国重要的工业基地之一且旅游业旺盛也刺激了经济高质量发展。整体来看，黄河中下游区域比上游区域的经济高质量发展水平高，呈现"自东向西"阶梯状递减的特征。具体来看，山东和河南作为高水平区，是我国经济发展的主要战略支撑区，在黄河流域经济高质量发展中具有不可替代的作用。这主要是由于地理位置的优越性和国家政策的扶持，山东和河南在技术和人口数量方面占优，两省积极推进产业升级和转型发展，且拥有丰富的自然资源，这为其经济发展提供了巨大的优势，为经济高质量发展注入了活力。而青海、甘肃、宁夏在全流域综合评价指数较低，排名靠后，构成了黄河上游经济高质量发展水平较低。说明上游地区受限于较差的区位条件和相对落后阶段的约束，发展不全面、不充分问题较为突出。中游地区综合评价指数均位于 0.486，处于中水平，说明经济高质量发展水平已达到一定水平，但仍存在资源消耗、产业结构失调等现象。基于承东启西的区位条件和资源优势，进一步提升的潜力较大。

选取 2021 年的数据进行作图得出黄河流域九省（区）生态保护综合评价指数图，可直观反映各个省份以及区域发展差距，如图 3 所示。

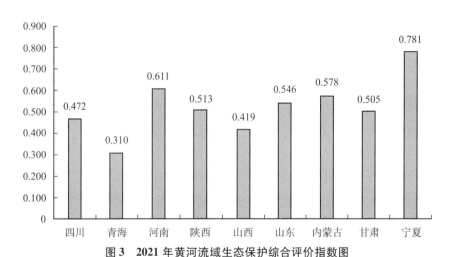

图 3　2021 年黄河流域生态保护综合评价指数图

资料来源：根据《中国统计年鉴》（2013～2021 年）计算得到。

由图 3 可知，黄河流域各地区生态保护存在明显的异质性，其中，宁夏回族自治区的生态保护综合评价指数最高，达到 0.781。青海省的生态保护综合评价指数最低，仅为 0.31，原因在于自然环境恶劣、基础设施落后、生态环境脆弱且地形和气候条件复杂。河南省的生态保护综合评价指数仅次于宁夏，原因是河南省部分地区大力发展文化旅游产业，健全现代环境治理体系，不断加强的保护措施，使得生态环境在很大程度上得到了改善。内蒙古生态保护综合评价指数为 0.578，由于自治区党委、政府扎实推进生态环境综合治理和水污染防治，法规制度体系的完善和监测能力的提升，使得生态环境质量得到持续提高。整体来看，黄河上游生态保护整体状况较好。除青海外，四川、甘肃和内蒙古的生态保护综合评价指数都较高。这可能是因为上游地区的生态环境比较脆弱，国家对生态环境的保护和恢复给予了更多的关注，再加上相关的环境政策和管理措施的加强，使得该区域的生态状况比较好。中游地区的生态保护综合评价指数较低，排名靠后，其中山西省的产业结构比较单一，对煤炭重工业高度依赖，对生态环境造成很大的损害且难以恢复。下游地区生态保护综合评价指数居中，这主要是因为生态承载能力有限且环境治理水平不高。通过上述分析，我们可以看到，黄河流域上游地区生态保护总体情况良好，但中、下游区域的生态保护与开发还有待加强。

五、结论与对策

（一）结论

（1）2013～2021 年研究区域内各省份的黄河流域生态保护水平和经济高质量发展水平的综合评价指数除个别年份有波动外，整体呈现上升趋势。其中，虽然各流域的综合评价指数总体上都呈现了波动式增长。总体来说，下游整体要优于中、上游。

（2）2013～2021 年黄河流域两大系统之间的耦合协调水平总体呈现稳步发展趋势，耦合协调等级在研究期内大致为"轻度失调—勉强协调—中水平协调"的耦合转变过程。其中，2016 年大部分省份已基本达到勉强耦合协调。但是，从总体上讲，二者耦合协调水平还不高。同时，尽管不同流域之间的耦合协调发展水平都在不断提高，但在下游地区的耦合程度要高于中、下游。

（3）黄河流域不同区域生态保护与经济高质量发展异质性显著。其中黄河流域上游地区生态保护总体情况良好，但中、下游区域的生态保护与开发还有待加强。黄河中下游区域比上游区域的经济高质量发展水平高，呈现"自东向西"阶梯状递减的特征。

（二）对策

新阶段，立足于人与自然和谐共生，必须加快推进黄河流域的生态保护和高质量发展，尽早使黄河变成一条惠及千家万户的福祉之河。本文提出以下三点对策：

第一，加强生态保护，推动绿色低碳发展。要坚持生态优先和绿色发展，走绿色发展之路，推进黄河流域绿色可持续发展。黄河流域是一个缺水的地区，黄河流域生态优先，绿色发展，要把水资源的保护作为硬约束。要注意黄河上游和下游的差异性，加大对流域生态环境的保护和管理。在流域的上游，应进行生态恢复和重建，增强水土保持能力；在黄河中下游，要坚持水土保持和滩区治理，并根据地方实际，加强土壤侵蚀的控制，筑牢黄河中下游的生态屏障。建立健全黄河流域的污染治理机制，致力于解决好上中下游之间的生态矛盾。此外，各省要积极进行立法探讨，将水利建设等各项措施纳入法制轨道，贯彻党的二十大精神推动黄河流域生态保护和高质量发展。

第二，要转变发展观念，实现高质量发展。一方面，要走高质量的发展道路，充分利用黄河流域的生态环境，大力发展循环经济，各省努力弥补自身的短板，科学确定各个区域的产业转型升级和绿色发展的主攻方向，转变发展观念，打造绿色产业，走绿色发展之路带动高质量发展。另一方面，为了使黄河流域经济高质量发展得到更好的发展，各省要发挥自己的长处，立足于自己的实际，继续努力缩短地区间的发展差距，加强各地区间的交流、沟通、交流与合作，积极探索低碳、生态、循环的城镇化发展道路，塑造不同区域的差别化协调发展，从而促进整个流域的高质量发展。

第三，做好顶层设计，因地制宜。近几年，党和国家对黄河流域一体化发展给予了高度重视，需要加强对两者耦合、协同发展的顶层设计，这样既能指导各级政府，又能充分调动各方的积极性，形成工作合力落实自身责任。要坚持"一省一策"原则，正确处理区域协调发展和因地制宜的关系，根据各地实际情况，适时调整完善相关政策措施。根据各省的地理位置、地域特色等优势，鼓励发展势头良好的省，充分发挥其协同带动的优势，开展跨地区合作，建立起一种协作发展的机制。推动黄河流域整体高质量发展，构建生态走廊，增强黄河流域经济生态协调发展联动性。要从整体上把握黄河流域，将黄河的生态环境和经济的两大通道有机地联系在一起，增强黄河流域的整体性和协同性，推动黄河区域的高质量发展。

参 考 文 献

［1］安树伟，李瑞鹏．黄河流域高质量发展的内涵与推进方略［J］．改革，2020，（01）：76－86．

［2］崔盼盼，赵媛，夏四友，鄢继尧．黄河流域生态环境与高质量发展测度及时空耦合特征［J］．经济地理，2020，40（05）：49－57，80．

［3］金碚．关于"高质量发展"的经济学研究［J］．中国工业经济，2018（04）：5－18．

［4］金凤君．黄河流域生态保护与高质量发展的协调推进策略［J］．改革，2019（11）：33－39．

［5］姜磊，柏玲，吴玉鸣．中国省域经济、资源与环境协调分析——兼论三系统耦合

公式及其扩展形式 [J]. 自然资源学报，2017，32（05）：788－799.

[6] 陆大道，孙东琪. 黄河流域的综合治理与可持续发展 [J]. 地理学报，2019，74（12）：2431－2436.

[7] 李福柱，苗青. 黄河流域城市生态保护与经济高质量发展耦合的空间网络特征 [J]. 统计与决策，2022，38（05）：80－84.

[8] 李小建，文玉钊，李元征，等. 黄河流域高质量发展：人地协调与空间协调 [J]. 经济地理，2020，40（04）：1－10.

[9] 任保平，杜宇翔. 黄河流域经济增长—产业发展—生态环境的耦合协同关系 [J]. 中国人口·资源与环境，2021，31（02）：119－129.

[10] 任保平，何苗. 十九大以来关于我国经济高质量发展若干研究观点的述评 [J]. 渭南师范学院学报，2019，34（09）：25－33.

[11] 师博，任保平. 中国省际经济高质量发展的测度与分析 [J]. 经济问题，2018（04）：1－6.

[12] 石涛. 黄河流域生态保护与经济高质量发展耦合协调度及空间网络效应 [J]. 区域经济评论，2020（03）：25－34.

[13] 王开荣. 黄河三角洲生态保护及高质量发展策略初探 [J]. 中国水利，2020，（09）：26－28，43.

[14] 魏振香，史相国. 生态可持续与经济高质量发展耦合关系分析——基于省际面板数据实证 [J]. 华东经济管理，2021，35（04）：11－19.

[15] 徐辉，师诺，武玲玲，张大伟. 黄河流域高质量发展水平测度及其时空演变 [J]. 资源科学，2020，42（01）：115－126.

[16] 邢霞，修长百，刘玉春. 黄河流域水资源利用效率与经济发展的耦合协调关系研究 [J]. 软科学，2020，34（08）：44－50.

[17] 杨慧芳，张合林. 黄河流域生态保护与经济高质量发展耦合协调关系评价 [J]. 统计与决策，2022，38（11）：114－119.

[18] 张军扩，侯永志，刘培林，何建武，卓贤. 高质量发展的目标要求和战略路径 [J]. 管理世界，2019，35（07）：1－7.

[19] 张杰，张剑勇，马蓝. 黄河流域生态保护与高质量发展耦合协调关系实证分析 [J]. 人民黄河，2024，46（01）：19－24.

[20] 张丽. 基于黄河流域生态保护的河南省经济高质量发展路径研究 [J]. 现代营销（下旬刊），2020（12）：166－167.

[21] 丁瑞杰. 黄河流域生态环境保护与经济高质量发展的耦合协调研究 [D]. 兰州：兰州财经大学，2023.

[22] 郝智娟. 黄河流域生态保护与经济高质量耦合协调发展研究 [D]. 郑州：河南财经政法大学，2022.

[23] 潘祖鉴. 黄河流域生态保护和经济高质量发展协调评价及其时空差异研究 [D]. 福州：福建农林大学，2022.

基于知识图谱分析的林草
碳汇价值实现路径

王菲菲　李雪敏　张　昊[*]

内容提要： 林草碳汇价值实现路径是应对全球变暖气候危机，促进低碳经济转型的重要一步，梳理其热点与趋势对后续理论深挖及"双碳"目标实现具有重要意义。本研究基于中国知网（CNKI）数据库和 CiteSpace 对我国 1992~2023 年林草碳汇价值实现路径进行科学知识图谱分析，结果表明：（1）林草碳汇价值实现路径研究时间跨度较长、研究成果丰富，领域内的研究链条比较完整。（2）研究热点主要包括碳汇量、生物量的测算、人工造林关键地位以及遥感技术的应用；研究趋势具体包括扩大林草碳汇资源总量，提升生态系统碳汇增量，探索林草碳汇价值的实现路径，推进林草碳汇市场交易。（3）林草碳汇价值实现路径在法律法规、科学认识、市场衔接和林草质量等仍有不足，对此本研究给出相应对策。

一、引　言

林草兴则生态兴。森林、草原是陆地生态系统中最大的碳储库，林草碳汇具有生态、社会、经济等多重效益，是国际公认的优质碳减排产品，在全球应对气候变化方面发挥着独特的作用。实现"双碳"目标，使林草成为发挥碳汇功能的主力军，是缓解全球气候变化的机缘，也是使命。2021 年，国家先后印发了《关于建立健全生态产品价值实现机制的意见》《关于完整准确全面贯彻新发展理念做好碳达峰碳中和工作的意见》等政策文件，林草碳汇已经成为生态补偿与生态产品价值实现的有效载体，生动体现了"绿水青山就是金山银山"的生态发展理念。党的二十大报告提出要积极稳妥推进碳达峰碳中和，"十四五"时期是我国实现"双碳"目标的关键时期，扩大林草碳汇资源总量，提升生态系统碳汇增量，探索碳汇生态价值的实现路径，推进林草碳汇市场交易，是开创具有中国特色碳中和之路的重要途径。因此，

* 王菲菲，内蒙古财经大学财政税务学院，硕士生，研究方向：资源型资产评估；李雪敏，内蒙古财经大学财政税务学院，副教授，研究方向：自然资源资产价值评估、生态经济学；张昊，内蒙古财经大学财政税务学院，硕士生，研究方向：资源型资产评估。

本研究初步系统性梳理林草碳汇价值实现路径的研究成果，立足宏观维度提炼领域热点与趋势，从中探究林草碳汇价值实现路径的主要现存问题，并尝试针对性指出领域的重点发展方向，以期为我国双碳目标的实现、林草碳汇监测和评估体系的建设提供一定科学依据与决策参考。

二、材料与方法

（一）研究方法

本文采用定量和定性相结合的方法进行研究，主要采用以下两种方法：（1）科学知识图谱定量分析法。科学知识图谱（mapping knowledge domains）是一种以图形化的方式呈现科学知识的工具，通过可视化技术将知识资源、知识关系和知识演化等多维度信息进行呈现。知识图谱定量分析带有评价色彩，通过可视化图像直观展现当前的研究前沿与热点，帮助使用者建立研究领域的宏观框架。（2）传统文献定性研究法。此方法是研究者在阅读大量文献基础上，经过综合分析、归纳整理、消化鉴别而形成的对研究成果的提炼、总结和探讨，虽然可能会具有定量分析不足且结果的准确性受主观色彩的影响的缺点，但此方法更有利于研究者更深入掌握文献的具体内容，弥补了知识图谱法的分析模板化和笼统化，使研究成果更加扎实可靠。

（二）分析工具

CiteSpace 是美国雷德赛尔大学信息科学与技术学院的陈超美博士与大连理工大学的 WISE 实验室利用 Java 语言、基于引文分析理论联合开发的信息可视化软件。CiteSpace 既可以处理来自 Web of Science（WoS）、Scopus、中国知网（CNKI）等主流来源的引文数据，通过知识群之间的多维隐含关系，形成可视化图谱，揭示演进过程与关键转折，为学科研究提供切实参考。此外，需要特别说明的是，（1）本研究采用的版本为 6.1R6；（2）CiteSpace 中"年份切片（year per slice）""网络剪裁（Pruning）"等功能会对输入数据进行筛选。此类步骤是计算节点中心性等的必要前提，会与 CNKI 中原始数据统计结果有微小出入，但对数据分析结果影响甚小且并不冲突。

（三）数据来源

选择 CNKI 作为文献计量数据库。条件设定考虑两个因素，一是林草碳汇价值实现路径属于复合词，在检索时需要拆分其组合部分；二是为确保所获得数据的准确和全面，利用 CNKI 数据库的专业检索功能，设置的时间范围为 1990～2023 年。检索公式为"（KY = '草'OR KY = '草地'OR KY = '草原'OR KY = '草场'OR KY = '牧草'OR KY = '林草'OR KY = '林'OR KY = '树林'OR KY = '森林'OR KY = '人工林'OR KY = '自然林'OR KY = '防护林'OR KY = '经济林'OR KY = '薪炭林') AND（KY = '林草碳汇价值实现路径'OR KY = '森林碳汇价值实现路径'OR KY = '草原碳汇价值实现路径'OR KY = '林业碳汇价值实现路径'OR KY = '碳汇价值实现路径'OR KY = '森林碳汇价值'OR KY = '草原碳汇价值'OR KY = '森林碳汇'OR KY = '草原碳汇'OR KY = '林业碳汇'OR KY = '碳汇价值'OR KY = '碳汇价值实现')"，检索时间为 2023 年 10 月 13 日。

三、林草碳汇价值实现路径总体概况

（一）文献数据统计分析

考虑文献权威性，对中国知网期刊库内 SCI、EI、CSSCI、CSCD（含扩展版）等期刊进行搜索追踪初步检索得到 7545 篇文献，在剔除会议、报纸、成果、作者缺失等相关性或有效性较低的文献后，最终得到有效文献 7318 篇。对其进行初步年度分布统计（图 1 发现，1990～2022 年载文量中可以看出我国从 1992 年开始对林草碳汇价值实现路径展开研究，且有效载文量呈现"先增后减，局部波动，整体数量较高"特征，1992～2022 年年均载文量约 243 篇）。进入 21 世纪后，特别是 2002 年以后载文量增加尤其迅速，因此以 2002 年为基期计算载文量定基增长率。近 20 年内载文量增长率均为正，且共有 11 年增长率处于增长状态，说明研究规模大幅扩张。其中，2005～2008 年为较突出的持续性高增长阶段，2008～2014 年为发文量较高的一个阶段。2020 年以来发文量又开始呈现增长趋势，且截至检索当天 2023 年的有效发文量已达 220 篇，总体看来，林草碳汇价值实现路径属于时间跨度较长、研究成果扎实且关注热度不减的学术研究主题。

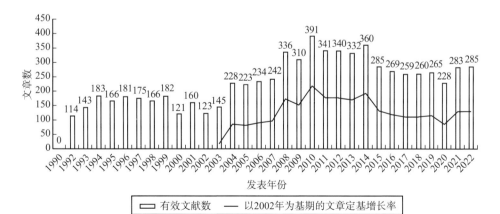

图 1 1990～2022 年林草碳汇价值实现路径在 CNKI 数据库年发文趋势及部分年份定基增长率

（二）高产作者及高被引文献分析

进一步对文献高产作者进行合作网络分析得到研究力量分布情况（见图2）。图2中节点数1599，连线数1299，网络密度0.0018，表明研究者数量多、分布广，但研究者所在机构的合作联系较弱。图谱中标签字体大小展现作者中心性强弱，节点轮环大小代表作者发文量多少，轮环色彩深度与发文时间正相关。如李建龙、黄得光、李志安等节点轮环颜色较深，说明是本研究领域的早期研究者。像何宗明、张建国、张劲松等里外环颜色差距大，说明这些学者对此领域的研究时间早、周期长、跨度大。

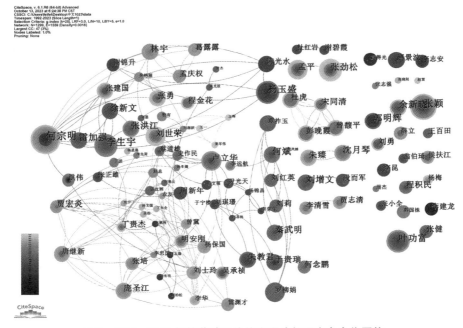

图2　1992～2023年林草碳汇价值实现路径研究者合作网络

高被引文章通常对后续研究有较强的影响力与指导性，故进一步对被引量前20的作者进行高被引文献筛选（见表1）。被引率最高的是谢高地等于2001年发表的"中国自然草地生态资产服务价值"，该研究主要贡献为，在康斯坦萨等的研究的基础上，通过生物量订正逐项估计了各类草地生态系统的各项生态系统服务价值，得出全国草地生态系统每年的服务价值。其次是方精云等于2007年发表的"1981～2000年中国陆地植被碳汇的估算"。该研究中作者建立了换算因子连续函数法，对1981～2000年中国森林、草地、灌草丛以及农作物等陆地植被的碳汇进行了估算，并对土壤碳汇进行了讨论，为以后碳汇价值领域的研究提供了重要参考。总体而言，这些高被引文章主要就林草碳汇价值的碳汇估算、价值评估、生物量及其估测模型、土壤碳储量展开研究，形成了较为完整的林草碳汇价值研究链条。

表1　　　　　　　　　　　知网被引率前20的高被引文章

排名	第一作者	来源出版物	被引频次	参考文献
1	谢高地	自然资源学报	1898	[23]
2	方精云	中国科学	1560	[2]
3	方精云	植物学报	1167	[3]
4	朴世龙	植物生态学报	784	[20]
5	蒋延玲	植物生态学报	761	[8]
6	杨万勤	林业科学	693	[24]
7	李玉山	自然资源学报	490	[12]
8	张小全	林业科学	480	[27]
9	李凌浩	植物生态学报	463	[13]
10	侯扶江	生态学报	458	[6]
11	张新时	植物生态学报	455	[28]
12	李文华	自然资源学报	454	[14]
13	贾艳红	生态学杂志	440	[9]
14	刘奉觉	林业科学	425	[15]
15	莫江明	生态学报	407	[18]
16	吴建国	应用生态学报	401	[22]
17	杨文治	自然资源学报	390	[25]
18	刘世荣	生态学报	380	[16]
19	杨维西	林业科学	377	[26]
20	郭忠升	生态学报	355	[4]

四、林草碳汇价值实现路径研究热点及趋势分析

（一）林草碳汇价值实现路径热点分析

研究热点是指在特定领域或学科中，当前引起广泛关注和研究兴趣的一些重要话题、问题或方向，一般通过关键词共现得出。将分析类型选择"Keyword"，时间切片设置为1年。聚类模块值（Q）的取值区间为[0，1]，当Q>0.3表示网络社团结构显著；聚类平均轮廓值（S），当S>0.5表示聚类合理，当S>0.7表示聚类令人信服。林草碳汇价值实现路径关键词共现图谱（图3）Q=0.4377，S=0.7465，说明所得图谱合理、客观。

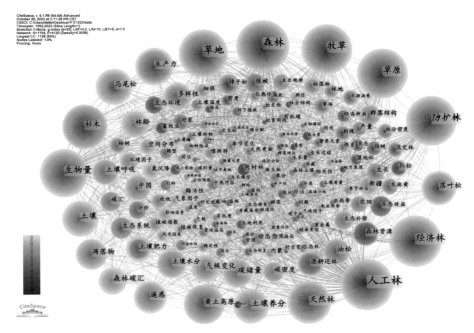

图3　林草碳汇价值实现路径关键词共现图谱

　　此研究主题的关键词很多，除去人工林、经济林、草地、牧草等这类与森林草原相关的名词外，词频前5的关键词依次为生物量（221）、森林碳汇（208）、土壤养分（125）、土壤（122）、碳储量（110）；中介中心性前15的关键词依次为人工林（0.76）、森林（0.34）、草地（0.26）、牧草（0.19）、经济林（0.19）、防护林（0.16）、草原（0.12）、生物量（0.10）、森林碳汇（0.05）土壤（0.04）、碳储量（0.03）、气候变化（0.03）、遥感（0.02）、生产力（0.02）、多样性（0.02）。这些关键词反映出林草碳汇价值实现路径相关文献涉及领域比较广，人工林作为一种可再生资源是木材能源的重要来源之一，将成为应对气候变化和环境问题的重要手段。生物量和土壤质量以及碳储量有着密切的联系，说明目前对生物量和碳储量的计算是研究热点，同时遥感也是当前重要的监测工具，对于估算林草生物量、碳汇储量具有重要意义，同时通过对碳储量的监测和核算对于我国碳市场的构建也起到了重要的促进作用。总而言之，如何评估林草碳汇价值量、提升林草碳汇能力、构建碳排放权交易市场成为该领域研究的主要目标。

　　热点词聚类分析是在关键词共现的基础上高度概括领域研究进展与热点。本研究选择LLR（log-likelihood ratio）聚类算法，聚类编号（cluster ID）与该聚类涵盖的经典文献数量（size）负相关，silhouette表示经典文献之间的紧密程度，mean year为平均年份，可反映聚类中文献的时效性，top terms即以LLR（对数似然比）得到的排名靠前的术语。

　　关键词聚类后得到10个研究主题（见表2）。从节点数看，草地生态系统服务价值评估研究范围相当广阔。最大聚类为"#0 人工林",在此标签内,还包括"地力衰退""养分动态"等高被引率关键词,可理解为栽培人工林等人类活动与林草生态环境质量耦合。其次是"#2 生物量""#7 土壤"说明林草碳汇价值的实现路径这个研究方向关注生物量、土壤及其碳储量的计算。此外,"#0 人工林""#1 草地""#3 森林""#4 经济林""#5 牧草""#6 防护林""#9 低产林"及其内含关键词共同描摹出当前林草碳汇的主要研究对象。"#8 多样性"的标签的高频关键词是"群落结构""草本植物"草地和森林生物多样性与后续生态恢复有着密切关系,有利于生态效益的维护和生态问题的治理,也有利于帮助林草碳汇价值的实现寻找一条可持续发展的路径。总体看来,林草碳汇价值实现路径与经济学、环境科学、地理学、生物学等学科联系紧密,具有多学科交融特点。

表 2 　　　　　　　林草碳汇价值实现路径核心关键词聚类提炼

聚类编号	数量	同质性	平均年份	族首词	高被引术语
0	197	0.618	2005	人工林	地力衰退;养分动态
1	176	0.762	2007	草地	黄土高原;土壤温度
2	158	0.774	2005	生物量	土壤呼吸;土地利用变化
3	151	0.673	2007	森林	森林碳汇;碳汇经济
4	148	0.824	2001	经济林	退耕还林;土壤养分
5	108	0.766	2010	牧草	营养成分;饲用价值
6	75	0.808	2004	防护林	沙漠公路;塔克拉玛干沙漠
7	68	0.815	2009	土壤	土壤养分;生态恢复
8	44	0.88	2011	多样性	群落结构;草本植物
9	3	0.997	1996	低产林	林分改造;经营类型

(二) 林草碳汇价值实现路径趋势分析

通过 CiteSpace 进行节点突发性探测,当某个聚类所包含的突发节点越多,就越有可能成为新兴趋势。对 1992~2023 年林草碳汇价值实现路径研究的关键词进行突发性探测,得到标明关键词的突发强度和突发起止时间,并按突发起始时间排序的突发性关键词时序图 (见图 4)。1992~2007 年林草碳汇价值早期探索期间,其实现路径从经济林、用材林、天然林等直接草木植被入手,随着病虫害、地力衰退和过度畜牧等生态环境的破坏以及 2002 年退耕还林工程的开展,逐步向退耕还林、水土保持和生态效应等可持续发展方向转变。2008~2013 年,随着《应对气候变化国家方案》《关于加强林业应对气候变化及碳汇管理工作的通知》等文件的发布,学者们更加重视碳汇

关键词	年份	引用程度	起始	结束	1992~2023
经济林	1992	34.1	1992	2007	
用材林	1992	11.91	1992	2001	
森林资源	1992	10.01	1992	2007	
红松	1992	8.64	1992	2004	
生态效益	1992	5.7	1992	2007	
地力衰退	1992	5.52	1992	1997	
生态环境	1996	8.04	1996	2005	
畜牧业	1996	6.26	1996	2005	
生态	1996	5.73	1996	2001	
杉木	1992	6.1	1997	2006	
病虫害	1997	5.28	1997	2006	
湿地松	1998	5.1	1998	2006	
黄土高原	1998	6.92	2000	2004	
水土保持	2000	6.22	2000	2007	
退耕还林	2001	7.78	2001	2006	
防护林	1992	6.48	2001	2002	
评价	2001	4.64	2001	2009	
天然林	1996	5	2003	2007	
森林	1992	9.61	2004	2006	
对策	1995	6.18	2004	2007	
碳汇	2004	5.18	2009	2015	
碳密度	2008	10.07	2010	2019	
低碳经济	2010	4.72	2010	2011	
碳储量	2004	12.66	2011	2018	
碳排放	2011	5.32	2011	2012	
生长规律	2000	5.26	2011	2018	
氮沉降	2012	6.76	2012	2023	
产量	1996	6.2	2013	2015	
林龄	2006	7.53	2014	2023	
酶活性	2014	5.64	2014	2023	
内蒙古	1998	5.37	2014	2016	
喀斯特	2007	6.49	2015	2017	
群落结构	2001	5.84	2015	2017	
土壤养分	2003	10.31	2017	2023	
胸径	2014	5.1	2017	2023	
气候变化	1996	6.87	2018	2023	
植被恢复	2006	6.85	2019	2023	
南亚热带	2013	4.82	2019	2023	
森林碳汇	2008	7.78	2021	2023	
碳中和	2021	5.9	2021	2023	

图 4　林草碳汇价值实现路径突发性关键词

发展研究，这一时期关注的热点主要是"碳密度""碳储量""碳排放"和"低碳经济"等，例如曹海霞建议山西省应重点调整产业结构和能源结构，建设低排放的生产消费体系，推动实现低碳转型。2014～2023 年，随着多地印发碳汇交易方案、"十三五"规划提出的生态建设规划以及 2021 年碳排放权交易市场的正式开市，学者们结合"双碳"目标对碳汇展开丰富的探索，这一阶段学者们关注的是"碳汇交易机制""生态效益补偿"，例如徐思若等认为对碳汇进行量化有利于碳汇战略和碳交易机制的制定，并分析了黑龙江1999~2018年的碳储量、碳汇量及经济价值的变化趋势，张峰等以森林碳汇效益为切入点研究了森林生态效益补偿机制，并提出了相关的设计构想和保障措施。研究热点关键词有："碳储量""土壤养分""气候变化""森林碳汇""碳中和"，如何扩大林草碳汇资源总量，提升生态系统碳汇增量，探索林草碳汇价值的实现路径，推进林草碳汇市场交易，成为林草碳汇价值实现路径研究的新热点方向，同时也是开创具有中国特色"碳中和"之路的重要途径。

五、林草碳汇价值实现路径的问题解析与对策建议

（一）林草碳汇相关法律法规有待健全

随着学界对林草碳汇的不断深入研究，许多问题也得以呈现。评估和监测体系对于实施森林、草原生态保护修复碳汇成效具有重要的作用，而目前我国碳汇的法律法规不健全，缺乏足够的政策和资金支持，对碳汇开发和交易不够规范，仍缺乏针对林种和草种的林草碳汇计量监测体系，也未制定森林草原生态系统碳汇计量与监测技术指南以及统一的林草碳汇计量标准和监测评估系统。因此应加强林草碳汇价值实现路径的政策保障，政府部门应明确总体建设方案，加速林草交易标准化体系建设，制定碳汇项目审定与检测标准，摸清碳汇家底，出台相关政策，加大林草保护力度。健全生态补偿机制，减轻企业的负担，激发碳汇市场活力，投资性建设方面，政府可以通过优化林区基础设施建设，激发林农生产积极性，从而促进林草碳汇的可持续发展。

（二）林草碳汇潜力亟须进一步提升

森林和草原是陆地生态系统的主体，其强大的碳汇功能和作用，是实现"双碳"目标的重要途径，也是实现林草碳汇价值的基础。随着人类对资源的不合理利用以及乱砍滥伐、非法采伐、火灾和病虫害等原因森林草原的面积和质量也在不断下降，这不利于我国林草碳汇价值实现的健康发展。基于上述图谱分析，可以发现森林、草原的生态问题也是林草碳汇价值实现路径研究链上的热点内容，如病虫害、地力衰退等。因此，应提升林草碳汇潜力，加大林草抚育力度，提升碳汇质量，强化森林草原管理，提高林草蓄积量，国内学者黄丽等也提出新造林具有较大的碳汇潜力，对中国现有森林碳汇平衡有重要贡献。对于森林要推广落实网格化森林管理机制，划定网格区域，

明确各方责任，加强摸底工作为决策提供准确、可靠的依据；对于草原要从严打击私开乱垦、非法开垦、无序开发等破坏草原的违法行为。最后，要做好碳汇宣传工作，提高公众对林草碳汇重要性的认识，推广绿色低碳生活方式，为我国林草碳汇价值的实现打下坚实基础。

（三）林草碳汇价值实现路径应趋于多元化

林草碳汇价值实现路径多元化探索离不开对市场信息的掌握，已有理论研究和实践表明，我国碳汇交易与全国碳市场衔接不畅存在明显市场分割现象，导致碳汇市场难以形成统一的市场体系，这也在一定程度上导致我国林草碳汇价值实现路径比较单一，正如宁帅涵所提及的目前全国的林业碳汇市场非常广阔，但各碳汇企业基本都是"瞎子摸象"，在广阔的林地资源中随机找寻能够掌控的市场份额，几乎都缺少明确清晰的数据平台来进行统一分析。因此应加强林草碳汇信息平台建设，使林草碳汇信息建设更加趋向智能化和网络化，完善相关林草信息的数据采集工作，搭建综合管理平台与数据库建设，实现碳汇信息的大汇总从而为林草碳汇市场的参与者提供一个有效的交流平台。此外，要从多个维度开发林草碳汇价值。如"林草碳汇＋金融"，发展林草碳汇质押、预期收益权质押、碳资产回购以及碳期货、碳期权等碳汇金融产品，为林草碳汇项目提供资金支持；"林草碳汇＋公益项目"，政府部门可以设立了碳中和专项基金，为社会单位和市民搭建的参与碳补偿、消除碳足迹、储存碳信用、履行社会责任的公益平台，全社会共同助力林草减排增汇；"林草碳汇＋生态旅游"，林草碳汇是破解困境的重要手段，更是生态旅游发展的新动力。总之，我们要探索多元化途径和方式实现碳汇价值，推动碳汇事业的发展。

六、结　语

林草碳汇价值实现路径研究经历数年，在基础理论、估算机制、价值评估等方面已有一定积累。本研究结合科学知识图谱定量分析法与传统文献定性研究法，发现：林草碳汇价值实现路径研究热度仍保持较高水平，1992～2007 年林草碳汇价值的研究直接从草木植被入手，随着生态环境的破坏以及退耕还林工程的开展逐步向可持续发展方向转变。2008～2013 年随着国家相关政策文件的发布，学者更加注重碳汇发展研究，"碳密度""碳储量""碳排放"和"低碳经济"等是这一时期的研究热点。2014～2023 年，随着多地碳汇交易方案的印发、生态建设规划的提出及碳排放权交易市场的正式开市，学者们对碳汇展开丰富的探索，这一阶段学者们关注的是"碳汇交易机制""生态碳汇补偿"，"碳储量""土壤养分""气候变化""森林碳汇""碳中和"是这一时期的研究热点关键词。

　　随着我国碳汇事业的不断发展，更加需要稳定可靠健全的法律环境来规范碳汇开发和交易，制定碳汇计量与监测技术指南以及统一的林草碳汇计量标准和监测评估系统。纵观研究成果，由于人们对资源的不合理利用林草碳汇价值潜力亟须进一步提升，要加强林草抚育和保护为林草碳汇价值实现打下坚实基础。本研究认为未来林草碳汇价值实现应寻找多元化路径。一是要建立统一的碳汇市场体系，为林草碳汇市场的参与者提供一个有效的交流平台。二是可以将林草碳汇与金融、公益项目、生态旅游等结合起来，探索碳汇价值实现的多元化路径，激发林草碳汇活力推动碳汇事业发展。

参 考 文 献

　　[1] 陈悦，陈超美，刘则渊，等. CiteSpace 知识图谱的方法论功能 [J]. 科学学研究，2015，33（02）：242 – 253.

　　[2] 方精云，郭兆迪，朴世龙，等. 1981～2000 年中国陆地植被碳汇的估算 [J]. 中国科学（D 辑：地球科学），2007（06）：804 – 812.

　　[3] 方精云，陈安平. 中国森林植被碳库的动态变化及其意义 [J]. 植物学报，2001（09）：967 – 973.

　　[4] 郭忠升，邵明安. 半干旱区人工林草地土壤旱化与土壤水分植被承载力 [J]. 生态学报，2003（08）：1640 – 1647.

　　[5] 侯剑华，胡志刚. CiteSpace 软件应用研究的回顾与展望 [J]. 现代情报，2013，33（04）：99 – 103.

　　[6] 侯扶江，杨中艺. 放牧对草地的作用 [J]. 生态学报，2006（01）：244 – 264.

　　[7] 黄利，于焕生，何丹，等. 国内碳汇研究进展与前沿动态追踪——基于 CNKI 期刊文献的可视化分析 [J]. 林业经济，2020，42（04）：46 – 55.

　　[8] 蒋延玲，周广胜. 中国主要森林生态系统公益的评估 [J]. 植物生态学报，1999（05）：426 – 432.

　　[9] 贾艳红，赵军，南忠仁，等. 基于熵权法的草原生态安全评价——以甘肃牧区为例 [J]. 生态学杂志，2006（08）：1003 – 1008.

　　[10] 姜安. "双碳" 背景下我国林业碳汇制度的法律困境与完善建议 [J]. 中国林业产业，2023（01）：86 – 91.

　　[11] 李杰，陈超美. CiteSpace 科技文本挖掘及可视化 [M]. 北京：首都经济贸易大学出版社，2016：88 – 89.

　　[12] 李玉山. 黄土高原森林植被对陆地水循环影响的研究 [J]. 自然资源学报，2001（05）：427 – 432.

　　[13] 李凌浩. 土地利用变化对草原生态系统土壤碳贮量的影响 [J]. 植物生态学报，1998（04）：13 – 15.

　　[14] 李文华，李芬，李世东，等. 森林生态效益补偿的研究现状与展望 [J]. 自然资源学报，2006（05）：677 – 688.

　　[15] 刘奉觉，郑世锴，巨关升，等. 树木蒸腾耗水测算技术的比较研究 [J]. 林业科学，1997（02）：22 – 31.

［16］刘世荣，王晖，栾军伟. 中国森林土壤碳储量与土壤碳过程研究进展［J］. 生态学报，2011，31（19）：5437－5448.

［17］刘广超."林草兴"之于"生态兴"的基础性作用［J］. 福建师范大学学报（哲学社会科学版），2023（01）：39－47.

［18］莫江明，薛璟花，方运霆. 鼎湖山主要森林植物凋落物分解及其对 N 沉降的响应［J］. 生态学报，2004（07）：1413－1420.

［19］宁帅涵. 嘉瑞德公司发展战略研究［D］. 长春：吉林大学，2023.

［20］朴世龙，方精云，贺金生，等. 中国草地植被生物量及其空间分布格局［J］. 植物生态学报，2004（04）：491－498.

［21］唐承财，查建平，章杰宽，等. 高质量发展下中国旅游业"双碳"目标：评估预测、主要挑战与实现路径［J］. 中国生态旅游，2021，11（04）：471－497.

［22］吴建国，张小全，徐德应. 土地利用变化对土壤有机碳贮量的影响［J］. 应用生态学报，2004（04）：593－599.

［23］谢高地，张钇锂，鲁春霞，等. 中国自然草地生态系统服务价值［J］. 自然资源学报，2001（01）：47－53.

［24］杨万勤，王开运. 森林土壤酶的研究进展［J］. 林业科学，2004（02）：152－159.

［25］杨文治. 黄土高原土壤水资源与植树造林［J］. 自然资源学报，2001（05）：433－438.

［26］杨维西. 试论我国北方地区人工植被的土壤干化问题［J］. 林业科学，1996（01）：78－85.

［27］张小全，吴可红. 森林细根生产和周转研究［J］. 林业科学，2001（03）：126－138.

［28］张新时. 毛乌素沙地的生态背景及其草地建设的原则与优化模式［J］. 植物生态学报，1994（01）：1－16.

［29］曹海霞，韩斌慧. 山西发展低碳经济的路径［J］. 中外企业家，2014（26）：25，27.

［30］徐思若，成志影，那雪迎，张栩嘉，马大龙，张鹏. 黑龙江省森林碳汇及其经济价值的变化分析与潜力预测［J］. 生态学杂志，2024，43（01）：197－205.

［31］张峰，周彩贤，于海群. 北京市建立基于森林碳汇管理的生态补偿机制的思路探讨［J］. 林业经济，2017，39（03）：53－57.

［32］CHEN C. Searching for intellectual turning points：Progressive knowledge domain visualization［J］. PNAS，2004，101：5303－5310.

［33］COSTANZA R，D'ARGE R，GROOT R，FARBER S，GRASSO M，HANNON B，LIMBURG K，NAEEM S，O'NEILL R V，PARUELO J，RASKIN R G，SUTTON P，VAN DEN BELT M. The value of the world's ecosystem services and natural capital［J］. Nature，1997，387：253－260.

［34］KESSLER M M. Bibliographic coupling between scientific papers［J］. American Documentation，1963，14（1）：10－25.

［35］PRICE D J. Networks of scientific papers［J］. Science，1965，149：510－515.

碳排放权交易价格对企业价值的影响研究

叶建华　苗唯一[*]

内容提要： 在全球变暖的背景下，我国作为全球气候治理的主要参与者和积极推动者，始终将减排低碳落实到实践，积极布局碳中和。企业是碳交易市场的参与主体，研究碳排放权价格与企业价值相关的关系，可以更好地帮助企业碳资产管理。本文选取 2017 年 1 月 1 日 ~2022 年 12 月 31 日八大碳试点地区成交均价和参与碳排放试点共 136 家企业数据，实证研究显示碳排放权价格与企业价值呈负向相关，在传统能源公司中表现得更为显著。

一、研究背景

近百年来，地表温度上升速度明显加快，气候变化给人类生产生活带来严重威胁，甚至造成严重经济损失和人员伤亡。为控制全球温室气体排放，根据科斯的产权理论，为了人类生存和发展需要对碳排放设定权限，即权利主体获取一定数量的向大气排放温室气体、气候环境资源使用权，通过碳排放权在市场上交易解决气候变暖的外部性问题。2005 年欧盟碳排放交易体系建立，美国、韩国等 30 多个国家、地区也相继建立碳排放权交易市场，开展碳排放权交易。中国是世界上能源消费排名第二的国家，在城镇化发展中，基础设施，建筑业及工业设备建设生产中消耗了大量的钢铁、水泥、电解铝等材料，造成了大量的碳排放。为实现减排目标，2011 年我国建立强制性碳排放权交易市场，2013 年在中国八大省级率先建立碳排放权交易市场（本文选取八大省级碳交易市场的上市公司作为研究对象），2021 年线上碳交易正式启动。

尽管我国碳交易可能存在诸多问题，但碳交易市场有巨大的发展潜力。碳成本是企业经营成本之一，碳排放权交易市场的启动必然会对其财务状况和公司价值产生影响。此时研究我国区域性试点碳市场上碳排放权价格对公司价值的影响，能够帮助企业关注其价值，更好地完善碳资产管理，也有利

* 叶建华，上海师范大学商学院，副教授，研究方向：资产评估；苗唯一，上海师范大学商学院，本科生，研究方向，资产评估。

于政府今后进一步完善碳交易的市场制度。本文采用托宾 Q 作为企业价值的衡量指标，研究碳排放权价格对上市企业价值影响，对我国实现减排降碳、进一步完善整体碳市场体系、企业优化碳资产管理提供针对性建议，为企业关注自身价值提供借鉴和参考。

二、文献综述

就碳排放权价格而言，因为市场流动较慢，所以碳产品价格普遍低于其他国家，市场整体活跃度也比较低，但部分地区的碳排放权价格发现功能有望随着我国碳交易市场的逐步建设得到进一步发挥。更多企业和个人投资者将在"碳中和"目标的背景下，认识到碳资产的金融属性，为此相关学者对此展开理论研究。

（一）关于排放权价格

靳萌（2018）实证研究显示，气温和政策因素对湖北碳排放权交易价格影响不显著，影响较为显著的是柴油、煤炭价格和宏观经济因素，同时说明湖北、深圳碳排放权交易价格存在异方差性，碳市场收益率的均值有溢出效应和波动溢出效应。宋亚之等（2018）发现上海碳市场产品具备一定的价格发现功能，而碳交易政策通过调节供求基本面影响 SHEA 价格；实证发现政策与 SHEA 的价格正相关，合理推断出上海碳交易市场属于政策导向型市场；以全国 7 个区域试点碳市场碳产品价格数据为样本分析显示，短期内碳排放权价格在政策发布初期会跟随出现较大波动，但通过价格信息的传播可以降低异常波动。从长期来看，由于碳排放权不充分，导致碳排放权价格过度回调，政策实施的市场红利消失，从而导致碳交易市场中长期风险加大。赵选民和魏雪（2019）认为传统能源价格明显负向影响碳排放权价格。季昌京等（2020）从价格驱动因素入手，实证证明当拍卖价格过低或者碳配额供过于求时，碳排放权价格出现下跌，而整个市场的容量越大、规范度越高，碳交易价格就会上升。吕靖烨等（2021）选用湖北、深圳、广东、北京和上海等有代表性的 5 个碳排放权市场，基于 Sobol 方法研究表明，能源价格、国际碳资产价格、经济发展水平与传统金融市场的灵敏度指数较高，对我国碳排放权价格的影响较大；上海碳排放权市场与其他四个试点市场的灵敏度参数存在差异。廖志高等（2022）改进碳排放权价格的影子价格模型，以湖北省碳排放交易市场为例，对碳排放权价格进行预测，得出影子价格远高于国内真实值，与国际碳排放权价格相当，可以作为未来碳排放权定价的参考值的结论。公维凤和王丽萍等（2022）选择我国 5 个碳排放权试点为研究对象，基于 GARCH 模型得出碳交易价格具有波动性和集聚性的结论。付莉和曹颖（2023）选择市场法和 Putty-clay Vintage 估值模型综合确定碳排放权的价值，并利用 Z 公司质押贷款项目验证估值模型的适用性，确定合理的估值区间。胡倩（2023）选取国内四个市场的加权平均碳价和上海原油市场的主力连续合约价格实证研究显示，原油价负向影响碳价，从而传统能源价格和碳价格有一定的相关性，而碳价对原油价格的影响并不显著。

（二）关于碳排放权价格与企业价值的关系

托里等（Troy et al.，2009）认为能源公司的发电成本来源于碳排放权交易制度的确立，成本主体需要投入更多的碳减排来生产，碳排放权交易制度的产生，给企业带来的影响是负面的。奥斯特赖克和伊利亚斯（Oestreich and Tsiakas，2015）通过构建 CAPM 模型研究欧盟碳排放交易机制对德国上市公司的影响，研究显示企业更高的现金流是由于碳排放限额自由分配所致，说明企业得到的碳排放免费补贴越高，它的价值也随之上升。Huang（2019）研究欧盟碳排放权价格的过程中发现，传统能源公司在碳排放权价格上升的情况下，股价也随之上涨。卜文珂等（2021）将新旧两类能源公司股价与碳排放权价格进行回归，结果显示传统能源的股价与碳产品价格呈现显著负相关的长期均衡关系。王天潇（2021）研究 2014～2020 年国内典型试点碳市场及其涉及的控排行业上市公司，结果显示我国碳市场建设初期（2014～2017 年），碳排放权价格对公司市场价值影响不显著；而随着试点碳市场发展完善（2018～2020 年），碳排放权价格能够对控排公司市场价值产生一定负向影响，市场引导作用正逐渐显现。韩民和黄文璐（2022）通过构建回归模型，对比分析碳价对传统能源企业和新能源企业长期与短期价值影响的，结果显示：碳价就对两类能源企业短期价值影响明显大于长期价值，且影响都比较显著；碳价上涨会引起传统能源企业短期价值大幅下降，长期价值也随之下滑；同样情况下，新能源企业短期价值也下滑，而长期价值却得到提升。林雨侬（2022）选取我国 8 个区域试点碳市场 2014 年 1 月 1 日～2021 年 3 月 31 日碳产品的季度加权收盘价，搭建"碳排放权价格—自由现金流—企业价值"传导机制，结果表明碳排放权价格与传统能源上市公司企业价值呈负相关关系，与新能源上市公司企业价值呈正相关关系；"自由现金流"对于新能源行业发挥中介效应，对于传统能源行业中介效应不显著。

通过查阅文献发现，碳排放权价格对企业价值正向影响时，研究者们将其归结为过量的免费碳配额以及企业碳成本的转移等因素；两者出现负向关系主要是碳排放权制度增加了企业的环境成本，削减了收益，从而对企业价值产生负向作用。研究中选择的数据、构建的模型有所区别时，得到的结论就会出现差别。

综上所述，对于碳排放权价格的研究大多聚焦在主体特征和相关变量，研究碳排放权价格与企业价值相关关系的文献较少。研究中以股票价格选为计量指标，以将股价视作公司价值的代表，数据时间跨度较窄、不够充足等问题，所以现有文献通常针对性较强，缺乏对于整体情况的解释。

三、研 究 设 计

（一）研究假设

根据外部性理论，气候问题和环境问题是从"外部性"的人类经济活动衍生出来的。所谓"外部性"，是指行为者不必完全负担其行为成本，或无法完全获取其行为所带来的好处。把外部成本内部化，才是解决"外部性"问题的根本之道。碳交易市场的发展变化，使得碳排放权价格对参排企业的影响也处于变化之中。企业如果在生产中想要排放二氧化碳等温室气体，除了自身的碳配额外，还需要在市场上进行购买或者进行产业升级，提高资源利用率。当这一机制运行时，碳交易市场都会通过对碳排放权价格的调控来影响能源企业的碳排放决策，都会潜移默化地影响其经营利润，最终对企业价值产生影响。

目前学术界普遍认为是通过企业自由现金流途径，形成碳产品价格对企业价值影响。曾清（2019）基于自由现金流理论和现金流折现模型，对五个碳试点城市中的碳排放权价格和控排企业进行研究，得出碳排放权价格与企业价值负相关，且自由现金流在此过程中发挥了中介作用。这一结论在林雨依（2022）的研究中得到进一步验证，自由现金流在影响新能源公司价值的过程中产生了中介效应，对于传统公司则不显著。除了自由现金流，陆敏等（2023）还利用 DID 模型检验碳排放权交易试点政策是否可以促进企业技术创新从而增加企业价值，即能否实现强波特效应，但只有北京市通过检验，其他试点省市均无法实现波特效应。

从梳理文献发现，碳排放权是对公司收益有直接影响的资产，企业为减少碳排放会在能源条件方面做出努力，因此对企业的能源成本、社会效益方面产生间接作用，从而在一定程度上影响企业的市场价值，拥有碳排放权企业的绩效较没有碳排放权的企业有明显的不同以及优势。还有一些学者提出，碳排放权交易制度虽然有效推动减排降碳转型，但对高能耗、低产能企业生产经营活动产生了一定负面影响，在碳排放强度高的企业影响尤为明显。从利益相关者理论来看，碳排放权价格还会从声誉、投资、生产、销售等多方面对能源企业价值产生影响，投资者更加关注环境和资源因素，消费者更倾向于低碳减排产品。随着各项控排政策的相继出台及制度的不断完善，碳排放权价格增加了对企业价值影响的不确定性，在碳排放权价格高的情况下，企业采购碳配额的费用将会增加，考虑到碳排放成本已成为大部分控排企业的生产成本之一。

企业在控排政策环境下，碳排放成本成为企业不得不投入的生产成本，这将影响企业的成本和经营收益。假定其他条件不变，若是提高碳排放交易价格，经营成本上涨，必然会缩减净利润，以至于企业价值下降；相反，当企业的碳配额大于企业所需的碳排放量时，通过碳交易系统进行碳配额的销售就能获得收益，最终造成企业的增值。从投资角度看，企业在碳价格较高、采购成本较高的情况下，会倾向于碳减排项目投资，高价出售减排技术改造后节约下来的碳配额，在增加企业资产的同时获得额外收益，从而推动企业价值的提升，最终在股票市场上映射为股价的上涨；反过来，企业在碳价格低迷的情况下，为了替代碳减排投资，转而将资金用于购买碳配额，这种企业价值在投资决策下的提升相对有限，甚至有所下降。由此可见，对于企业股价的影响，碳排放权价格的高低是截然相反的。综上所述，不同的碳排放权价格会影响到企业的股价，两者之间存在着一定的关联性。综上所述，本文提出假设：

碳排放权价格与企业价值负相关。

（二）样本选取及数据来源

本文选取 2017 年 1 月 1 日～2022 年 12 月 31 日八大碳试点地区成交均价和参与碳排放试点共 136 家参排企业的数据，属于非平衡面板数据。数据中剔除 ST、＊ST、PT 及退市的企业，剔除样本中的金融类企业及样本中的空白值，数据 1160 个，均来自于国泰安数据库，为避免极端值对结论影响，在 99% 和 1% 的水平上对数据进行缩尾处理。

（三）变量选取

1. 被解释变量

托宾 Q 数值是企业市场市值与企业资本重置成本的比率，该指标包含了企业的账面价值、市场价值以及公司负债，能够更加全面地表现出公司的价值。在现有文献中，大量学者都选择利用 TobinQ 值代表企业价值。薛天航等（2022）选择该指标作为企业价值的代理变量；杨洁，石依婷（2023）在研究碳信息披露与公司价值之间的关系中，选择托宾 Q 值作为公司价值；王清刚（2022）、王琳璘（2022）和黄诗贻、杜雨微（2021）等研究者均将 TobinQ 作为企业价值的衡量指标，因此本文选取 TobinQ 值表现企业价值。

2. 解释变量

王天潇（2021）选取广东省碳市场碳排放权的收盘价格进行解释；曾清（2018）利用 VECM 模型对碳交易价格进行研究；曾清（2019）在进行实证研究过程中也将碳排放价格的增长率作为解释变量来避免异方差的影响。2021 年 7 月，我国碳排放权交易市场正式启动上线交易，为了数据更加全面，本文选取国内八大碳排放权交易试点碳产品（分别为深圳、上海、北京、天津、广东、湖北、福建和重庆）的成交均价作为解释变量（CarbonP）。

3. 控制变量

在参阅相关研究文献的基础上，本文从公司财务、公司治理、其他因素方面确定控制变量：

公司财务方面选取营业收入增长率：即企业本期营业收入增加额与上期营收总额的比值。该指标可以反映主营业务收入的变动情况，是评价企业成长和发展能力的指标之一。

资产负债率：主要反映企业的债券结构和偿债能力，该指标如果比较高，意味着企业拥有较高的财务杠杆，有更多机会去进行扩张，但是同时也会带来一定的泡沫，从而增加公司的财务风险。

公司治理方面选取管理层持股比例：管理层与股东利益在一定程度下达成一致时，企业的代理成本可以降为最低。除了利益趋同外，当存在信息壁垒时，管理层内部相较于外部投资人能更快获取一手信息，也更容易发挥激励作用。

其他因素选取公司上市时长：公司上市时间长短也可以作为衡量企业价值的因素之一。表1说明了本文的变量选取。

表1   变量选取及描述

项目	变量	符号	描述
被解释变量	托宾Q值	TobinQ	企业总市值/企业重置资本
解释变量	碳排放权价格	CarbonP	碳产品的成交均价
控制变量	营业收入增长率	Growth	（本期营收－上期营收）/上期营收
	资产负债率	Lev	公司负债/公司资产
	管理层持股比例	Topmp	管理层持股比例
	上市时长	Age	企业上市至统计日的时长

（四）模型构建

为了验证前文所提到的假设，本文构建如下基本回归模型：

$$TobinQ_{i,t} = \alpha + \beta_1 CarconP + \beta_2 Growth + \beta_3 Lev + \beta_4 Topmp + \beta_5 Age + \varepsilon_{i,t}$$

（1）

公式（1）中 α 是不同个体所具有的不同截距，β_i 是各变量的待估系数，$\varepsilon_{i,t}$ 为随机扰动项。

其中，托宾Q（TobinQ）是被解释变量，碳排放权价格（CarbonP）被选为解释变量，与企业价值相关的其他指标，包括资产负债率（Lev）、营业收入增长率（Growth）、管理层持股比例（Topmp）和上市时长（Age）在模型中作为控制变量出现。在研究后续新旧能源类企业的碳价格对企业价值的影响中，同样使用该模型来完成实证。

四、实 证 分 析

（一）描述性统计

根据表 2 对于数据的描述性统计，企业价值的代表指标 TobinQ 值均值为 1.097，但是不同企业之间仍然存在着一定差异，其中最大值达到了 18.918，最小值只有 0.269。可以看出，在上市企业当中，碳产品的成交均价（CarbonP）波动幅度比较大，价格具有不确定性。营业收入增长率（Growth）在不同公司中均值比较低，整体差距比较大，资产负债率（Lev）情况也较为类似，但总体都处于较为合理的范围。此外管理层持股比例（Topmp）最高值超过 80%，最小值只有 2.6%，表明各公司内部股权结构各不相同。最后，从企业的上市时间可得样本中上市时间最长的公司到现在已经有 29 年。

表 2 　　　　　　　　**样本变量的描述性统计**

变量	观测值	均值	标准差	最小值	最大值
TobinQ	1160	1.097	1.748	0.269	18.918
CarbonP	1160	30.068	16.169	6.494	92.912
Growth	1160	0.212	0.191	−1.025	7.352
Lev	1160	0.241	0.126	0.012	0.831
Topmp	1160	0.567	0.169	0.026	0.848
Age	1160	11.872	7.988	0.000	29.06

（二）单位根检验

对实验数据进行单位根检验，其目的就是防止出现伪回归现象。因为数据样本是非平衡数据，因此采取 Fisher 的单位根检验法。检验结果如表 3 所示，结果显示，显著性 P 值为 0.00^{***}，在 0.01 水平上呈现显著性，因此选取的变量结果平稳。

表 3 　　　　　　　　**单位根检验结果**

变量	TobinQ	CarbonP	Growth	Lev	Topmp	Age
P 值	0.000	0.000	0.000	0.000	0.000	0.000
结果	平稳	平稳	平稳	平稳	平稳	平稳

（三） 相关性检验及多重共线性检验

对样本进行相关性检验，表4是数据变量的 Pearson 相关系数矩阵，该检验对两两数据的相关系数（相关程度）进行计算，从而反映不同的相关关系。观察表中数据可以看出，第一，托宾 Q 值和主要的解释变量，碳排放权价格（CarbonP）在1%的水平上显著，且二者负相关，与上文假设一致；第二，样本中企业价值与资产负债率（Growth）和资产负债率（Lev）显著相关，系数为负数；第三，从整体上看，大部分变量可以通过相关性检验，但也存在不显著的情况，但是这不能完全认为变量间不存在相关关系，因为时间、样本的选取以及其他误差都可能影响关系系数。

表4 **Pearson 相关系数矩阵**

变量	TobinQ	CarbonP	Growth	Lev	Topmp	Age
TobinQ	1					
CarbonP	-0.630^{***}	1				
Growth	-0.047	0.413^{***}	1			
Lev	-0.141^{***}	-0.439^{***}	-0.331^{***}	1		
Topmp	-0.098^{***}	0.202^{***}	-0.194^{***}	0.287^{***}	1	
Age	-0.003	-0.024	0.246^{***}	-0.040	-0.120^{***}	1

注： *** 表示 $p<0.01$。

方差膨胀系数（VIF）是判断自变量之间多重共线性的一个判别指标，为了避免变量间存在多重共线性，样本的多重共线性检验结果在表5中。各变量 VIF 值均小于10，说明变量间不存在多重共线性。

表5 **VIF 检验结果**

变量	VIF	1/VIF
CarbonP	1.730	0.579
Growth	1.520	0.660
Lev	1.430	0.697
Topmp	1.370	0.729
Age	1.090	0.920
Mean	VIF	1.430

（四） 豪斯曼检验

为了实证分析结果更加科学，本文进行了 Hausman 检验，其结果显示 P

值小于 0.05，表明固定效应更好，因此采用固定效应进行分析。而固定效应模型又包含个体效应和时间效应，因为企业的异质性是影响企业价值的主要因素，所以个体效应模型是本文的模型基础。

表6   豪斯曼检验结果

变量	FE
CarbonP	-0.364^{***} (0.117)
Growth	0.401^{***} (0.0461)
Lev	-0.299^{***} (0.339)
Topmp	0.282^{***} (0.035)
Age	-0.024^{***} (0.008)
Observations	1160
Hausman	53.88
p-value	2.22e-10

注：*** 表示 $p < 0.01$。

（五）回归结果分析

1. 整体回归

表7是使用固定效应模型得出的分析结果，（1）至（3）依次是企业价值和碳排放权的成交均价之间的回归结果、加入财务因素变量的回归结果和加入治理因素与其他因素得出的结果。

表7   碳排放权价格对企业价值影响的基本回归结果

变量	（1） TobinQ	（2） TobinQ	（3） TobinQ
CarbonP	-0.271^{***} (-3.02)	-0.326^{***} (-3.04)	-0.364^{***} (-3.36)
Growth		0.343^{*} (1.77)	0.401^{*} (1.83)

续表

变量	(1) TobinQ	(2) TobinQ	(3) TobinQ
Lev		-0.206^* (-1.77)	-0.299^* (-1.84)
Topmp			0.282^* (1.68)
Age			-0.024 (-1.40)
Constant	2.089^{***} (51.93)	5.150^{***} (35.95)	5.527^{***} (36.35)
Observations	1160	1160	1160
r2_a	0.215	0.480	0.514

注：$***$ 表示 $p < 0.01$，$*$ 表示 $p < 0.1$。

通过分析表 7 的结果可以得出如下结论：

第一，主要解释变量碳排放权价格（CarbonP）在 1% 的水平上与 TobinQ 显著相关，且二者的相关系数为负数；第二，随着两个财务控制变量的加入，CarbonP 的相关系数依然为负显著相关，而 Growth 和 Lev 也与企业价值有关；在加入治理因素和其他因素后，CarbonP 同样在 1% 水平上呈显著负相关。其中 t 值的绝对值在逐步增加，说明该模型选择比较合理。

当碳排放权价格越高时，所需的费用也就越高，因此企业价值会出现减少的情况，验证上文提出的假设。观察控制变量可以发现，营业收入增长率在 10% 的水平上与企业价值呈现出正相关关系，这体现出当公司营收增长速度较快时，企业价值也会随之增大，比较有利于企业进一步购买所需碳产品；当资产负债率增加时，说明企业的债务成本比例较大，会导致碳排放权的购买造成负向影响。此外，管理层持股比例的大小与公司价值有正向关系。

2. 分组回归

为了进一步研究碳排放权价格对不同企业的影响，本文抽取了样本数据中的能源公司，并按照其主营业务区分为 15 家传统能源公司（TobinQ - T）和 24 家新能源公司（TobinQ - N）两大类，对其进行分组回归，结果如表 8 所示，可以发现碳排放权价格的高低对于不同能源公司有着相反的影响。对于传统能源公司而言，碳产品价格上涨会带来购买成本上升，同时传统能源公司可能会对生产结构进行技术上的升级改造，就会导致企业价值下降。对于新能源公司来说，碳产品价格上涨反而有利于价值升值，虽然相关系数较小，但是也说明新能源企业在"碳中和"这样的背景下拥有一定的优势，同时反映出当前市场还不够完善、稳定，资产负债率的变化说明新能源企业要想获得更好的前景，同样需要承担较高的风险。

表8 碳排放价格与企业价值关系的分组回归结果

变量	（1） TobinQ – T	（2） TobinQ – N
CarbonP	− 0.021 *** （− 0.204）	0.005 *** （0.142）
Growth	− 0.008 （− 0.051）	0.571 *** （0.070）
Lev	0.185 （0.557）	− 3.397 *** （− 0.418）
Topmp	− 0.064 （− 0.040）	0.428 *** （0.052）
Age	0.001 （0.013）	− 0.040 *** （− 0.013）
_cons	− 0.119 （0.290）	0.883 *** （0.272）
r2_a	0.383	0.425

注：*** 表示 $p < 0.01$。

（六）稳健性检验

本文通过更换变量和变换模型两种方式进行稳健性检验。

1. 更换变量的稳健性检验

前文构建模型中 TobinQ 是代表企业价值的被解释变量，在稳健性检验中将其替换为净资产收益率（ROE）重新衡量。

$$ROE_{i,t} = \alpha + \beta_1 CarconP + \beta_2 DO + \beta_3 Lev + \beta_4 Topmp + \beta_5 Age + \varepsilon_{i,t}$$

（2）

表9 结果分别代表公式（1）和公式（2）的回归结果，可以看到使用指标 ROE 作为企业价值代表，其回归结果在 1% 水平上显著，t 绝对值也有所增加，可以视作本文的假设实证结果具有可靠性。

表 9   替换变量的稳健性检验结果

变量	(1) TobinQ	(2) ROE
CarbonP	− 0. 364 *** (− 3. 36)	− 0. 214 *** (− 3. 57)
Growth	0. 401 * (1. 83)	− 0. 026 (− 0. 77)
Lev	− 0. 299 * (− 1. 84)	0. 537 (1. 65)
Topmp	− 0. 024 (− 1. 40)	0. 054 *** (7. 69)
Age	0. 282 * (1. 68)	− 0. 035 (− 1. 32)
Constant	5. 527 *** (36. 32)	− 1. 176 *** (− 7. 64)
Observations	1160	1160
r2_a	0. 514	0. 598

注: *** 表示 p < 0. 01, * 表示 p < 0. 1。

2. 变换模型方法

前文利用 Hausman 检验选择了固定效应模型进行实证分析, 但是在稳健性检验中可以通过更换计量方法来实现检验。表 10 即为随机效应模型的回归结果, 可以发现碳排放权价格 (CarbonP) 显著性和符号没有明显改变, 因此说明结果是稳健的。

表 10   随机效应模型的稳健性检验结果

变量	TobinQ
CarbonP	− 0. 031 *** (− 32. 47)
Growth	0. 403 *** (12. 45)
Lev	− 0. 194 *** (− 8. 00)
Topmp	0. 189 *** (7. 81)

变量	TobinQ
Age	-0.022^{***} (-3.96)
Constant	0.406^{***} (3.46)
Observations	1160

注：*** 表示 $p < 0.01$。

综上所述，实证过程验证了前文所提出的假设，结果说明：当控制其他因素不变时，碳排放权价格与企业价值负相关；通过进一步分析说明，这样的影响对于不同类型的能源公司也有所不同，传统能源企业更倾向于负向效应，而新能源企业更多表现为正向影响，相应的稳健性检验证明实证结果的可靠性。

五、结论与建议

（一）研究结论

本文在研究已有文献的基础上，利用固定效应模型构建分析框架，选取我国八大试点碳市场的 136 家企业 6 年数据进行实证分析，得出如下结论：企业在碳排放超标的情况下，需要在碳市场上购买碳排放权，以达到碳控排的要求，这就造成了企业税后净利润减少的碳成本的存在，公司价值同样下滑；同时公司也可能需要投入更多资金进行研发，变现能力差，因此会直接加大开支，导致自由现金流下降，继而对公司价值产生负面作用。因此可以说碳排放权价格与企业价值呈负相关性。

（二）政策建议

完善配额分配办法，优化碳交易市场机制。现阶段我国自身排放权价格整体比较便宜，对参与排放企业产生影响较小，多数选择直接购买碳配额来实现低碳减排。为此，碳市场首先要制定统一的行业标准，保证公平合法的核查体系，鼓励更多企业或者机构进入市场进行交易；其次对于未履行控排义务的企业要加大惩罚力度，务必落实企业主体责任，从而倒逼企业自身建立高质量的监管体系；最后政府应当"产业 + 能源"结构双管齐下，着力优化传统工业，推进产业链转型升级，同时改善能源结构，抑制煤炭、石油等传统能源的消费，大力发展可再生能源，从而尽快完成能源替代。

　　在丰富碳交易市场交易品种的同时，推行碳配额的有偿分配。就目前而言，我国碳排放权交易市场的配额方式主要是自由免费碳配额分配，以现货方式分配碳排放权配额进行交易品种。当碳配额需要花费一定成本时企业才能认识到减排的重要性，这一制度才算有意义。企业对于碳产品的管理要做出长期规划，制定相应的转型战略，开发或者引进新技术，为自身发展打下良好基础。与此同时，碳排放权市场的存在，催生各种碳金融产品的发展，如碳质押、碳基金等，从而在一定程度上起到优化配置市场资金的作用。因此企业要注意，在加快新能源开发的同时，更好地发挥传统能源的合理价值，利用、发展低碳经济，为取得竞争优势而努力，规避碳风险。对企业参与的各种碳减排活动并在社会责任报告中开展的社会责任报告给予更多的关注。碳公开，既能为地球环保添砖加瓦，又能为社会树立良好形象起到突出作用。

参 考 文 献

　　[1] 陈浪南，熊伟，欧阳艳艳. 股市特质风险因子与噪声交易 [J]. 系统工程理论与实践，2016，36（11）：2752 - 2763.

　　[2] 黄彦菁，徐旭. 基于投资者情绪的四因子模型实证研究 [J]. 会计之友，2018（01）：57 - 61.

　　[3] 李志冰，杨光艺，冯永昌，景亮. Fama - French 五因子模型在中国股票市场的实证检验 [J]. 金融研究，2017（06）：191 - 206.

　　[4] 沈忱. 基于 Fama - French 模型的沪深 300 指数效应实证研究 [J]. 时代金融，2018（21）：155，159.

　　[5] 孙会霞，王冷月，翟进步. 评估实务中特殊风险因子的理论内涵与影响因素研究——基于医疗保健行业数据 [J]. 中国资产评估，2019（02）：41 - 48.

　　[6] 王正炜. 构建网络热度因子模型分析股价运动规律 [J]. 中国市场，2018（27）：13 - 16.

　　[7] 熊和平，刘京军，杨伊君，周靖明. 中国股票市场存在特质波动率之谜吗？——基于分位数回归模型的实证分析 [J]. 管理科学学报，2018，21（12）.

　　[8] 熊熊，孟永强，李冉，等. 特质波动率与股票收益——基于 Fama - French 五因子模型的研究 [J]. 系统科学与数学，2017，37（07）：1595 - 1604.

　　[9] 熊燕. 深圳 A 股主板市场的 Fama - French 三因素模型适用性研究 [D]. 成都：西南财经大学，2012.

　　[10] 赵鹏，周梅. 我国 A 股市场证券业的 Fama - French 三因子模型的适用性研究 [J]. 时代金融，2018（27）：156 - 157，159.

　　[11] 赵胜民，刘笑天. 引入投资者偏好的多因子模型——基于前景理论视角的分析 [J]. 中国经济问题，2019（02）：1 - 16.

　　[12] 赵胜民，闫红蕾，张凯. Fama - French 五因子模型比三因子模型更胜一筹吗——来自中国 A 股市场的经验证据 [J]. 南开经济研究，2016（02）：41 - 59.

　　[13] 朱昌政. 中国创业板市场股票特质波动率与横截面收益率的研究 [D]. 大连：

东北财经大学，2017.

[14] Fama E F, French K R. A Five-factors Asset Pricing Model [J]. Journal of financial economics, 2015, 116 (1): 1 – 22.

[15] Fama E F, French K R. Common risk factors in the returns on stocks and bonds [J]. Journal of Financial Economics, 1993, 33 (1): 3 – 56.

[16] Fama E F, French K R. The Capital Asset Pricing Model: Theory and Evidence [J]. Social Science Electronic Publishing, 2004, 18 (3): 25 – 46.

[17] Hu G X, Chen, Can, Shao, Yuan, et al. Fama – French in China: Size and Value Factors in Chinese Stock Returns [J]. International Review of Finance, 2019, 19 (1): 3 – 44.

[18] Jensen M C, Black F, Scholes M S. The Capital Asset Pricing Model: Some Empirical Tests [J]. Social Science Electronic Publishing, 1972, 94 (8): 4229 – 4232.

[19] John H. Cochrane. Discount Rates: American Finance Association Presidential Address [J]. Journal of Finance, 2011, 66: 1047 – 1108.

[20] Lintner J. The Valuation of Risky Assets and the Selection of Risky Investments in Stock Portfolios and Capital Assets [J]. Stochastic Optimization Models in Finance, 1969, 51 (2): 220 – 221.

[21] Liu J, Stambaugh R F, Yuan Y. Size and Value in China [J]. Journal of Financial Economics, 2019, 134 (1): 48 – 69.

[22] Markowitz, H. Portfolio Selection [J]. Journal of Finance, 1952, 7: 77 – 91.

[23] Mossin J. Equilibrium in a Capital Asset Market [J]. Econometrica, 1966, 34 (4): 768 – 783.

[24] Ross S, Theory J O E, Lizzeri A, et al. The arbitrage theory of capital asset pricing [J]. Journal of Economic Theory, 1976, 13: 341 – 360.

[25] Sharpe, William F. Capital asset prices: a theory of market equilibrium under conditions of risk [J]. The Journal of Finance, 1964, 19 (3): 425 – 442.

内蒙古草原碳汇价值的时空特征
与区域经济耦合协调研究

张耘恺　李雪敏　于泽琪[*]

内容提要：探究草原碳汇价值与区域经济的耦合关系，对于实现草原碳汇开发和促进区域可持续发展具有重要意义。基于耦合协调模型和固碳速率法，考察分析了 2000~2021 年内蒙古 12 个盟市草原碳汇价值与区域经济关系及草原碳汇价值的时空演变分析，结果表明：（1）内蒙古的碳汇减少量整体为16.84%，乌海市、兴安盟和阿拉善盟的草原碳汇减少量超过了 25%，鄂尔多斯的碳汇减少量占比最少，为 9.51%；（2）2000~2021 年内蒙古草原碳汇价值在时间演变中整体呈下降趋势，在空间维度上，内蒙古各盟市的草原碳汇格局表现出相对较为稳定的特点；（3）各盟市均草原碳汇价值与区域经济整体耦合协调度呈现平稳上涨趋势，总体耦合协调性逐步改善；东部地区的耦合协同程度显著高于中部和西部。

一、引　　言

中国天然草地面积约为 4 亿公顷，占国土总面积的 41%，占世界草原面积的 13%，是全世界重要的草地生态基地。草地是兼具生产、生活、生态多功能的复合生态系统，在畜牧业发展、生物多样性保护、气候调控和水土保持等领域有着重大的应用价值。近年来，随着 CO_2 排放量的不断上升，引起的温室效应问题日益突出。为此，中国郑重提出了 2030 年和 2060 年碳达峰和碳中和的目标。明确草地碳汇功能对于中国"双碳"目标的实施至关重要。陆地生态系统是全球最重要的碳汇来源之一，每年可吸收人类活动排放的 CO_2 总量的 28% 左右；在全球温室效应加剧背景下，提高碳汇是应对全球气候变化的主要途径。而草原碳汇是生态系统碳库的重要组成部分，通过实施禁牧休牧、草畜平衡等方式恢复草原固碳能力，可新增碳汇 40 亿~60 亿吨，约为植树造林新增碳汇量的 1.4 倍。张亮、李佐军等和李丹等提出加速

---

　　* 张耘恺，内蒙古财经大学财政税务学院，硕士研究生，研究方向：资源性资产评估；李雪敏，内蒙古财经大学财政税务学院，副教授，研究方向：资源性资产评估；于泽琪，内蒙古财经大学财政税务学院，本科生，研究方向：资源性资产评估。

草原碳汇开发对实现生态产品价值有着重要的推动作用。如何系统科学地开发草原碳汇，增加草原碳汇价值量，促使草原碳汇推动区域经济的发展，逐渐成为学界研究的热点话题。而目前鲜有此方向的研究。内蒙古是我国北方重要的生态赋能区，拥有丰富的草地资源，具备有很强的草地碳汇功能。然而在经济发展过程中，过分依靠自然资源，造成了生态环境的破坏，草地碳汇功能受损，从而在一定程度上制约了区域经济的高质量发展。因此，本文以内蒙古十二盟市为研究对象，利用固碳速率法来计算内蒙古草原碳汇价值量及其时空演变特征，借鉴郑秋琴等和周成等的现有耦合协调研究，构建草原碳汇与区域经济耦合协调指标体系，参考贾洪文和樊树钢的研究，利用构建耦合协调度模型，探究 2009～2019 年内蒙古十二盟市草原碳汇价值量与区域经济的耦合关系，旨在为促进研究区草原碳汇价值量增加及其与区域经济的协调发展提供理论依据。

二、数据来源与研究方法

（一）研究区概况

内蒙古自治区地跨我国东北、华北和西北地区，地处 97°12′～126°04′E，37°24′～53°23′N，海拔高度为 86～3496 米，总面积为 118.3 万平方米。下辖阿拉善盟、锡林郭勒盟、兴安盟、乌海市、巴彦淖尔市、鄂尔多斯市、包头市、呼和浩特市、乌兰察布市、赤峰市、通辽市和呼伦贝尔市 12 个盟市和 103 个县区。主要为温带大陆性季风气候，年降水量平均为 375 毫米①，由东北向西南递减。土地利用类型多样，拥有草地、林地、耕地、建设用地、未利用地等多种地类，其中草地和林地资源尤其丰富，水热条件多样，地形起伏各异，适合不同类型草地的生长。

（二）数据来源

本文对内蒙古地区草原碳汇价值量计量的研究区间选择 2000～2021 年，相关基础数据如草地生态系统面积来自 CLCD 土地覆盖数据，并使用 ArcGIS 提取内蒙古及十二盟市的草地生态系统面积；参考郭然等的研究，草地生态系统土壤固碳速率采用 0.3320t/（hm²·a）；碳转化为二氧化碳的转换系数来自《陆地生态系统生产总值（GEP）核算技术指南》，为 44/12。最优价格法、碳税法、固定 CO_2 的成本法的价格数据来自文献资料。其他社会经济数据来自于 2000 年、2005 年、2010 年、2015 年、2020 年和 2021 年的《中国

---

① 苏日罕，郭恩亮，王永芳，等. 1982～2020 年内蒙古地区极端气候变化及其对植被的影响 ［J］. 生态学报，2023，43（01）：419－431.

统计年鉴》《内蒙古统计年鉴》以及各地方的国民经济和社会发展统计公报。

（三）研究方法

1. 草原碳汇价值评估

首先，参考中国科学院生态环境研究中心 2020 年发布的《陆地生态系统生产总值（GEP）核算技术指南》和国家发展和改革委员会、国家统计局联合出台的《生态产品总值核算规范》，固碳速率法基于植物生长速率和土壤碳储量的测量，不需要复杂的仪器和设备，在大规模草原的调查中更容易实施；能够较快地反映草原碳汇的变化情况，固碳速率法成本较低，具有对大范围草原调查和长期监测的优势。因此，基于固碳速率法的简便性、实时性、成本低等特点，本研究借鉴邱子健等、李彦娥等、曹文洪等的研究方法，使用固碳速率法来计算内蒙古草原碳汇。公式为：

$$Q_{tCO_2} = M_{CO_2}/M_C \times (GVCSR + GSCSR) \times SG \tag{1}$$

公式（1）中，Q_{tCO_2} 为草地生态系统固碳量（$t \cdot CO_2/a$）；M_{CO_2}/M_C 为 C 转化为 CO_2 的系数，取 44/12；GVCSR 为草地生态系统植被固碳速率 $[t \cdot C/(hm^2 \cdot a)]$；GSCSR 为草地生态系统土壤固碳速率 $[t \cdot C/(hm^2 \cdot a)]$；SG 为草地生态系统面积（$hm^2$）。

其次，参考刘凯旋和金笙、黄方、高涛的研究方法，基于不同计量年份汇率的最优价格法、碳税法和固定 CO_2 的造价成本法草原碳汇，以三种碳汇价格评估方法得到的平均价格用于本研究评估的草原碳汇价值。公式为：

$$V_{CO_2} = Q_{tCO_2} \times P_{CO_2} \tag{2}$$

公式（2）中，V_{CO_2} 为草原碳汇价值量，Q_{tCO_2} 为草地生态系统固碳量（$t \cdot CO_2/a$），P_{CO_2} 为三种碳汇价值评估方法的均值（元）。

2. 评价指标体系构建

结合内蒙古自然和社会经济特征，借鉴了乔标等、刘定惠等和周成等的区域经济指标选取方法，将区域经济指标体系分为经济规模总量和经济结构特征两个维度（见表1）。利用极差法熵权法对指标进行标准化和权重处理。通过对内蒙古的草原碳汇价值核算过程及特征，本文采用草原碳汇价值量指标作为评价指标。

3. 耦合协调模型

耦合度可以反映各系统之间相互作用的强度，而不能反映各系统之间的协同程度。为此，本文引入耦合协调模型，量化草原碳汇价值与区域经济之间的耦合协调性，公式如下：

表 1　　　　　　　　　　　　　　区域经济指标体系

一级指标	二级指标	一级指标权重
经济规模总量	地区生产总值	0.61
	人均 GDP	
	公共财政预算收入	
	社会消费品零售总额	
	第一产业产值	
	第二产业产值	
	第三产业产值	
经济结构特征	城镇居民人均可支配收入	0.39
	农村牧区常住居民人均可支配收入	
	城镇人口失业人数	
	城镇人口失业率	

$$D = \sqrt{C \times T} \qquad (3)$$

$$C = \sqrt{\frac{U_1 U_2}{\left(\frac{U_1 + U_2}{2}\right)^2}} = \frac{2 \sqrt{U_1 U_2}}{U_1 + U_2} \qquad (4)$$

$$T = \alpha \times U_1 + \beta \times U_2 \qquad (5)$$

公式（4）中：D 为耦合协调度，D 值的大小反映草原碳汇价值与区域经济之间的耦合协调高低，D 值越大说明协调度越高，反之则越低；C 为耦合度，反映草原碳汇价值与区域经济之间的耦合度，值越大表征二者越耦合，反之则越不耦合；U_1 为经过标准化处理之后的草原碳汇价值；U2 为经过标准化处理之后的区域经济；T 为草原碳汇价值与区域经济综合评价指数之和；α、β 均为待定参数，本文参考李雪敏的研究，将两个系统的取值均为 0.5。采用等分法，将内蒙古草原碳汇价值与区域经济耦合协调度划分为以下区间：（1）严重失调；（2）中度失调；（3）基本协调；（4）中度协调；（5）良好协调。

三、结果与分析

（一）草原碳汇价值量评估结果

内蒙古草原碳汇价值评估结果如表 2 所示，内蒙古碳汇价值量从 2000 年的 387.98 亿元下降至 2021 年的 322.65 亿元，各盟市 2000 ~ 2021 年的草原面积及草原碳汇量在计量区间中存在波动但整体呈现下降趋势，主要表现为在2000～2005 年有所上升，在 2005～2010 年有较为明显地下降，在 2010～2021 年保持波动。在整体计量区间中，呼和浩特市草原碳汇价值量从 6.45 亿元降至 5.39 亿元；包头市碳汇价值量由 15.78 亿元降至 13.56 亿元；乌海市碳汇价值量由 0.58 亿元降至 0.43 亿元；赤峰市碳汇价值量由 36.09 亿元降至 30.78 亿元；通辽市碳汇价值量由 18.45 亿元降至 16.09 亿元；鄂尔多斯市碳汇价值量由 42.60 亿元降至 38.55 亿元；呼伦贝尔市碳汇价值量由 56.52 亿元降至 43.66 亿元；巴彦淖尔市碳汇价值量由 22.93 亿元降至 17.32 亿元；乌兰察布市碳汇价值量由 28.15 亿元降至 25.19 亿元；兴安盟碳汇价值量由 14.90 亿元降至 11.12 亿元；锡林郭勒盟碳汇价值量由 135.49 亿元降至 113.05 亿元；阿拉善盟碳汇价值量由 10.04 亿元降至 7.50 亿元（见表 2）。

表 2　　　　　　　内蒙古及各盟市草原碳汇价值量　　　　单位：亿元

碳汇价值量	2000 年	2005 年	2010 年	2015 年	2021 年
内蒙古	387.98	391.07	338.92	314.60	322.65
呼和浩特	6.45	6.49	5.79	5.36	5.39
包头	15.78	15.57	13.78	12.77	13.56
乌海	0.58	0.59	0.46	0.41	0.43
赤峰	36.09	37.03	31.33	29.20	30.78
通辽	18.45	19.52	16.90	14.25	16.09
鄂尔多斯	42.60	43.59	39.09	37.11	38.55
呼伦贝尔	56.52	54.89	46.42	42.98	43.66
巴彦淖尔	22.93	22.74	19.97	17.97	17.33
乌兰察布	28.15	29.13	25.59	24.16	25.19
兴安盟	14.90	15.77	13.43	11.35	11.12
锡林郭勒	135.49	135.02	117.07	110.11	113.05
阿拉善	10.04	10.72	9.08	8.95	7.50

（二）草原碳汇价值时空演变分析

1. 时间演变分析

2000～2007 年乌海市的草原在短时期内有较为明显的改善；锡林郭勒盟有较明显下降，由 2004 年的 135.75 亿元持续降至 2007 年的 127.92 亿元，锡林郭勒盟草原碳汇价值量降低的主要原因是气候变化，与 40 年前相比，年平均气温升高了 1.4℃，年降水量减少了 97.1 毫米，严重的气候变化使得不再适宜草原生长，草原面积及碳汇价值量有所下降；其余十个盟市则没有较大的变化，仅仅受气候影响有小幅度的下降，整体而言较为稳定（见表 3）。

表 3   **2000～2007 年各盟市草原碳汇价值量**   单位：亿元

各盟市	2000 年	2001 年	2002 年	2003 年	2004 年	2005 年	2006 年	2007 年
阿拉善	10.04	10.57	11.34	11.60	11.22	10.72	10.85	10.43
锡林郭勒	135.49	135.37	135.29	135.52	135.75	135.02	132.61	127.92
兴安	14.90	15.13	15.18	15.30	15.49	15.77	15.58	15.20
乌海	0.58	0.59	0.58	0.58	0.58	0.59	0.61	0.59
巴彦淖尔	22.93	23.25	23.51	23.72	23.30	22.74	22.36	21.95
鄂尔多斯	42.60	42.49	43.20	43.60	43.97	43.59	42.55	41.00
包头	15.78	15.62	15.62	15.56	15.64	15.57	15.29	14.68
呼和浩特	6.45	6.31	6.32	6.34	6.48	6.50	6.42	5.98
乌兰察布	28.15	28.37	28.73	28.83	29.05	29.13	29.21	27.86
赤峰	36.09	36.41	36.65	37.08	37.26	37.03	36.28	34.98
通辽	18.45	18.87	19.07	19.31	19.65	19.52	19.11	18.68
呼伦贝尔	56.52	56.17	56.06	56.14	55.61	54.89	53.66	51.54

2008～2014 年，草原碳汇价值最大的锡林郭勒盟草原碳汇价值下降了近 9%，主要还是受到气候变化的影响，致使草原碳汇价值由 2008 年的 119.64 亿元降至 2014 年的 108.99 亿元；乌海市的草原碳汇价值更是下降了超 27%，由 0.55 亿元降至 0.40 亿元，乌海市草原面积及价值量的减少除气候因素影响外，还受到城市发展扩张的影响；其他盟市的碳汇也受到气候影响有不同程度的减少，鄂尔多斯市的草原碳汇价值量缩减程度最小，由 38.53 亿元减少至 36.77 亿元，缩减 4.54%（见表 4）。

表 4   **2008～2014 年各盟市草原碳汇价值量**   单位：亿元

各盟市	2008 年	2009 年	2010 年	2011 年	2012 年	2013 年	2014 年
阿拉善	9.74	9.39	9.08	8.66	8.40	8.36	8.43
锡林郭勒	119.64	118.05	117.07	113.00	111.11	109.79	108.99
兴安	14.24	13.95	13.43	12.61	12.01	11.66	11.41

续表

各盟市	2008 年	2009 年	2010 年	2011 年	2012 年	2013 年	2014 年
乌海	0.55	0.50	0.46	0.43	0.41	0.40	0.40
巴彦淖尔	20.53	20.39	19.97	19.27	18.94	18.43	18.11
鄂尔多斯	38.53	39.02	39.09	37.82	37.36	36.93	36.77
包头	13.72	13.74	13.78	13.27	13.05	12.77	12.68
呼和浩特	5.59	5.58	5.79	5.57	5.41	5.20	5.16
乌兰察布	26.07	25.53	25.59	24.59	23.93	23.56	23.51
赤峰	32.38	31.73	31.33	30.41	30.21	29.95	29.48
通辽	17.54	16.93	16.90	16.13	15.82	15.17	14.67
呼伦贝尔	48.02	47.19	46.42	44.67	43.83	43.13	42.72

　　2015～2021 年内蒙古的草原碳汇量发展整体向好。各盟市的主要变化趋势为在 2015～2017 年碳汇逐渐增加，在 2018 年有所下降，并在 2019 年、2020 年重增，但又在 2021 年下降，与 2015 年相比，大部分盟市的草原碳汇价值量均呈增长趋势，其中通辽市由 2015 年的 14.25 亿元增至 2021 年的 16.09 亿元，整体增长 12.91%；与此同时，兴安盟和巴彦淖尔市有小幅度的下降，兴安盟由 2015 年的 11.35 亿元降至 2021 年的 11.12 亿元，缩减 2.04%，巴彦淖尔市由 2015 年的 17.97 亿元降至 2021 年的 17.33 亿元，缩减 3.56%；草原碳汇下降最多的是阿拉善盟，由 2015 年的 8.95 亿元降至 7.50 亿元，缩减 16.18%（见表 5）。在此期间，气候变化得到广泛关注，受气候变化而导致的草原面积及碳汇价值量不及前两时期变化明显，相关政策的出台提出加强草原保护管理，推进草原生态修复，促进草原合理利用，提高草原生态状况，其实施可使得草原质量和数量整体有所提高。

表 5　　　　　　　　　　**2015～2021 年各盟市草原碳汇价值量**　　　　　　单位：亿元

各盟市	2015 年	2016 年	2017 年	2018 年	2019 年	2020 年	2021 年
阿拉善	8.95	9.67	9.89	9.11	9.19	8.09	7.50
锡林郭勒	110.11	115.38	116.69	114.88	118.64	118.85	113.05
兴安	11.35	11.70	11.54	11.30	11.63	11.79	11.12
乌海	0.41	1.41	2.41	3.41	4.41	5.41	6.41
巴彦淖尔	17.97	18.45	18.42	17.91	18.29	18.24	17.33
鄂尔多斯	37.11	39.25	39.56	38.96	40.23	40.51	38.55

续表

包头	12.77	13.47	13.64	13.68	14.15	14.26	13.56
呼和浩特	5.36	5.64	5.71	5.63	5.78	5.72	5.39
各盟市	2015 年	2016 年	2017 年	2018 年	2019 年	2020 年	2021 年
乌兰察布	24.16	25.35	25.61	25.39	26.29	26.58	25.19
赤峰	29.20	29.81	30.19	29.77	31.37	32.36	30.78
通辽	14.25	14.58	14.79	14.89	16.10	16.86	16.09
呼伦贝尔	42.98	45.03	45.57	44.81	46.14	46.00	43.66

2. 空间演变分析

2010 年相较于 2005 年，整体呈现下降趋势，其中内蒙古东部地区的呼伦贝尔市和赤峰市与西部地区阿拉善盟下降最为明显，减少比例超 15%；2015 年相较于 2010 年，仅有阿拉善盟波动少于 5%，其他十一个盟市的草原碳汇价值减少均超 5%，且东部地区的兴安盟和通辽市减少超过了 15%；2020 年相较于 2015 年，大部分盟市增长超 5%，但西部地区的阿拉善盟减少量超 5%，西部地区的巴彦淖尔市和东部地区的兴安盟价值量在 5% 范围内波动。

位于内蒙古中部的锡林郭勒盟在草原碳汇方面表现出最高的水平，是因为该地区的草原生态系统相对较为健康，具有较高的植被覆盖率和生物多样性，这些因素有助于提高草原的碳吸收和储存能力，而生物多样性则有助于维持生态系统的稳定性，促进生态系统的健康，此外锡林郭勒盟相对较低的人口密度、较少的农业活动和工业化程度较低都导致了较少的人类活动对草原生态系统的干扰，也是其草原碳汇水平高的重要原因之一，这有助于维持草原的完整性，保持其健康状态，并促进了碳的积累。其他盟市的草原碳汇能力相对较低，主要由过度放牧、土地沙漠化、气候变化等因素影响，导致这些地区的草原生态系统受到不利影响，减少了碳的吸收和储存能力。过度放牧是内蒙古草原生态系统面临的重要问题之一，一些盟市存在着过度放牧的情况，特别是在呼伦贝尔、鄂尔多斯、赤峰等地，过度放牧现象较为严重，这导致了植被的磨损和土壤侵蚀，减少了草原的碳吸收和储存能力；鄂尔多斯、巴彦淖尔等地区受土地沙漠化问题的困扰，这是由不合理的土地利用和土地退化引起的，沙漠化地区的土地不适合植被生长，因此无法有效地吸收和储存碳，导致了碳汇能力的下降；气温升高和降水不足可能导致草原的干旱化和草地退化，在阿拉善盟等干旱地区尤为显著，从而减少了碳的吸收和储存能力；除过度放牧外，一些盟市还受到其他人类活动的干扰，如农业扩张、城市扩张和工业活动，这些活动导致了草原面积的减少，破坏了生态系统的完整性，从而降低了碳汇能力。乌海市正是一个典型的例子，受城市扩张和工业活动增加的影响，草原面积不断减少，碳汇能力下降明显。

（三）草原碳汇价值与区域经济耦合协调分析

2005～2021 年各盟市的耦合协调度均值从 0.3309 提高到 0.4665，呈现逐年稳步提升的趋势。其中，耦合协调度最大值从 0.4732 增至 0.73，2005～2021 年的最低值相对稳定，其中，2020～2021 年的增幅更明显，总体上的耦合协调性有改善的趋势。草地碳汇价值与区域经济的耦合协调性整体上表现为高低值少，中间值多的分布格局，主要表现为中度失调、基本协调和中度协调。在研究周期内，"严重失调"盟市比例有所下降，"中度失调"比例有所下降，"基本协调"和"中度协调"比例明显上升，部分盟市在 2005～2021 年达到了较好的协调性。

表6　　　　　　　**2005～2021 年内蒙古各盟市耦合协调结果**

项目	2005 年	2010 年	2015 年	2020 年	2021 年
严重失调占比（%）	0.333	0.083	0.0833	0.083	0.083
中度失调占比（%）	0.583	0.583	0.5	0.417	0.333
基本协调占比（%）	0.083	0.167	0.167	0.167	0.25
中度协调占比（%）	0	0.167	0.25	0.25	0.25
良好协调占比（%）	0	0	0	0.083	0.083
最大值	0.4732	0.5980	0.6868	0.7203	0.7300
最小值	0.0918	0.0842	0.0001	0.0001	0.0805
平均值	0.3309	0.3980	0.4366	0.4545	0.4665
耦合协调等级	中度失调	中度失调	中度失调	基本协调	基本协调

根据计算的耦合度模型，可以得到 2005～2021 年内蒙古十二盟市草原碳汇价值与区域经济耦合协调度 D 值。具体如图 1 所示。总体来看，目前内蒙古草原碳汇价值与区域经济高质量发展之间耦合度尚处于磨合阶段，与高水平耦合还存在一些差距，耦合协调水平逐年增加，呈现稳定向上的良好态势。

从时间维度来看，内蒙古自治区各盟市草原碳汇价值与区域经济耦合协调均表现出正向变动的趋势，各个盟市从 2005～2021 年整体上都呈现出增加的态势，从严重失调与中度失调区域逐渐向中度协调和良好协调方向靠拢。从空间维度上来看，在该区域内，锡林郭勒盟展现出最为显著的耦合协调水平，2005～2021 年的平均水平达到了 0.73，属于耦合中度协调水平。而其次是鄂尔多斯、呼伦贝尔、赤峰、包头、乌兰察布、通辽、巴彦淖尔、呼和浩特、兴安盟、阿拉善盟依次递减，而乌海市则呈现出最低的耦合协调水平。

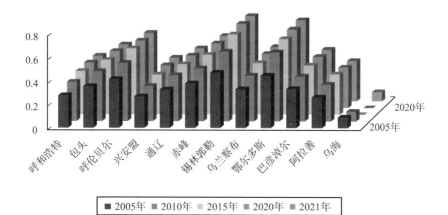

图1　2005～2021年耦合协调结果

如图2所示，将内蒙古12个盟市划分为西部（阿拉善盟、鄂尔多斯市、巴彦淖尔市、乌海市）、中部（呼和浩特市、乌兰察布市、包头）、东部（锡林郭勒盟、赤峰市、通辽市、兴安盟、呼伦贝尔市）。内蒙古东、中、西部耦合协调度均保持正向变动，东部的耦合协调度最高，依次是中部和西部，其中，西部耦合协调度由0.2846上升至0.3915，2005～2010年增加趋势显著；中部耦合协调度处于平稳上升阶段，从0.3219逐年稳定增长至0.4456；东部耦合协调度在2005～2015年明显增长，2015～2021年平稳上升，总体呈现稳定增长的良好局面。

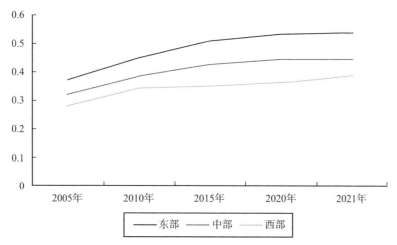

图2　2005～2021年内蒙古东部、中部和西部耦合协调度

四、讨论与结论

（一）讨论

内蒙古地域狭长，受气候、地貌等多方面的影响，各地区的自然条件、经济发展程度存在明显的差别，其内在发展也存在很大的不均衡。以盟市为单位，研究草地碳汇价值的时空演化规律，探讨草地碳汇价值对区域经济发展的影响机制，为制定草地碳汇管理政策和草地生态可持续发展提供科学依据。

（1）2005～2021年内蒙古草原碳汇价值总体上处于下降状态，这与内蒙古草原生态面积的减少密切相关，过度放牧、土地沙漠化以及草地退化是导致草原面积减少的重要原因，随着城镇化进程的加快，土地利用率也在不断上升，包括农业扩张、城市扩张和工业活动，许多盟市经济发展对自然资源依赖程度仍然较大，导致草原面积和草原碳汇价值量的持续减少，生态效益与经济效益难以维持平衡。因此，在我国生态文明建设的目标之下，未来继续促进生态效益稳步提高仍是区域经济高质量发展的重中之重。

（2）从时间维度上来看，内蒙古自治区各盟市的草原碳汇价值量总体是下降的，2005～2021年以来整体缩减了16%，这表明研究区内草原生态面积的下降处于急剧状态。从空间维度来看，内蒙古自治区各盟市的草原碳汇格局表现出相对较为稳定的特点。内蒙古自治区的草原碳汇格局在空间上表现出差异明显的特征，锡林郭勒盟在该格局中占据显要地位，而其他盟市的草原碳汇潜力相对较低。这一差异主要由生态健康状况、人类活动干扰、气候变化等因素的相互作用所驱动。随着人们对环保的重点关注，气候变化影响有所减少。因此，未来政府要继续出台一系列针对草原保护与管理的政策，在控制气候变化所带来影响的同时，更强调减少人类活动对草原的破坏，维护和增强内蒙古草原生态系统的碳汇能力，保护草原资源，促进草原碳汇价值量的稳步提升。

（3）各盟市之间草原碳汇价值与区域经济耦合协调度存在较大的时空异质性。东部总体的耦合协调水平比西部和中部要高，这与李雪敏等等的研究结果一致。耦合协调高值区大部分位于大兴安岭等地区。这主要得益其具有优良的自然基础，21世纪初期呼伦贝尔市、兴安盟等以丰富的煤炭资源带动区域经济发展，促进区域经济发展，而内蒙古东部盟市在草地碳汇与区域经济"双高"的双重驱动下，其耦合协同程度偏高。但是，东部地区的耦合协同发展呈现出"趋缓"的态势，在未来的发展中，需要继续提高区域经济的高质量发展，从而逐步摆脱资源依赖型的经济发展困境。此外，鄂尔多斯、锡林郭勒地区区域耦合协同程度较高，向周边盟市的辐射作用也在逐步加强，周边城市得到了快速发展。在提高经济效益的基础上，还需注重社会效益和生态效益的同步发展，从而实现经济发展和生态赋能之间的动态平衡，此地区还应该继续推动循环经济的发展，提高资源的利用率，推动资源型产业的转型和升级。从整体来看，内蒙古草原碳汇价值与区域经济高质量发展之间耦合度逐年稳定增长，逐渐向中度协调与良好协调阶段靠拢，但是尚未达到高耦合度水平，处在中度失调的盟市占比仍然居多，未来政府应该大力促进草原保护修复工作，积极推动草原碳汇开发工作，增加碳汇价值量。使绿水青山真正能转换成"金山银山"。

（二）结论

（1）乌海市、兴安盟和阿拉善盟的草原碳汇减少量超过了25%，鄂尔多斯的碳汇减少量占比是最少的，为9.51%。内蒙古的碳汇减少量整体为16.84%，乌海市、呼伦贝尔市、巴彦淖尔市、兴安盟和阿拉善盟的减少占比超过了内蒙古平均减少占比，草原面积及碳汇量减少较为明显。

（2）2005~2021年内蒙古草原碳汇价值在时间演变中整体呈下降趋势，在空间维度上，内蒙古各盟市的草原碳汇格局表现出相对较为稳定的特点。在该区域内，锡林郭勒盟展现出最为显著的草原碳汇水平，而其次是呼伦贝尔、鄂尔多斯、赤峰、乌兰察布、巴彦淖尔、通辽、包头、兴安盟、阿拉善和呼和浩特，依次递减，而乌海市则呈现出最低的草原碳汇水平。

（3）各盟市均草原碳汇价值与区域经济整体耦合协调度呈现平稳上涨趋势，总体耦合协调性逐步改善；东部地区的耦合协同程度显著高于中部和西部，且在空间上呈现出"由东到西、从北至南"的分布格局。西部乌海市是耦合协调度最低地区，中部以包头中度协调为中心，东部以呼伦贝尔市、锡林郭勒盟为主要的耦合协调高值地区。从时间上看，乌海市2005~2021年始终处于严重失调状态，中部呼和浩特、包头、乌兰察布市是耦合协调提升的重点地区，锡林郭勒盟、呼伦贝尔市在东部维持中等或较好协调发展。

参 考 文 献

［1］曹文洪，张晓明，张永娥，等．水土保持碳汇内涵与测算方法［J］．中国水土保持科学（中英文），2024，22（01）：1－11.

［2］高涛．草地生态系统碳储量及牧民生态补偿研究［D］．兰州：兰州大学，2010.

［3］郭然，王效科，逯非，等．中国草地土壤生态系统固碳现状和潜力［J］．生态学报，2008（02）：862－867.

［4］黄方．森林碳汇的经济价值［J］．广西林业，2006（05）：42－44.

［5］贾洪文，樊树钢．黄河流域绿色金融与经济高质量发展耦合协调研究［J］．生态经济，2023，39（10）：89－98.

［6］李丹，王馨瑶，李心仪．"双碳"目标下我国草碳汇交易的可行性及途径［J］．

价格月刊，2022 (10)：71 - 77.

[7] 李雪敏，李同宁，李道政，等．内蒙古县域生态系统服务与居民福祉耦合协调关系时空特征及影响因素研究 [J]．干旱区资源与环境，2023，37 (07)：27 - 37.

[8] 李彦娥，王化齐，刘江，等．西北地区生态系统碳汇时空分布特征及相关驱动因子分析 [J]．西北地质，2023，56 (04)：185 - 195.

[9] 李佐军，俞敏．加快探索建立草碳汇交易市场 [J]．重庆理工大学学报（社会科学版），2019，33 (08)：1 - 6.

[10] 刘定惠，杨永春．区域经济—旅游—生态环境耦合协调度研究——以安徽省为例 [J]．长江流域资源与环境，2011，20 (07)：892 - 896.

[11] 刘凯旋，金笙．国内森林碳汇市场交易定价方法比较研究 [J]．农业工程，2011，1 (02)：96 - 100.

[12] 乔标，方创琳．城市化与生态环境协调发展的动态耦合模型及其在干旱区的应用 [J]．生态学报，2005 (11)：211 - 217.

[13] 邱子健，李天玲，申卫收．江苏省农田生态系统固碳时空分布特征与趋势预测 [J/OL]．农业环境科学学报：1 - 19 [2023 - 10 - 21]. http：//kns. cnki. net/kcms/detail/12. 1347. S. 20230530. 1445. 008. html.

[14] 张亮．内蒙古林草碳汇生态价值实现路径探讨 [J]．北方经济，2023 (02)：31 - 35.

[15] 郑秋琴，王超，修新田，陈秋华．全域生态旅游背景下资源—社会经济—环境复合系统耦合协调度及障碍因素分析 [J]．生态经济，2023，39 (10)：132 - 139.

[16] 周成，冯学钢，唐睿．区域经济—生态环境—旅游产业耦合协调发展分析与预测——以长江经济带沿线各省市为例 [J]．经济地理，2016，36 (03)：186 - 193.